EREMITA EM PARIS

Obras do autor publicadas pela Companhia das Letras

Os amores difíceis
O barão nas árvores
O caminho de San Giovanni
O castelo dos destinos cruzados
O cavaleiro inexistente
As cidades invisíveis
As cosmicômicas
O dia de um escrutinador
Eremita em Paris
Fábulas italianas
Um general na biblioteca
Marcovaldo ou As estações na cidade
Os nossos antepassados
Palomar
Perde quem fica zangado primeiro
Por que ler os clássicos
Se um viajante numa noite de inverno
Seis propostas para o próximo milênio — Lições americanas
Sob o sol-jaguar
A trilha dos ninhos de aranha
O visconde partido ao meio

Contos fantásticos do século XIX (org.)

ITALO CALVINO

EREMITA EM PARIS
Páginas autobiográficas

Tradução:
ROBERTA BARNI

COMPANHIA DAS LETRAS

Copyright © 2002 by Espólio de Italo Calvino
Todos os direitos reservados

*Obra publicada com a contribuição do
Ministério das Relações Exteriores da Itália.*

Título original:
Eremita a Parigi — Pagine autobiografiche

Capa:
Raul Loureiro

Preparação:
Valéria Franco Jacintho

Revisão:
*Cláudia Cantarin
Marise Simões Leal*

Dados Internacionais de Catalogação na Publicação (CIP)
(Câmara Brasileira do Livro, SP, Brasil)

Calvino, Italo, 1923-1985.
   Eremita em Paris : páginas autobiográficas / Italo Calvino ; tradução Roberta Barni. — São Paulo : Companhia das Letras, 2006.

   Título original: Eremita a Paragi : pagine autobiografiche
   ISBN 85-359-0900-1

   1. Autores italianos - Século 20 - Autobiografia 2. Calvino, Italo, 1923-1985 3. Itália - Vida intelectual - Século 20 4. Paris (France) - Vida intelectual - Século 20 I. Título.

06-5888   CDD-853.092

Índice para catálogo sistemático:
1. Autores italianos : Autobiografia   853.092

2006

Todos os direitos desta edição reservados à
EDITORA SCHWARCZ LTDA.
Rua Bandeira Paulista, 702, cj. 32
04532-002 — São Paulo — SP
Telefone (11) 3707-3500
Fax (11) 3707-3501
www.companhiadasletras.com.br

SUMÁRIO

Nota da tradutora, 7
Nota à edição italiana de 1996, 9
Nota introdutória, 13

Forasteiro em Turim, 17
O escritor e a cidade, 20
Questionário de 1956, 21
Respostas de Italo Calvino à enquete de *Il Caffè*, 21
Retrato sob medida, 27
Diário americano 1959-60, 30
Meus companheiros de viagem
(*Young creative writers*), 31
Do diário dos primeiros dias em NY, 33
Diário nova-iorquino, 55
Diário do Middle West, 73
Diário de San Francisco, 88
Diário da Califórnia, 101
Diário do South West, 110
Diário do South, 121
O comunista partido ao meio, 136

Autobiografia política juvenil, *145*
    I. Uma infância sob o fascismo, *145*
    II. A geração dos anos difíceis, *161*
Uma carta em duas versões, *173*
Nota biográfica objetiva, *176*
Eremita em Paris, *182*
O meu 25 de abril de 1945, *191*
O dialeto, *195*
Situação 1978, *199*
Eu também fui stalinista?, *207*
O verão de 1956, *215*
Os retratos do Duce, *221*
Por trás do sucesso, *234*
Gostaria de ser Mercúcio..., *247*
Minha cidade é Nova York, *248*
Entrevista feita por Maria Corti, *254*

NOTA DA TRADUTORA

Conforme explica Esther Calvino em sua introdução, este livro é uma coletânea de textos que o autor estava longe de considerar acabados. Entre outros, o volume contém o famoso "Diário americano": uma série de cartas que Calvino escreveu para os amigos e colaboradores da editora Einaudi, contando seus dias e suas impressões sobre os Estados Unidos quando passou uma temporada naquele país com uma bolsa da Fundação Ford.

Assim, muitos dos textos não se apresentam como os habituais escritos literários do autor, com seu rigor de escrita, com a limpidez usual. Ao contrário, os escritos testemunham um aspecto singular, desconhecido até então pelos leitores de Calvino, ligado à informalidade e à agilidade do olhar ávido por reter e registrar uma impressão. A tradução, evidentemente, manteve esses aspectos do texto, entendendo que, se para o leitor brasileiro, o registro das impressões, as abreviações e a pontuação poderão causar certa estranheza, o mesmo se dá em geral com os demais leitores, mesmo com os que lêem a obra na língua original. Privilegiar o aspecto de testemunho, assim como o autor pensou anos depois, também significa ler esses "instantâneos fotográficos" tal como saíram, sem muita pose, como se fôssemos espectadores indiscretos e apanhássemos em flagrante o autor em plena informalidade, vivendo as impressões de uma viagem que ele sempre considerou marcante.

R.B.

NOTA À EDIÇÃO ITALIANA DE 1996

Eremita em Paris *foi publicado pela editora Mondadori em outubro de 1994, na série I Libri di Italo Calvino. Esta nova edição na coleção Oscar reproduz exatamente a primeira, inclusive a nota introdutória em que Esther Calvino expõe os critérios de sua escolha. Uma vez que se trata de escritos autobiográficos, não seria imprescindível um texto de auto-apresentação àqueles, já inúmeros, que compõem o volume. Mesmo assim, preferimos oferecer ao leitor um "retrato sob medida", escrito por Calvino em 1980 e publicado na revista* Gran Bazar. *Nele se apreciam duas qualidades muito caras ao autor: a leveza e a rapidez.*

Vocês me pedem uma nota biográfica, algo que sempre me constrange. Os dados biográficos ou mesmo os de simples registro civil são o que alguém tem de mais particular, e declará-los é meio como enfrentar uma psicanálise. (Assim imagino: nunca fiz psicanálise.)

Começarei dizendo que nasci sob o signo de libra: por isso em minha índole equilíbrio e desequilíbrio corrigem, alternadamente, os excessos um do outro. Nasci quando meus pais estavam prestes a retornar à pátria após anos passados no

Caribe: daí a instabilidade geográfica que faz com que eu deseje o tempo todo outro lugar.

O conhecimento de meus pais convergia para o reino vegetal, suas maravilhas e virtudes. Eu, atraído por outra vegetação, a das frases escritas, dei as costas para o que eles poderiam ter me ensinado; mas a sabedoria dos humanos permaneceu igualmente estranha para mim.

Cresci, da infância à juventude, em uma cidade da Riviera adriática, recolhida em seu microclima. Tanto o mar contido num golfo como a montanha cerrada me pareciam tranqüilizadores e protetores; separava-me da Itália a tira estreita de uma estrada litorânea; do mundo, uma fronteira próxima. Sair daquela casca foi, para mim, repetir o trauma do nascimento, mas só agora é que percebo.

Crescido em tempos de ditadura, alcançado pela guerra total na idade do serviço militar, ficou-me a idéia de que viver em paz e liberdade é uma sorte frágil, que de um momento para outro pode ser tirada de mim novamente.

Nessa obsessão, a política ocupou uma parte talvez excessiva das preocupações de minha juventude. Digo excessiva para mim, por aquilo que eu teria podido dar de útil, ao passo que coisas que parecem distantes da política contam muito mais como influência na história (política também) das pessoas e dos países.

Assim que a guerra terminou, ouvi o chamado da cidade grande, mais forte do que aquele do meu arraigamento provinciano. Foi assim que por algum tempo dei por mim hesitando entre Milão e Turim; a opção por Turim teve certamente seus motivos e não foi sem conseqüências: agora esqueci tanto os primeiros como as segundas, mas por anos disse a mim mesmo que, se tivesse escolhido Milão, tudo teria sido diferente.

Tentei logo a arte de escrever; para mim, publicar foi fácil; encontrei de pronto compreensão e favor; mas tardei a me dar conta e a me convencer de que não era um acaso.

Trabalhando numa editora, dediquei mais tempo aos livros

dos outros do que aos meus. Não lamento: tudo o que é útil para o conjunto de uma convivência civilizada é energia bem gasta. De Turim, cidade séria mas triste, acontecia-me escapar freqüente e facilmente para Roma. (Aliás, os únicos italianos que ouvi falar de Roma em termos não negativos foram os turineses.) E assim talvez Roma acabe sendo a cidade italiana na qual terei vivido por mais tempo, sem nunca me perguntar por quê. O lugar ideal para mim é aquele em que é mais natural viver como estrangeiro: por isso é Paris a cidade em que me casei, montei minha casa, criei uma filha. Também minha mulher é uma estrangeira: em três falamos três línguas diferentes. Tudo pode mudar, mas não a língua que carregamos por dentro, aliás que nos contém dentro de si como um mundo mais exclusivo e definitivo que o ventre materno.

Percebo que nesta autobiografia me detive sobretudo no nascimento, e das fases seguintes falei como de uma continuação do vir à luz, e agora estou inclinado a voltar ainda mais para trás, ao mundo pré-natal. Esse é o risco que corre toda autobiografia sentida como exploração das origens, como aquela de Tristram Shandy que se demora nos antecedentes e, quando chega ao ponto em que deveria começar a contar sua vida, não encontra mais nada a dizer.

11

NOTA INTRODUTÓRIA

Reuni neste volume doze escritos já publicados por Calvino em diversos lugares, um texto inédito — o "Diário americano" — e um inédito na Itália, publicado em Lugano em edição limitada — *Eremita em Paris*.

Em agosto de 1985, um mês antes de partir para a Universidade de Harvard, Calvino estava cansado e preocupado. Teria gostado de concluir as seis conferências que estava preparando antes de chegar aos Estados Unidos, e não conseguia. Corrigia, deslocava, caranguejava, deixando depois tudo como antes, ou quase. Não ia para a frente.

Pensei que uma possível solução seria convencê-lo a passar para outra coisa, a se concentrar em qualquer outro dos inúmeros projetos que tinha. À minha pergunta: "Por que não deixa para lá as conferências e termina *O caminho de San Giovanni*?", ele respondeu: "Porque essa é minha biografia, e minha biografia ainda não...". Não terminou a frase. Estava para dizer "ainda não terminou"? Ou talvez pensasse "aquela não é toda minha autobiografia"?

Anos depois encontrei uma pasta intitulada "Páginas autobiográficas", que continha uma série de textos acompanhados por notas editoriais prontas. Existia, portanto, outro projeto de autobiografia, totalmente diferente daquele mencionado em *O*

13

caminho de San Giovanni. É difícil, para não dizer impossível, compreender de que modo Calvino teria apresentado aqueles escritos, organizados por ele em ordem cronológica. Não há dúvida de que se referem aos aspectos mais importantes de sua vida, com a intenção explícita de especificar suas escolhas políticas, literárias, existenciais e de fazer conhecer, delas, o como, o porquê, o quando. Muito importante é o quando: na nota que acompanha a "Autobiografia política juvenil, 1960-2", Calvino escreve: "No que tange às convicções expressas [na segunda parte], elas — como todos os outros textos desta pasta — são apenas testemunhos do que eu pensava naquela data, e não além dela".

O material preparado por Calvino para este livro chega até dezembro de 1980. É por expressa vontade do autor que três desses escritos aparecem em versões sucessivas no tempo. Acrescentei os últimos cinco textos porque estritamente autobiográficos e porque parecem completar os demais.

Ao observar o conjunto dos textos, tive a impressão de que em alguns deles estaria faltando aquele sentido de imediatez que esperamos das autobiografias. Não foi só por esse motivo que pensei em incluir o "Diário americano 1959-60". Da importância que teve aquela viagem em sua vida, Calvino falou e escreveu em diferentes ocasiões. No entanto, decidiu não publicar *Un ottimista in America*, o livro inspirado por essa viagem, quando já estava na segunda prova. A explicação dessa brusca reconsideração se encontra numa carta a Luca Baranelli, de 2 de janeiro de 1985: "...Tinha decidido não publicar o livro porque ao relê-lo nas provas o senti excessivamente modesto como obra literária e não original o bastante como reportagem jornalística. Fiz bem? Sei lá! Publicado então, teria sido de todo modo um documento de época e de uma fase de meu itinerário...".

O "Diário americano", ao contrário, nada mais é do que uma série de cartas enviadas regularmente ao amigo Daniele Ponchiroli, da Einaudi, destinadas também a todos os colaboradores da editora e até, como diz Calvino, a quem quer que desejasse conhecer suas impressões e experiências americanas.

Como documento autobiográfico — e não como prova literária —, parece-me essencial; como auto-retrato, o mais espontâneo e direto. O sentido deste livro, portanto, poderia ser: tornar mais estreita a relação do leitor com o autor, aprofundá-la por meio destes textos. Calvino pensava que "o que conta é o que somos, aprofundar a própria relação com o mundo e com o próximo, uma relação que pode ser a um só tempo de amor pelo que existe e de vontade de transformação".

Gostaria de agradecer a Luca Baranelli por sua inestimável ajuda *nisto e noutras coisas mais, e por sua não menos preciosa amizade.*

Esther Calvino

FORASTEIRO EM TURIM*

Turineses por adoção — no campo da literatura —, acredito que não sejamos muitos. Milaneses por adoção, eu conheço muitos — grande coisa: são a quase totalidade dos literatos de Milão! —; os romanos por adoção continuam aumentando; os florentinos por adoção, menos do que noutros tempos, mas ainda assim existem; em Turim, ao contrário, pode-se dizer que é preciso ter nascido ali, ou ter chegado ali pelos vales do Piemonte com o movimento natural dos rios que deságuam no Pó. Para mim, no entanto, Turim foi realmente objeto de uma escolha. Sou de uma terra, a Ligúria, que de tradição literária só tem fragmentos ou ensaios, de forma que cada qual pode — grande sorte! — descobrir ou inventar uma tradição por conta própria; de uma terra que não tem uma capital literária bem definida, de modo que o literato liguriano — *avis rara*, na verdade — também é ave migratória.

Turim tinha, a me atrair, certas virtudes nada dessemelhantes daquelas de minha gente, e minhas favoritas: a ausência de escumas românticas, o fiar-se sobretudo no próprio trabalho, uma arredia desconfiança nativa, além do sentido firme de participar do vasto mundo que se move e não da província fecha-

(*) Texto publicado em *L'Approdo*, revista trimestral de letras e artes, ano 2, nº 1, jan.-mar. 1953.

17

da, o prazer de viver temperado de ironia, a inteligência clarificadora e racional. Foi, portanto, uma imagem moral e civil, e não literária, o que me atraiu em Turim. Era o chamado daquela cidade de trinta anos antes, que outro turinês "adotivo", o sardo Gramsci, identificara e suscitara, e que um turinês de límpida tradição, Gobetti, definira, em certas páginas suas ainda hoje muito estimulantes. A Turim dos operários revolucionários que no final da Primeira Grande Guerra já se organizavam como classe dirigente, a Turim dos intelectuais antifascistas que não haviam feito nenhuma concessão. Ainda existe essa Turim? Faz ouvir sua voz na realidade italiana de hoje? Eu acredito que ela tenha a virtude de guardar sua força como o fogo sob as cinzas, e que continue viva mesmo quando quase não aparece. Minha Turim literária se identificou sobretudo com uma pessoa que tive a sorte de ter por perto durante alguns anos e que cedo demais veio a faltar: um homem sobre o qual agora se escreve muito, e freqüentemente de forma que mal se consegue reconhecê-lo. É verdade que não bastam seus livros para dar uma imagem completa dele: porque dele era fundamental o exemplo de trabalho, ver como a cultura do literato e a sensibilidade do poeta se transformavam em trabalho produtivo, em valores postos à disposição do próximo, em organização e comércio de idéias, em prática e escola de todas as técnicas em que uma civilização cultural moderna consiste.

Refiro-me a Cesare Pavese. E posso dizer que para mim, como para outros que o conheceram e o freqüentaram, o ensinamento de Turim coincidiu em boa parte com o ensinamento de Pavese. Toda minha vida turinesa carrega a sua marca; toda página que eu escrevia era ele o primeiro a ler; foi ele quem me deu um ofício, ao me iniciar na atividade editorial devido à qual Turim, ainda hoje, é um centro de cultura de importância mais do que nacional; foi ele, enfim, quem me ensinou a ver sua cidade, a apreciar suas belezas sutis, passeando pelas avenidas e colinas.

Nesta altura seria preciso mudar de assunto e dizer como, com essa paisagem, um forasteiro como eu pode conseguir se harmonizar; como eu me sinto aqui, peixe de escolho e pássaro selvagem transportado até esses pórticos, a farejar as neblinas e os intensos frios subalpinos. Mas seria uma longa conversa. Seria preciso procurar definir um jogo secreto de motivos unindo a desnuda geometria dessas ruas quadradas à desnuda geometria dos muros de pedra sem argamassa de meus campos. E a relação especial entre civilização e natureza em Turim: ela é tal que um reverdecer de folhas nas avenidas, um brilhar sobre o rio Pó, a cordial vizinhança da colina bastam para de repente reabrir o coração a paisagens nunca esquecidas, para recolocar o homem em contraste com o mundo natural mais vasto, para devolver — enfim — o gosto de estarmos vivos.

O ESCRITOR E A CIDADE*

Se admitirmos que o trabalho do escritor pode ser influenciado pelo ambiente em que se dá, pelos elementos do cenário ao seu redor, então seremos levados a reconhecer que Turim é a cidade ideal para o escritor. Não sei como é possível escrever numa daquelas cidades em que as imagens do presente são tão arrogantes, tão prepotentes, a ponto de não deixar uma margem de silêncio e de espaço. Aqui em Turim se consegue escrever porque o passado e o futuro têm mais evidência do que o presente, as linhas de força do passado e a tensão relativa ao futuro dão concretude e sentido às discretas e ordenadas imagens do hoje. Turim é uma cidade que convida ao rigor, à linearidade, ao estilo. Convida à lógica, e por meio da lógica abre caminho à loucura.

(*) Nota de 1960 sobre Turim, inédita.

QUESTIONÁRIO DE 1956

RESPOSTAS DE ITALO CALVINO À ENQUETE DE IL CAFFÈ*

Dados biobibliográficos

Nasci em 15 de outubro de 1923, em Santiago de Las Vegas, um lugarejo nas cercanias de Havana, onde meu pai, liguriano de San Remo, dirigia uma Estação Experimental de Agricultura, e minha mãe, da Sardenha, botânica, era sua assistente. Não recordo nada de Cuba, infelizmente, porque em 1925 já estava na Itália, em San Remo, para onde meu pai voltou com minha mãe com o objetivo de dirigir uma estação experimental de floricultura. De meu nascimento de além-mar só guardo um dado biográfico difícil de transcrever, uma bagagem de memórias familiares, e o nome de batismo, inspirado pela *pietas* dos emigrados para com seus Lares e que na pátria, ao contrário, ecoa intensamente sonoro e carducciano. Vivi com meus pais

(*) Em janeiro de 1956, a seção "A nova literatura", de *Il Caffè* (ano 4, nº 1), apresenta um conto de Italo Calvino ("Uma viagem com as vacas", mais tarde publicado em *Marcovaldo*) precedido pelas respostas a um questionário de G. B. Vicari. Esse texto, com variantes, consta de *Ritratti su misura*, de Elio Filippo Accrocca, publicado em Veneza, pela Sodalizio del Libro, em 1960. (N. A.)

em San Remo até os vinte anos, em um jardim de plantas raras e exóticas, e pelos bosques do interior com meu pai, velho e incansável caçador. Quando cheguei à idade de freqüentar a universidade, eu me matriculei no curso de agronomia, por tradição familiar e sem vocação, mas já tinha a cabeça nas letras. Entrementes veio a ocupação alemã, e, seguindo um velho sentimento meu, lutei ao lado dos *partigiani* garibaldinos nos mesmos bosques que meu pai me fizera conhecer desde garoto. Depois da Libertação me inscrevi em letras, em Turim, e me formei, depressa demais, em 1947, com uma tese sobre Joseph Conrad. Minha inserção na vida literária se deu lá pelo fim de 1945, na atmosfera da revista *Il Politecnico*, de Vittorini, que publicou um dos meus primeiros contos. Mas precisamente meu primeiro conto já fora lido por Pavese e por ele apresentado à revista *Aretusa*, de Muscetta, que o publicou. Aos ensinamentos de Pavese, de quem estive diariamente próximo nos últimos anos de sua vida, devo minha formação de escritor. Desde 1945 vivo em Turim, gravitando ao redor da editora Einaudi, para a qual comecei a trabalhar vendendo livros à prestação, e em cujo departamento editorial trabalho ainda hoje. Nesses dez anos escrevi apenas uma pequena parte do que teria gostado de escrever e publiquei apenas uma pequena parte do que escrevi, nos quatro volumes que entreguei para impressão.

Que crítico lhe foi mais favorável? Qual o mais contrário?

Todos foram favoráveis até demais a meus livros, desde o começo, dos nomes mais respeitáveis (adoro recordar a esse propósito De Robertis, que me acompanhou desde meu primeiro livro até hoje, e Cecchi, por seu texto sobre *O visconde partido ao meio*, e Bo, Bocelli, Pampaloni, Falqui e até o falecido Cajumi, que foi meu primeiro resenhista) aos jovens de minha geração. Os pouquíssimos críticos desfavoráveis são os que mais me intrigam, aqueles de quem espero mais; mas ainda não recebi uma crítica negativa séria e profunda, que me ensine coisas úteis. Há um artigo de Enzo Giachino, da época do lançamento de *A trilha dos ninhos de aranha*, uma espinafrada, de arrancar o couro, muito divertido, talvez esse seja um dos artigos mais bonitos já escritos sobre meus livros, um dos poucos que, de vez em quando, me dou ao prazer de reler, mas servir, não me serviu para nada, nem como crítica: atingia somente os aspectos exteriores do livro, que eu teria superado também por conta própria.

Gostaria de especificar, sinteticamente, o cânone estético a que aderiu?

Já expus certas idéias gerais minhas sobre a literatura numa conferência de fevereiro passado ("Il midollo del leone"), publicada recentemente numa revista. Por enquanto não acrescentaria mais nada. Que fique claro, porém, que estou longe de ter a pretensão de conseguir realizar o que digo. Eu escrevo como consigo, a cada vez.

De que ambiente, de que personagens e situações gosta de tirar seus temas?

Ainda não entendi direito, e essa talvez seja a razão de minha freqüente mudança de registro. Em quase todas as minhas coisas melhores há o cenário da Riviera, e por isso se ligam com certa freqüência a um mundo infantil e adolescente. Do ponto de vista da fidelidade aos próprios temas, o fato de eu ter me separado do lugarejo de minha infância e dos ancestrais me tirou um alimento seguro; por outro lado não podemos narrar nada se ainda estivermos lá dentro. Sobre Turim, que por muitos motivos profundos é minha cidade de eleição, há muito tempo que tento escrever, mas nunca estou satisfeito. Talvez seja

23

necessário que eu a deixe, e aí conseguirei. Quanto às classes sociais, não posso dizer que sou escritor de uma antes que de outra. Enquanto escrevi sobre os *partigiani*, tenho certeza de que estava indo bem: tinha compreendido muitas coisas sobre eles, e por meio deles havia metido o nariz em muitas camadas até às margens da sociedade. Os operários, que me interessam muito, eu ainda não sei representar. Uma coisa é se interessar por algo, outra coisa é saber representá-lo. Mas não desanimo: vou aprender, mais cedo ou mais tarde. Em minha classe, que seria a burguesia, não tenho muitas raízes, nasci numa família não conformista, desvinculada dos costumes correntes e das tradições; e tenho que dizer que a burguesia não me interessa muito nem sequer como motivo de polêmica. Estou falando assim a respeito dessas questões porque devo responder à pergunta, e não por serem problemas que perturbem meu sono. As histórias que estou interessado em contar são sempre histórias de busca de uma completude humana, de uma integração, a serem alcançadas mediante provas práticas e morais de uma só vez, para além das alienações e das divisões impostas ao homem contemporâneo. Acho que aqui deve ser buscada a unidade poética e moral de minha obra.

Que escritor italiano contemporâneo prefere? E, entre os mais jovens, qual o interessa mais?

Acredito ser Pavese o mais importante, complexo e denso escritor italiano de nossos tempos. Qualquer que seja o problema proposto, não podemos deixar de nos remeter a ele, como literato e como escritor. Também o discurso iniciado por Vittorini teve muita influência na minha formação. Digo "iniciado" porque hoje temos a impressão de que se trata de um discurso deixado pela metade, que esperamos retomar. Mais tarde, ultrapassada a fase do interesse predominante pelas novas experimentações da linguagem, eu me aproximei de Moravia, que é o único na Itália a ser escritor de uma maneira que eu chamaria "institucional": isto é, que entrega periodicamente obras nas quais vão sendo estabelecidas aos poucos as definições morais de nosso tempo, relacionadas aos costumes, aos movimentos da sociedade, às tendências gerais do pensamento. A inclinação stendhaliana faz com que eu simpatize com Tobino, embora não lhe possa perdoar o vezo de se vangloriar por ser provinciano e ainda por cima toscano. Tenho por Carlo Levi uma predileção e uma amizade especiais, primeiramente por sua polêmica antiromântica, e depois porque sua narrativa não ficcional a mim parece ser o caminho mais sério em direção a uma literatura social e problemática, ainda que eu não concorde com sua afirmação de que ela hoje deva substituir o romance, o qual, em minha opinião, *serve* para outras coisas.

Passemos aos mais jovens. No reduzido punhado dos que nasceram por volta de 1915, Cassola e Bassani começaram a estudar certos dissídios da consciência italiana burguesa, e seus contos são hoje os mais interessantes que se podem ler; mas reprovo em Cassola certa epidermicidade de reações nas relações humanas, e em Bassani o pano de fundo de um crepuscularismo afetado. Entre nós, os mais jovens, que começamos a trabalhar com um módulo de narrativa *tough*, movimentada, plebéia, quem avançou mais do que todos foi Rea. Agora temos Pasolini, um dos primeiros daquela geração já como poeta e literato, que escreveu um romance ao qual oponho muitas reservas quanto à "poética", mas que quanto mais o analisamos mais o sentimos resistente e realizado.

Que narrador estrangeiro contemporâneo prefere?

Há cerca de um ano escrevi a respeito do que Hemingway significou nos primórdios de minha atividade de escritor. Desde que Hemingway deixou de me bastar, não posso dizer que haja um escritor contemporâneo que tenha tomado seu lugar. Já há

25

cinco ou seis anos que também estou roendo meu Thomas Mann, e fico cada vez mais encantado pela riqueza que há ali. Sempre penso, no entanto, que hoje é preciso escrever de outro modo. Nas relações com os escritores do passado sou mais livre e me deixo levar por entusiasmos sem reservas; entre o século XVIII e XIX, tenho uma multidão de mestres e amigos que nunca deixo de freqüentar.

Qual a recepção de seus livros no exterior?

É cedo para dizer isso. *O visconde partido ao meio* sairá agora na França e logo mais na Alemanha. *A trilha dos ninhos de aranha* sairá na Inglaterra na primavera e seis meses depois será seguido por *Ultimo viene il corvo*.

Que obra está preparando agora?

Não conto com o ovo dentro da galinha.

Acredita que os literatos devem participar da vida política? Como? Qual sua tendência política?

Acredito que quem tem de participar da política são os homens. E os literatos, na medida em que são homens. Creio que a consciência cívica e moral deva ter influência primeiro sobre o homem e depois também sobre o escritor. É um caminho longo, mas não há outro. E acredito que o escritor tem de manter em aberto um discurso que em suas implicações não pode deixar de ser também político. Fiel a esses princípios, em quase doze anos de filiação ao Partido Comunista, minha consciência de comunista e minha consciência de escritor não entraram nas dilacerantes contradições que devoraram muitos de meus amigos, fazendo com que acreditassem ser indispensável optar por uma ou por outra. Tudo o que leva a desistir de uma parte de nós mesmos é negativo. Da política e da literatura participo de maneiras diferentes conforme minhas atitudes, mas ambas me interessam como um mesmo discurso sobre o gênero humano.

*RETRATO SOB MEDIDA**

Sou filho de cientistas: meu pai era agrônomo, minha mãe botânica; ambos professores universitários. Entre meus familiares, só os estudos científicos eram prestigiados; um tio materno era químico, professor universitário, casado com uma química (aliás, tive dois tios químicos casados com duas tias químicas); meu irmão é geólogo, professor universitário. Eu sou a ovelha negra, o único literato da família. Meu pai era da Ligúria, de uma antiga família de San Remo; minha mãe é da Sardenha. Meu pai viveu uns vinte anos no México, como diretor de estações agronômicas experimentais, depois disso viveu em Cuba; para lá ele levou minha mãe, que conheceu por meio de uma troca de publicações científicas e com a qual casou durante uma viagem relâmpago à Itália; nasci num lugarejo próximo de Havana, Santiago de Las Vegas, em 15 de outubro de 1923. De Cuba não lembro, infelizmente, porque com menos de dois anos já estava na Itália, em San Remo, para onde meu pai tinha voltado com minha mãe com o objetivo de dirigir uma estação experimental de floricultura. De meu nascimento de além-mar, guardo apenas um complicado registro biográfico (que nas breves notas bibliográficas substituo por este, mais *verdadeiro*: nascido em San Remo), certa bagagem de memórias familiares, e um primeiro nome que minha mãe, prevendo que me faria crescer

(*) E. F. Accrocca, *Ritratti su misura*, Veneza, Sodalizio del Libro, 1960.

numa terra estrangeira, quis me dar para que eu não esquecesse a pátria dos ancestrais, e que, ao contrário, na pátria ressoa belicosamente nacionalista. Vivi com meus pais em San Remo até os vinte anos, num jardim repleto de plantas raras e exóticas, e pelos bosques dos pré-Alpes da Ligúria com meu pai, velho caçador incansável. Depois do liceu, fiz algumas tentativas de seguir a tradição científica familiar, mas já tinha a literatura na cabeça, e parei. Entrementes viera a ocupação alemã, e, atendendo a um sentimento que eu alimentava desde a adolescência, lutei com os *partigiani*, nas Brigadas Garibaldi. A guerra *partigiana* tinha lugar nos mesmos bosques que meu pai me fizera conhecer desde menino; aprofundei minha identificação com aquela paisagem, e ali fiz a primeira descoberta do dilacerante mundo humano.

Dessa experiência, alguns meses depois, no outono de 1945, surgiram meus primeiros contos. O primeiro foi enviado para um amigo que naqueles meses estava em Roma; Pavese achou que era bom e o passou a Muscetta, que dirigia a revista *Aretusa*. O número de *Aretusa* saiu com muito atraso, no ano seguinte. Nesse ínterim Vittorini leu outro conto meu e o publicou no semanal *Il Politecnico*, em dezembro de 1945.

Tinha me matriculado na faculdade de letras, em Turim, diretamente no terceiro ano, devido às facilitações para os veteranos. Prestei todos os exames dos quatro anos durante 1946, e até consegui algumas boas notas. Em 1947 eu me formei com uma monografia sobre a obra de Joseph Conrad. Cursei a universidade muito depressa, e me arrependo disso; mas naquela época minha cabeça estava em outra coisa: na política, da qual participava com paixão, e não me arrependo disso; no jornalismo, porque era colaborador do diário *l'Unità*, e escrevia sobre os temas mais variados; na literatura criativa porque naqueles anos escrevi muitíssimos contos, um romance (em vinte dias, em dezembro de 1946) intitulado *A trilha dos ninhos de aranha*, e assim tomou forma aquele mundo poético do qual, bem ou mal, nunca mais me distanciei muito. Desde 1945 e sobretudo desde quando, em 1946, Pavese voltara a Turim, eu rondava a editora Einaudi, para a qual comecei a trabalhar vendendo livros à prestação e na qual entrei como redator em 1947, e onde trabalho ainda hoje. Mas também de Milão e de Vittorini ouvi o chamado e senti a influência, desde a época do *Politecnico*. Com Roma tenho uma relação concomitantemente de conflito e de fascínio, atraído pela presença de Carlo Levi e de outros críticos como Alberto Moravia, Elsa Morante, Natalia Ginzburg. Viajei pela Europa deste e daquele lado da Cortina de Ferro; mas as viagens não são eventos de muita importância.

Fiz alguns trabalhos que implicam certo estudo e pesquisa bibliográfica, como o das *Fábulas italianas* (1956), que me manteve empenhado por uns dois anos, e eu gostava daquilo; mas depois não dei continuidade aos estudos; gosto mais de ser escritor, e já me dá muito que suar.

*DIÁRIO AMERICANO**
1959-60*

De bordo, 3 de nov. 59

Caro Daniele,** caros amigos,

O tédio para mim já tem a imagem deste transatlântico. O que foi que eu fiz ao não tomar um avião? Teria chegado à América imbuído do ritmo do mundo dos grandes negócios e da grande política, mas, ao contrário, chegarei já onerado por uma forte dose de tédio americano, de velhice americana, de pobreza de recursos vitais americana. Por sorte me falta passar apenas uma noite no vapor, depois de quatro noites de um tédio desesperador. O gosto de belle époque dos transatlânticos já não consegue ressuscitar nenhuma imagem. As parcas lembranças do tempo passado que podemos recuperar de Montecarlo ou de San Pellegrino Terme aqui não existem, porque o transatlântico é novo, uma coisa antiquada construída, afetadamente, agora, e povoada por gente antiquada, velha e feia. A única coisa a tirar disso tudo é uma definição do tédio como uma defasagem em relação à história, um sentir-se excluído

(*) Inédito. Nas cartas que remete à editora Einaudi, Italo Calvino conta de sua viagem aos Estados Unidos.
(**) Daniele Ponchiroli (1924-79), à época editor-chefe da Einaudi.

com a consciência de que tudo mais se move: o tédio de Recanati assim como aquele de *As três irmãs* não é diferente do tédio de uma viagem de transatlântico.

Viva o Socialismo.
Viva a Aviação.

MEUS COMPANHEIROS DE VIAGEM
(YOUNG CREATIVE WRITERS)

São três porque o alemão Günther Grass não passou na consulta médica e, devido à lei bárbara de que para entrar nos Estados Unidos é preciso ter os pulmões sadios, ele teve que desistir da bolsa de estudos.

Depois há uma quarta pessoa que viaja na tourist class (a terceira) porque está levando consigo, bancando as despesas, sua mulher e seu filhinho, e assim o vimos uma única vez. É ALFRED TOMLINSON, poeta inglês, o tipo tradicional de universitário inglês. Tem trinta e dois anos, mas poderia ter cinqüenta e dois.

Os outros três são:

CLAUDE OLLIER, francês, trinta e sete anos, nouveau roman, até agora escreveu um único livro.* Queria aproveitar a viagem para finalmente ler Proust, mas a biblioteca do transatlântico não vai além de Cronin.

FERNANDO ARRABAL, espanhol, vinte e sete anos, pequeno, cara de criança com uma barba que parece um colar e franjinha. Há anos vive em Paris. Escreveu peças teatrais que ninguém nunca quis encenar e também um romance publicado pela Julliard. Passa fome. Não conhece nenhum escritor espanhol e os odeia todos porque dizem que ele é um traidor e gostariam que fizesse realismo socialista e escrevesse contra Fran-

---

(*) Claude Ollier, *La mise em scène*, Paris, Ed. de Minuit, 1958.

co e ele se recusa a escrever contra Franco, ele nem sabe quem é Franco, mas na Espanha, se não formos contra Franco, não podemos publicar nada nem ganhar prêmios literários porque quem manda em tudo é Goytisolo, que impõe a todos o realismo socialista, ou seja, Hemingway-Dos Passos, ele nunca leu Hemingway-Dos Passos, nem sequer leu Goytisolo porque não consegue ler realismo socialista, e deixando de lado Ionesco e Ezra Pound não gosta de muita coisa. É extremamente agressivo, brincalhão de forma obsessiva e lúgubre, e nunca se cansa de me bombardear com perguntas sobre como é que eu posso me interessar por política e também sobre o que se faz com as mulheres. Seus objetivos polêmicos são dois: política e sexo. Ele e os blousons noirs, dos quais se faz intérprete, nem sequer conseguem entender como pode haver pessoas que achem política e sexo interessantes. Interessa-se apenas por cinema (especialmente cinemascope, technicolor e gângsteres) e fliperamas. Depois de ter deixado o seminário (estudava para ser jesuíta, na Espanha) nunca teve contatos sexuais, ao que parece nem sequer com sua mulher (está casado há três anos) e nunca teve vontade de tê-los, o mesmo se dá quanto à política. Afirma que os blousons noirs de agora estão ainda mais distantes do que ele da política e do sexo. Não fala uma só palavra de inglês, escreve em franc.

HUGO CLAUS, belga flamengo, trinta e dois anos, começou a publicar aos dezenove e desde então escreveu uma enorme quantidade de coisas, é o mais famoso escritor, dramaturgo e poeta do tronco lingüístico flamengo-holandês no que concerne à nova geração. Muitas dessas coisas ele próprio diz que não valem nada, inclusive o romance traduzido na França e nos Estados Unidos, mas ele é um tipo nada bobo tampouco antipático, um homenzarrão loiro com uma belíssima mulher atriz de teatro de revista (que conheci quando se despedia dele na partida) e é o único dos três que leu muito e cujos julgamentos são confiáveis. Quatro horas depois do lançamento do primeiro

Sputnik já tinha escrito um poema sobre o mesmo, que saiu imediatamente na primeira página de um jornal belga.

Meu endereço novo, e acredito definitivo por todo tempo em que estarei em Nova York, ou seja, até cerca de 5 de janeiro é:
Grosvenor Hotel, 35 Fifth Avenue, Nova York.

DO DIÁRIO DOS PRIMEIROS DIAS EM NY

9 de novembro de 1959

A chegada

O tédio da viagem foi amplamente compensado pela emoção da chegada a Nova York, a visão mais espetacular que nos é dada nesta terra. Os arranha-céus despontam cinzentos no céu que mal clareou, e parecem ruínas enormes de uma monstruosa Nova York abandonada daqui a três mil anos. Depois, aos poucos, distinguem-se as cores, diferentes de qualquer idéia que alguém pudesse ter, e um complicadíssimo desenho de formas. Tudo está silencioso e deserto, então se começa a ver os carros deslizando. O aspecto cinzento e maciço e fim-de-século das casas dá a NY, como Ollier nota de imediato, um ar de cidade alemã.

Lettunich

Maníaco por poupança, Matteo Lettunich, Head Arts Division da IIE (de família oriunda de Dubrovnik-Ragusa), não quer que eu chame um carregador. O Van Rensselaer onde reservou nossos quartos é sujo, delabré, fedido, um dump. Se indicar um restaurante, decerto será o pior do bairro. Tem o ar preocupado e embasbacado de certos intérpretes soviéticos que acompanham as delegações, mas sinto muito a falta do savoir-faire desabusado com que em Moscou o funcionário filho de aristocratas Victor V. acompanhava nossa delegaç. de jovens operários e camponeses. Para quem foi mimado pela hospitalidade dos países do socialismo, a timidez constrangida com que o país do capitalismo maneja os bilhões da Ford Foundation deixa pouco à vontade. Mas o fato é que aqui não estamos viajando em delegação, e, resolvidas poucas formalidades, cada um segue por conta própria e faz o que bem entende e Matteo não vou vê-lo mais. É um dramaturgo de vanguarda, nunca encenado.

Os hotéis

No dia seguinte começo a andar pelo Greenwich Village, à procura de um hotel e são todos assim: velhos, sujos, fedidos, com tapetes puídos, embora nenhum deles tenha a vista digna de suicídio de meu quarto no Van R., com uma escadinha de ferro enferrujada e imunda diante da janela sobre uma tripa de quintal onde o sol nunca entra. Mas vou para o Grosvenor que é o hotel elegante do Village, velho mas limpo; tenho um belíssimo quarto em perfeito estilo Henry James (estamos a um pulo da Washington Square, que em boa parte ainda é como antigamente) e pago sete dólares por dia, garantindo que vou ficar dois meses e pagando um mês adiantado.

Nova York ainda não é a América

Essa frase, que eu tinha lido em todos os livros sobre Nova York, as pessoas a repetem umas dez vezes ao dia, e é verdade, mas e daí? É Nova York, algo que não é totalmente América nem totalmente Europa, que transmite uma carga de energia extraordinária, que você logo sente em sua mão, como se sempre tivesse vivido aqui, e em alguns momentos, especialmente em uptown, onde mais se percebe a vida de massa dos grandes escritórios e fábricas de roupas prontas, desaba sobre você e parece esmagá-lo. Evidentemente, alguém que acaba de desembarcar aqui pensa em tudo menos em regressar.

O Village

Talvez eu não esteja agindo certo ao ficar no Village. É tão pouco Nova York, mesmo estando no centro de Nova York. É tão parecido com Paris, mas no fundo dá para entender que é uma semelhança involuntária que faz de tudo para se acreditar voluntária. Três camadas sociais diferentes no Village: a burguesia conservadora, sobretudo nos prédios novos que brotam aqui também; os natives italianos que diante da invasão dos artistas (iniciada nos anos 10 porque aqui se gasta menos) resistem e freqüentemente se pegam no tapa (na primavera rixas e prisões em massa pela polícia fizeram rarear o fluxo de turismo dominical por parte dos nova-iorquinos dos outros bairros), mas ainda assim é com os bohemians e com a atmosfera boêmia que ganham a vida e tocam suas lojas; e os bohemians que agora são todos chamados pela maioria de beatniks, mais sujos e desagradáveis, homens e mulheres, que todos os irmãos parisienses. Enquanto isso a fisionomia do bairro é ameaçada pela especulação imobiliária que implanta arranha-céus até aqui. Assinei um abaixo-assinado pela salvação do Village, havia uma garota ativista colhendo assinaturas numa esquina da Sixth. Somos muito apegados a nosso bairro, nós do Village. Temos também dois jornais só para nós: *The Villager* e *The Village's Voice*.

■ *ITALO CALVINO*

O mundo é pequeno

Estou exatamente em frente à Orion Press, Mischa* está um block adiante, a Grove Press é logo depois da esquina, da janela vejo o grande prédio da MacMillan.

Os carros

É muito divertido ver como na América os carros são *todos* enormes, não há carros pequenos e grandes, são enormes a ponto de às vezes nos fazer rir, os que nós consideramos carros esportivos são os automóveis normais, também os táxis têm rabos longuíssimos. O único nova-iorquino entre os amigos a ter um carro pequeno é Barney Rosset, maníaco pelo anticonformismo, que tem um daqueles carrinhos microscópicos, uma Isetta vermelha.

Estou muito tentado a alugar imediatamente um carro enorme, ainda que não o use, só pela sensação psicológica de dominar a cidade. Mas se estacionamos na rua é preciso descer às sete horas para mudar o carro de calçada, porque muda a calçada proibida. E os estacionamentos custam o olho.

A imagem mais bonita da Nova York noturna

Aos pés do Rockfeller Center há uma pista de gelo e jovens e garotas patinando, no coração da Nova York noturna, entre a Broadway e a Fifth.

(*) Ugo Stille, correspondente de Nova York para o *Corriere della Sera* e amigo pessoal de Calvino e da editora Einaudi.

O bairro chinês

As nacionalidades pobres nos respectivos bairros são bastante deprimentes; os italianos, particularmente, são sinistros. Não é assim com os chineses; seu bairro, ainda que com todo o apelo turístico, emana um ar de bem-estar civilizado e operoso e de verdadeira alegria, desconhecida dos demais bairros "característicos" de NY. No Bo-bo a cozinha chinesa é extraordinária.

Meu primeiro NY TIMES *de domingo*

Por mais que tivesse lido e ouvido falar a respeito, ir até a banca e ver o jornaleiro lhe entregar um feixe de papel que você mal consegue carregar nos braços, e tudo por vinte e cinco cents, é de desmaiar. Entre as várias sections e suplementos encontro o *Book Review* que estávamos acostumados a considerar uma revista à parte, embora seja um dos tantos cadernos do exemplar de domingo.

Os colegas de grant

Em Nova York reencontramos o poeta inglês que viajava de tourist class e que quer partir novamente porque não se sente à vontade e prefere ficar no campo; e o israelense Meged, estudioso e ensaísta de política e religião e também autor de um romance não traduzido para nenhuma língua européia. É um sujeito sério, diferente de todos, não simpático; não o entendo direito, e acho que não vou revê-lo, porque ele também quer ficar numa pequena cidade universitária. No lugar de Günther Grass (o qual, pobrezinho, não sabia que era tuberculoso; só foi descobrir ao passar pela consulta médica para o visto, e agora está num sanatório) não virá um alemão, e sim mais um francês, Robert Pinget, aquele do *Le fiston* (acaba de terminar outro romance).

ITALO CALVINO

A coletiva de imprensa

A IIE organiza uma coletiva de imprensa conosco, com os seis. Entre as notas biográficas distribuídas aos presentes, a mais relevante no que me diz respeito é a que diz que sou apresentado pela princesa Caetani, que muito me estima. A coletiva tem o mesmo ar amador e forçado das democracias populares, com o mesmo tipo de gente, de mocinhas, de perguntas bobas. Arrabal, que não fala inglês e responde com um fio de voz, não consegue causar escândalo. Que escritores americanos querem encontrar? Ele diz: Eisenhower, mas o diz em voz baixa, e Lettunich, que serve de intérprete, assustadíssimo, não quer repetir. Ollier afirma seco (à pergunta se somos pessimistas ou otimistas) que ele é por uma concepção de mundo materialista. Eu digo que acredito na história e que sou contra as ideologias e religiões que querem a passividade do homem. A essas palavras o presidente da IIE se levanta da mesa da presidência, deixa a sala e não aparece mais.

Alcoolizado

é como vou ficar em pouco tempo se for começar com drinques às onze da manhã e continuar até às duas da madrugada. Depois dos primeiros dias de Nova York, se impõe uma rigorosa política de poupança das próprias energias.

O meu livro está exposto nas livrarias, nas vitrines ou nos balcões?

Não, nunca, nem numa única.

A Random House

A desgraça foi que o managing editor Hiram Haydn, depois de ter sponsored o *Barão*, deixou a Random para fundar a Atheneu, e Mr. Klopfer, fundador e proprietário, não acredita nas possibilidades comerciais de meu livro e me diz o mesmo que Cerati* diz a Ottiero Ottieri. Todos os livreiros receberam quatro ou cinco exemplares do meu livro; tendo vendido ou não, não os substituem; o que o editor pode fazer? Os americanos não gostam de fantasia, as boas resenhas são ótimas (saiu uma formidável sábado, no *Saturday Review*), o livreiro também as lê e ele é que sabe o que deve fazer. Consigo arrancar dele a promessa de enviar Cerati para falar com os livreiros, mas não acredito. De todo modo, vou estar com ele no lunch de quinta-feira. Depois fico sabendo pelas garotas (estou sempre muito satisfeito com o trabalho delas; como editorial department a Random é uma das editoras mais sérias) que houve algumas confusões na distribuição pelas máquinas IBM que a Random acabou de estrear no sell department: duas máquinas quebraram e pequenas livrarias de lugarejos de Nebraska receberam dúzias de exemplares do *Barão* ao passo que três importantes livrarias da Fifth não receberam nenhum. Mas o fundamental é que o budget publicitário do meu livro era de apenas quinhentos dólares, ou seja, nada: ao lançar um livro, se você não gastar meio milhão de dólares não vai conseguir nada. O fato é que as grandes editoras comerciais vão bem quando um livro se torna naturalmente um best-seller, mas nem se lixam de impor o livro que precisa ter antes uma fortuna literária de elite, basta-lhes o prestígio de tê-lo publicado. Agora estão com três best-sellers: o novo Faulkner, o novo Penn Warren, e *Hawai*, de um escritor comercial que se chama**, e são esses os que eles vendem.

A Orion

São duas salinhas. Esse Greenfeld é um bom rapaz, rico, mas não dá para entender direito o que querem fazer. De todo modo,

---

(*) Diretor comercial da editora Einaudi.
(**) Lacuna no texto datilografado.

tendo pouquíssimos livros, cuidam de seu aspecto comercial, mesmo como public relations, e as *Italian fables* estão em toda parte até porque entram nas coleções para os children's, embora eles não tenham feito nada para promovê-las especialmente para children. Domingo saiu a resenha no NYTBR,* muito lisonjeira para com o livro italiano, mas justamente dura sobre a tradução deles.

A Horsch

Parece-me uma mulher capaz, uma velha terrível, muito calorosa e gentil. Não quer entregar o *Visconde* à Random que agora quer o livro, e concordo com ela em optar por uma editora menor e de máximo prestígio literário. Então vai entregá-lo à Atheneum que vai publicar o livro em pouco tempo e com certeza vai organizar um evento editorial de grande importância porque são três editores de grande prestígio que se juntam: um deles é Haydn que dirigia a Random, o outro é Michael Bessie da Harper's e o terceiro é o filho de Knopf. Eu já meio que aprontei uma porque tinha prometido para a Grove que está sempre atrás de mim e de fato os livros da Grove se encontram em toda parte e são os mais na moda no ambiente de vanguarda. De fato eles tinham uma promessa oral da Horsch, mas ela agora quer entregá-lo a Haydn, e eu também acho que a Atheneum será importante.

10 de nov.

Rosset

O cocktail party na casa de Barney Rosset da Grove foi de longe o mais interessante e rico de gente diferente entre as par-

(*) *New York Times Book Review.*

ties que até agora florearam meus dias. Dele sai confirmado o julgamento que fizemos de Rosset em Frankfurt, de um vanguardismo muito avançado e de grande classe, mas sem uma espinha dorsal histórica e moral. Rosset (e seu sócio Dick Seaver, que também estava em Frankfurt e mora com uma mulher francesa num casebre na ponta de Manhattan, adaptada por dentro como a casa elegante de um intelectual) deve ser entendido ao ser observado no Village, com o espírito de eterno (e inútil) protesto do intelectual do Village contra o ainda mais eterno conformismo americano. Assim, dá crédito aos beatniks porque diz que são úteis para despertar os jovens americanos da televisão, dá crédito a tudo o que a Europa faz, indiscriminadamente, em termos de vanguarda, porque serve para a América.

A beat generation

Na party na casa de Rosset está Allen Ginsberg com uma horrível barba preta e nojenta, uma camiseta branca sob um terno escuro de dupla abotoadura, tênis. Com ele está todo um séqüito de beatniks ainda mais barbudos e sujos. Vieram quase todos de S. Francisco para Nova York, Kerouac também, porém esta noite ele não está.

A aventura de Arrabal

Naturalmente os beatniks confraternizam imediatamente com Arrabal, barbudo ele também (a barba de colar parisiense e a barba desalinhada dos beat) e o convidam a sua casa para participar de um sarau de poesia. Ginsberg vive como marido e mulher com outro barbudo, e gostaria que Arrabal assistisse a seus acasalamentos entre barbudos. Encontro Arrabal voltando para o hotel assustado e escandalizado porque tentaram seduzi-lo. O blouson noir que veio aos Estados Unidos para escandalizar está totalmente pasmo com o primeiro encontro com a vanguarda americana e repentinamente se revela um pobre garoto espanhol que até há poucos anos estudava para ser padre.

Conta que na terra dele os beatniks são muito limpos, têm uma bela casa com geladeira e televisão, vivem como num tranqüilo ménage burguês e se vestem com roupas sujas apenas para sair.

Uma estréia na Broadway

Hugo Claus esteve na estréia de uma nova comédia de Chayefski. Conta que depois do espetáculo foi jantar no Sardi's, onde jantam todos os autores e a classe teatral. Com grande ansiedade todos esperam ali a saída dos jornais, porque uma hora depois do final do espetáculo, por volta da uma, já circulam o *Times* e o *Herald* com a crítica. (Escrita na hora, e não com base nos ensaios.) Chegam os jornais. Um dos atores lê a crítica em meio ao silêncio geral. Assim que escutam que o crítico elogiou o espetáculo, todos aplaudem, abraçam-se, pedem champanha. A play ficará em cena por dois anos; se a crítica fosse desfavorável, após uns poucos dias seria tirada de cartaz. Imediatamente se aproximam os empresários, os agentes, os direitos do espetáculo são vendidos mundo afora, pessoas correm para os telefones, em uma hora a sorte do espetáculo é decidida por anos, com um repentino giro de negócios de milhões.

Os judeus

Setenta e cinco por cento da editoria é composta por judeus. O teatro é noventa por cento dos judeus. Na indústria das roupas prontas, que é a grande indústria de Nova York, praticamente só podem entrar judeus. Os bancos, ao contrário, são totalmente barrados para os judeus, assim como as universidades. Os pouquíssimos médicos judeus são considerados os melhores, porque são postas tamanhas dificuldades aos judeus para entrarem nas univ. e para passarem nos exames que os que conseguem se formar em medicina têm de ser excepcionalmente bons.

As mulheres

As muito atraentes são raras. Geralmente pequeno-burguesas. Roda que roda, Turim.

11 de nov.

A aventura de um italiano

O italiano, para se familiarizar com a grande cidade, passava a noite, party após party, seguindo gente desconhecida nas casas de pessoas mais desconhecidas ainda. Com uma atriz muito divertida e inteligente vai parar na casa de uma belíssima cantora da TV, no meio de gente de teatro bastante comercial, empresários etc. Encontra um jovem italiano que é comissário de bordo e que passa a semana metade em Roma e metade em NY. Quando ele está para levar a atriz para casa, o comissário propõe que terminem a noite os quatro, convencendo a atriz a convidar também uma moça bastante bonita, atriz de cinema. A moça é logo convencida, os dois italianos já estão esfregando as mãos como se tudo estivesse pronto e procuram apenas combinar entre si quem fica com uma e quem com a outra. Mas na casa da atriz a conversa toma um rumo cultural, político, progressista. Já se percebe que não vai dar em nada. As moças não são nada bobas, mesmo a de Hollywood que parecia a estrelazinha de costume. Descobre-se que ambas são judias e ambas russas. No final os dois italianos vão embora e a moça de Hollywood fica para dormir na casa da amiga. Descobre-se que ambas são lésbicas. Os italianos saem pelas ruas desertas e garoentas da Nova York das cinco horas da manhã.

A situação

Minha ansiedade em descobrir algo novo que tome forma na América saída da Guerra Fria até agora não encontra nenhum estímulo. Parece não haver outros grupos tipo aquele newdealista se perfilando no horizonte, e a atmosfera — embora todos a reconheçam enormemente melhorada — não parece preanunciar nenhuma mudança nas classes dirigentes. O bem-estar continua e a distensão fortalece o status quo interno.

A corrupção

Os discursos de todos, em tempos como estes, dizem respeito à corrupção americana, à corrupção e à avidez por dinheiro dos órgãos dirigentes, jornais etc., que, dizem, nunca foi tão forte. O escândalo de TV Van Doren, o grande assunto dos jornais, é tomado como símbolo de uma aceitação universal da mentira. Em certos ambientes (p. ex. de teatro) defende-se Van Doren como um bode expiatório de uma situação comum em toda parte.

O terceiro sexo

É mais disseminado do que em Roma. Especialmente aqui no Village. O turista desavisado entra num local qualquer para um breakfast e de repente percebe que todos ali dentro, clientes, garçons, cozinheiros, sem dúvida são daqueles.

O mundo é pequeno

O europeu estava realmente feliz com sua primeira namorada americana. Melhor moça, mais alegremente entusiasta e sem problemas não poderia lhe aparecer. Mas o que mais ele apreciava era que fosse tão totalmente americana, sem nenhuma alusão à Europa. Só tinha passado umas poucas semanas na Europa, anos antes. Depois de alguns dias de amor feliz, descobriu que na Europa ela namorara seu amigo X, cuja ex-namorada Z também tinha sido sua namorada.

Mischa

Eu o vi apenas uma vez, num lunch fora porque suas crianças estão em casa gripadas. Mas nos veremos com freqüência. Ele é aquele que sempre diz sobre a América as coisas mais inteligentes e dá as indicações mais preciosas. Elizabeth, eu a encontrei só, na rua; não escreveu mais porque ela é que esperava que Giulio* escrevesse. Agora vamos pensar em como organizar o trabalho.

Jacqueline

Ótima criatura. Passei a noite de ontem com ela. Mas é difícil para mim conviver com ela, dado seu extremo nervosismo que transmite certo mal-estar (mas vejo que aos poucos, conversando, se abranda) e também pouco útil porque não consigo nada nem editorialmente (sua sensibilidade não é de tipo literário nem editorial) nem socialmente (pessimista e misantropa como é, vive em sua casca). É a outra face da América, negativa e dolente. E como tal, será também um ponto de refe-

---

(*) Elizabeth é a mulher de Ugo Stille; Giulio é Giulio Einaudi, o editor.

rência necessário, justamente por ser a única mulher americana encontrada até agora com quem não se estabeleceu de imediato uma relação de natural cordialidade.

Como funciona a Random House

Editorial department. Todo redator (*senior editor* ou *junior editor*) estabelece relações pessoais com seus autores. Um autor, p. ex. Faulkner, tem um editor com quem sempre se corresponde para tratar de todas as questões de texto. (As administrativas não passam por ali: são resolvidas entre o agente do autor e o departamento jurídico da edit.) O editor trabalha o livro com o autor; é coisa habitual que faça o autor corrigi-lo enquanto houver alguma coisa de que não gosta. O editor habitualmente é aquele que had sponsored a publicação do livro, quando se trata de um autor novo; em se tratando de um autor velho da editora, é aquele que sempre manteve relações com ele e sabe de que jeito lidar com ele. O editor é aquele que tem de cuidar para que uma personagem que tem cabelos pretos no primeiro capítulo não passe a ser loira no décimo, dizem. Mas na verdade quem cuida dessas miudezas é o copy editor, que trabalha sob a coordenação do editor, lê e relê as provas e encontra coisas a serem corrigidas, mas não é um revisor tipográfico, porque esses são da tipografia, não têm a ver com a editora. (A Random não tem tipografia própria.) Diante do publisher, o responsável pela produção do livro, pelos prazos etc. é aquele que, na época de Haydn, era chamado managing editor, e, agora que quem está no cargo é Albrecht Erskine, chama-se executive editor. (Erskine ademais é também editor de Faulkner.)

Art department é o que cuida da capa, da encadernação, das ilustrações.

Production department é o departamento técnico.

Publicity department (que não deve ser confundido com o *Advertising department*, isto é, o escritório de publicidade paga; a Random não tem um desses porque tem um contrato com uma advertising firm que cuida da publicidade dos livros, conforme um orçamento decidido pelo publisher para cada livro, e também é responsável pela elaboração dos textos que submete diretamente à apreciação do publisher). O Publicity department cuida somente dos jornais, das relações com os resenhistas (e, quando consegue, rádio e TV) e é toda uma questão de public relations e convites para o lunch, e de fato está sempre sob a responsabilidade de moças. Mesmo editoras pequeníssimas como a Orion concentram seus esforços nesse sentido.

Promotion department trata das vendas por correspondência por meio de anúncios com boleto nos jornais e remessa de cartões-postais para diversos endereços conforme o tipo de livro. É um department muito importante, com umas dez pessoas.

Sell department, escritório de vendas, funciona com as máquinas, como já disse e como meu livro experimentou.

Juvenile department: a Random tem uma produção de livros infanto-juvenis das mais desenvolvidas e cuida deles com um setor editorial específico.

College department para os livros didáticos. A Modern Library antes era subordinada ao College dep.; agora passou para o Editorial dep.

Lawyers department cuida dos direitos.

Pelo que pude compreender, a estrutura da McMillan não é diferente, à parte a importância preponderante das edições universitárias e as alterações de nomes. (O Promotion dep. não sabem o que é; e as vendas por correspondência fazem parte das tarefas do Business dep.)

Os mais importantes escritores americanos jovens

Segundo Mr. Dompier, crítico do *Herald Tribune*, com quem tive ontem um lunch-entrevista organizado pela Orion, os

principais escritores da nova geração, que segundo ele é uma grande geração, são (na ordem)
Peter Fiebelman (*A place without twilights*)
Philip Roth
William Humphrey
Bernard Malamud
Grace Paley
H. E. Humes
Herbert Gold
Harvey Swados

Um trabalho editorial sistemático

ainda não tive como começá-lo, evidentemente. Durante a semana tenho diversos encontros editoriais importantes. Mas é necessário sobretudo que eu organize meu dia de modo a ter tempo de ler e de pôr as idéias em ordem. Portanto, por enquanto só posso lhes transcrever algumas notas avulsas de meu bloco.

Fala-se bem de James Yaffe, autor já de quatro livros, dos quais um, *What's the big thing?*, foi publicado pela Little Brown.

Fala-se bem de um romance inglês (Heinemann) de A. E. Ellis, *The rack*.

Não me lembro se William Styron na Itália já é alguém. A Random publicará por volta de março um novo romance dele: *Set this house on fire*.

A Grove tem muito orgulho de um romancista que ela vai lançar na primavera e que me foi apresentado: Alexander Trucchi, *Cain's book*.

Vi na livraria um belíssimo livro *abstrato* para crianças: Leo Lionni, *Little blue and little yellow* (an Astor book published by McDowell).

A Random faz muito sucesso com os livros infantis de um autor que se assina Doctor Seuss, especializado em livros para crianças de cinco a seis anos, escritos com apenas trezentas palavras.

Instruções

Daniele, isto é uma espécie de jornal para ser aproveitado pelos amigos italianos. Einaudi recebe sua cópia particular em casa. Esta cópia é pública, exceto as coisas mais editoriais que você pode recortar e passar para Foà;* o resto deixe tudo junto numa pasta, à disposição de todos os colegas e também dos amigos e visitantes que tenham vontade de ler, e cuide para que não se disperse, e sim para que seja lido, de forma que o tesouro de experiências que vou acumulando seja um patrimônio de toda nação.

Os desejos do emigrado

O emigrado tem necessidade de que alguém lhe escreva, que o mantenham ligado à terra de origem, senão logo sua correspondência começa a rarear, e ele esquece a língua nativa. Ele ainda não recebeu correspondência, nem sequer de sua mãe, nem de alguma mulher amada, nem do *Eco della Stampa*, que tinha assinado antes de partir. Quando passa pelo centro vai para a Times Square a fim de comprar algum número do *La Stampa* para ler o Specchio dei Tempi, sobre os acidentes na estrada e os aposentados asfixiados com gás. Mas isso não é suficiente.

Um pesadelo

Após quatro dias de Nova York, sonho que voltei imediatamente para a Itália. Não me lembro do motivo pelo qual voltei: por um motivo qualquer tive vontade de voltar, uma inspiração momentânea, e eis que estou novamente na Itália e não sei o que vim fazer aqui. Mas sinto a necessidade urgente de voltar

---

(*) Luciano Foà, responsável pela secretaria editorial da Einaudi, pouco tempo depois deixaria essa editora para fundar outra, a Adelphi.

logo para a América. Ninguém na Itália se interessa por eu ter estado na América, nem por eu ter voltado. Sou tomado por um desespero ensandecido por não estar na América, uma angústia pavorosa, um desejo pela América que não está ligado a nenhuma imagem específica, mas como se eu tivesse sido arrancado da vida. Nunca senti um desespero tão absoluto. Acordo tremendo: dar por mim no esquálido quarto de meu primeiro hotel americano é como dar por mim em casa.

12 de nov.

Ontem dia todo tomado por editores

Visitei Mr. Weybright, da New American Library, velho amigo de Frankfurt. Aconselha-me dois romances que estão para sair:

Twing Wallace, *The chapman report*, que será publicado pela Simon & Schuster e depois pela NAL, e foi vendido para um filme à Zanuck-Fox por trezentos mil dólares. A história é muito engraçada: um grupo de professores universitários faz uma enquete tipo relatório Kinsey num clube de senhoras da alta sociedade, e surge daí um bocado de complicações.

Peter Zilman (ou Tilman) *American novel* (não entendo direito a caligraf. de W.) Coward McCann-NAL; filme: Columbia. Diz que se parece com *Island in the sun* de Else Waugh, que foi um grande best-seller.

Não sei o quanto podem ser válidas as indicações de W. A narrativa dos Signet Books em geral é ordinária. (E não se resolve a ficar com o *Barão!*), mas ele é gentilíssimo e quer que eu escolha, nos Mentor Books de não-ficção, tudo o que possa ser útil para nós. A mim, parece que já vimos todos os títulos interessantes. Aguardo instruções.

Visitando Knopf: Mr. Pick, que conheci em Frankfurt, quer indicações minhas e certamente ficará com o próximo romance longo de Bassani; eu pedirei indicações a Mr. Koshland outro dia. Grande amizade com todo pessoal Knopf. Aguardo instruções.

Cocktail party na casa de Schabert, da Pantheon, só editores. Mr. Schabert conheceu Einaudi em Viena e são muito amigos, mas o editor de *Jivago* e de *O leopardo* está se tornando uma sucursal de GG.* Vou encontrá-lo na semana que vem. Aguardo instruções. Estavam ali também o velho Knopf, Laughlin da ND,** Haydn da Atheneum, com quem vou jantar esta noite, e a senhora Van Doren do *Publishers' Weekly*, que é tia do homem do escândalo.

O livro de que se falou durante a semana é o de Norman Mailer, *Advertisements for myself* (Putnam) que contém pág. de ensaios, autobiogr. e trechos narrativos inacabados.

Televisão em cores

Ontem à noite vi um pouco de televisão em cores. O espetáculo de Perry Como de vez em quando era interrompido pela propaganda de uma empresa de produtos alimentares, e se viam por dez minutos pratos de macarrão com uma mão que despeja o molho todo colorido, e pratos de carne e salada, e explicavam o modo de preparo de tudo aquilo. Muito bonito. A ser introduzida o quanto antes nos países subdesenvolvidos.

Eu estava com os amigos de uma coreógrafa de vanguarda que apresentava algumas cenas de um balé dela inseridas no Perry Como Show. Mas seus balés são uma porcaria. Pouco depois telefonam para ela. Já está em casa, desesperada, chora, fugiu do estúdio antes que o programa terminasse, quer se suicidar para protestar contra a prepotência da televisão ao julgar sua arte.

20 de nov.

(*) Gian Giacomo Feltrinelli.
(**) *New Directions*.

A ONU

A coisa mais divertida é ir à ONU com Ruggero Orlando que desde que soube da minha chegada a Nova York freqüentemente me convida para andar por esse mundo que ele conhece como ninguém. Acho que quanto à arquitetura e decoração a ONU é o grande monumento de nosso século; mesmo as salas de reunião são maravilhosas, exceto aquela do conselho de segurança. E o clima que se respira na ONU também é magnífico, porque sentimos o espírito das Nações Unidas operante como já não podemos sentir nem nos Estados Unidos nem na Europa, e isso decerto também é mérito de Le Corbusier, porque os ambientes contam, e como. Ontem à noite assisti à votação sobre os experimentos atômicos que isolaram a França (e o Afeganistão). Todos votam dizendo Yes, exceto os delegados da América Latina que dizem Sim, acho que por nacionalismo antiamericano. Depois, party da delegação marroquina. Encontro: Soboleff que me cumprimenta por minha tempestividade quando lhe digo que as fábulas italianas são publicadas concomitantemente nos EUA e na URSS (a very good timing); Alí Khan (chefe da deleg. Paquistão) que me felicita pelas duas belas moças que me acompanham; o ministro argelino das Relações Exteriores da FLN (aqui como observador; não são otimistas quanto à possib. de tratar do assunto a curto prazo) a quem peço um livro para a Einaudi; a única mulher chefe de delegac. (Suécia) bela senhora com senso de humor; o atual presidente da ONU, o velho prof. Belaunde, peruano, que para me agradar manifesta sua admiração por Fogazzaro, Ada Negri, Papini; Ortona que não perde uma party; o afegão que me explica que votou contra porque a moção era excessivamente fraca; o rev.,* que se bate contra as discriminaç. raciais na África do Sul e que está aqui como observador (a África do Sul o expulsou); Mr. Mezrick, do movimento cooperativo americano, que publica um boletim de documentos da ONU e que foi denunciado pelo sen.

(*) Lacuna no texto datilografado.

Eastman à com. de atividades antiamericanas porque "imprime um panfleto comunista" (o boletim publica todos os discursos, os dos russos também), e agora está encrencado (financeiramente; terá que pagar um grande advogado que demonstre etc.), mas na realidade Eastman que é do sul quer atingir sua mulher que faz parte da Liga emancipac. Gente de Cor.

Domingo no campo

Domingo passado pela primeira vez estive no campo, ou seja, colinas de bosques não cultivados ao norte do Bronx, por belas rodovias; antes o lunch na casa de certos parentes da senhora que me acompanhava, família de banqueiros, que possuem todos os estates da região, numa das poucas casinhas de madeira remanescentes do século XVIII. Atmosfera de grande senhorilidade, mas era domingo e a empregada não estava; mesmo assim tudo estava tão bem organiz. que não se notava. Depois em Mount Kisco, na casa de Giancarlo Menotti que me convidou; está (com Samuel Barber, que entretanto não está) localizada num belíssimo chalé nos bosques, mas segue o gosto de sua categoria, cujo verdadeiro defeito moral é não distinguir o bonito do horroroso: pratos com uma foto de mulher, a lanterna mágica, o museu dos horrores. Queixa-se de que a fama de Spoleto lhe impeça de obter fundos das foundations americanas. O pôr-do-sol num bosque da América é algo absolutamente irreal. Assim como o céu de Nova York à noite.

19 de nov.

Wall Street

Naturalmente a primeira coisa que quero ver é Wall Street e o Stoch Exchange, ou seja, a Bolsa de Nova York. Peço à Merril Lynch, Pierce, Fenner & Smith, que é a maior corretora de valores, que organize uma visita. Tem umas moças — guias — que acompanham os visitantes e os aspirantes a investidores durante a visitação por todos os escritórios explicando todo funcionamento. Uma moça graciosa me explica tudo minuciosamente. Não entendo nada, mas ainda assim estou muito admirado e sofro muitíssimo pois este mercado de ações de Nova York é a primeira coisa que sinto maior do que eu e que não conseguirei dominar. Toda Merril Lynch, Pierce, Fenner & Smith funciona eletronicamente. Conectada com o Stock Exchange, tem em todos os escritórios o letreiro com as cotações deslizando ininterruptamente, e recebe as ordens de compra e venda por telef. e por telex das filiais de todas as cidades da América e também da Europa, e com as máquinas calculadoras a toda hora são calculados os dividendos, securities e commodities e os dados registrados e transmitidos para o Stock Exchange, depois há os cálculos para o over-the-counter-market que são muito complicados, e de todos os escritórios e de todos os mecanismos desse enorme prédio que é a Merril Lynch, Pierce, Fenner & Smith todos os dados vão parar no último andar, onde está a grande IBM machine 705 que em um minuto pode fazer 504 mil adições ou subtrações, 75 mil multiplicaç., 33 mil divisões e pode tomar 1 764 660 decisões lógicas e em três minutos ler *E o vento levou* inteirinho e copiá-lo num tape da largura de um mindinho, porque tudo vai parar nesse tape, escrito por inteiro com linhazinhas, pois em um inch cabem 543 caracteres. Também vi a memória do 705, que seria um tecido como um pano de chão todo de fiozinhos. Também estive no Stock Exchange e decerto é uma visão grandiosa mas conhecida o bastante por meio do cinema. Mas essa Merril Lynch, Pierce, Fenner & Smith é um lugar onde, que pena que eu já esteja velho demais, ficar um pouco ali para aprender o trabalho (há ali um enorme departamento de estudos) é algo que seus filhos, a primeira coisa que vocês têm que fazer é enviá-los para cá por alguns anos para fazer um estágio na

Merril Lynch, Pierce, Fenner & Smith, depois aprenderão filosofia, música e todo resto, mas como primeira coisa um homem precisa conseguir dominar Wall Street. Também fazem uma porção de propaganda dos investimentos, com folhetos baseados no princípio de que dinheiro produz dinheiro, com motes sobre o dinheiro dos grandes filósofos, e essa coisa da propaganda do culto ao dinheiro é contínua na América, se alguma vez se formar uma geração que não coloque o dinheiro acima de tudo a América irá pelos ares.

Mas agora em Columbia conheci Mario Salvadori engenheiro e matemático que esteve com Fermi na equipe da bomba A e que me parece um homem de grande valor e ele diz que a 705 não é nada e ele é que vai me levar para ver cérebros eletrônicos de verdade.

DIÁRIO NOVA-IORQUINO

24 de nov.

O colégio das moças

Ontem fui convidado do Marc Slonim (o mais famoso especialista em literatura russa da América, que também é um italianista e que eu conhecera em Roma) no Sarah Lawrence College, de Bronxville, onde ele ensina literatura comparada. O Sarah Lawrence College é para moças muito chiques, lá cada aluna escolhe os cursos que deseja fazer, não há aulas mas discussões, não há exames, enfim, elas se divertem com agradáveis e variados temas culturais. Moças de calças compridas e meias três-quartos e pulôveres variegados como nos costumeiros filmes de colleges esvoaçam dos predinhos onde está localizada a faculdade e os dormitórios. O lunch é muito reduzido porque as moças querem manter a linha mesmo (ao passo que os professores, esfomeados, reclamam). Na cafeteria estão à minha espera as estudantes de italiano: são umas vinte e cinco, entre elas ao menos umas duas muito bonitas. A professora me conta que prepararam uma surpresa: querem cantar uma canção para mim; uma delas tem um violão; penso na canção napolitana de sempre, ou do rádio; mas ao contrário eis que elas cantam: *Sul verde fiume Po*. Fico muito mais surpreso do que elas esperavam. (Descubro que fora parar ali um disco levado aos Estados Unidos pelos Momigliano.) A professora diz que a canção é muito útil para aprender verbos. As moças me interrogam sobre meus contos, que conhecem de cor. Depois vou para o seminário de literatura comparada; hoje se discute sobre Aliocha Karamázov. As moças falam o que pensam sobre Aliocha, depois Slonim intervém levantando problemas e dando um sentido à discussão, com grande fineza e eficácia pedagógica, mas o que é certo é que essas mocinhas estão distantes de Dostoiévski assim como da lua. Ver Dostoiévski e o pensamento religioso e revolucionário russo planando sobre aquela reunião de jovens herdeiras no Westchester desperta um pavor e um entusiasmo interplanetários. Depois vou para a aula de italiano; as moças ficaram de trazer hoje *La sera fiesolana*. Traduzem os versos de D'Annunzio com uma segurança regelante. Chega-se a falar de são Francisco. E a professora me pede para ler o *Cântico das criaturas*. Leio traduzo comento são Francisco de Assis para as diversas Beth, Virginia, Joan. E já que a professora dá um tímido sinal de preferir D'Annunzio, insurjo e exalto demoradamente são Francisco acima de todos os poetas. Percebo que é a primeira vez, desde que estou na América, que explico alguma coisa ou defendo uma idéia. E se trata de são Francisco. Justíssimo.

O museu Guggenheim

Nessas semanas o assunto obrigatório de todas as conversas nova-iorquinas é o recém-inaugurado museu projetado por

Frank Lloyd Wright para abrigar a coleção Salomon Guggenheim. Todos o criticam; sou seu defensor fanático, mas me percebo quase sempre isolado. É uma espécie de torre em espiral, uma rampa contínua de escadas sem degraus, com uma cúpula de vidro. Subindo e nos debruçando temos sempre uma visão diferente com proporções perfeitas, pois há uma sobressalência semicircular que corrige a espiral, e lá embaixo há uma fatiazinha de canteiro elíptico e uma vidraça com um gomo de jardim, e esses elementos, mudando o tempo todo a qualquer altura estejamos, são exemplo de arquitetura em movimento de exatidão e fantasia únicas. Todos dizem que a arquitetura sobrepuja a pintura e é verdade (parece que Wright odiava os pintores), mas o que importa: a gente vai até lá em primeiro lugar para ver a arquitetura, e depois também os quadros os vemos sempre bem iluminados, uniformemente, que é a primeira coisa. Há o problema do chão sempre inclinado que constitui um problema de como fazer para manter o quadro em pé. Resolveram-no pendurando os quadros não na parede, mas em braços de ferro projetados para a frente da parede ao centro do quadro. De fato o acervo do Guggenheim não é milagroso, à parte a formidável coleção de Kandinsky que já tínhamos visto em Roma, e há muitas peças de segunda categoria. (Não como o vasto Museum of Modern Art que tem só obras-primas de tirar o fôlego, ou até as belíssimas salas de pint. moderna no Metropolitan, estragadas infelizmente por um horrendo Dalí que as pessoas fazem fila para ver.) Todos concordam ainda em criticar o exterior do Museu Guggenheim, mas eu gosto dele também: é uma espécie de parafuso ou eixo de torno, perfeitamente em harmonia com o interior.

Ri-se da morte

Sobre a falta de senso da morte dos americanos se disse muito. Outra noite, no Harlem, num local chamado Baby Grand (piano de meia cauda) onde fazem jazz, um humorista negro muito famoso começava seu número fazendo uma brincadeira sobre a morte de Errol Flynn entre gargalhadas gerais; e depois contava uma piada suja sobre a morte de Errol Flynn e sobre os funerais em meio à hilaridade geral. Outro constante tema de sátira e de humorismo desse comediante negro é a questão racial, a polêmica com os segregacionistas.

Olivetti

Adriano Olivetti esteve em Nova York nesses dias e comprou a Underwood, que havia um bom tempo estava cambaleante. Agora a Olivetti vai produzir na América com o nome de Underwood, sem mais estorvos aduaneiros. As ações da Underwood não estão cotadas na bolsa, mas parece que agora voltarão para a lista. Aquele bobo do Segni quando esteve aqui, na coletiva de imprensa, ao ouvir de um jornalista americano uma pergunta sobre o que ele achava da infiltração da Olivetti na participação acionária da Underwood, respondeu: "Uma grande empresa como a Underwood decerto não há de temer nossa pequena Olivetti!".

Na casa de Prezzolini

23 de nov.

Jantar na casa de Prezzolini que tinha me convidado quando eu ainda estava na Itália em seu já muitas vezes descrito casulo no décimo sexto andar, e são conhecidos seus dotes de cozinheiro e anfitrião. Está presente a senhora Cudahy, viúva do marquês Pellegrini, vice-presidenta da Farrar Strauss, católica, e um conde húngaro, Arady, se ouvi direito, que escreveu uma vida de Pio XI. Após dias e dias em que eu só encontrava judeus, estar entre católicos reacionários declarados é uma distração que não chega a ser desagradável. Evidentemente, perto de Prezzolini o conde húngaro, que é um católico liberal e admirador da aristocracia moderada lombarda do século XIX, chega a me parecer um companheiro. Conversa extremamente interessante a do húngaro que demonstra a continuidade da corrente Pio XI-João XXIII, a qual, porém, ainda não conseguiu vencer porque a facção de Pio XII continua forte. Todos se lançam contra o clero irlandês da América e Spellman, mas percebo que os motivos são opostos aos que se ouvem costumeiramente a respeito do espírito autoritário hierárquico: aqui se criticam seu antiformalismo, sua leviandade "democrática", sua ignorância do latim. Todos estão escandalizados porque em St. Patrick montaram uma vitrine com uma estátua de cera de Pio XII em formato natural, em cores, com cabelo e tudo, como no museu de Mme Toussaud; não compreendem como Roma ainda não interveio nesse sacrilégio, decerto desejado por Spellman para provocar João. Fazem grandes elogios a Mencken como o grande destruidor dos mitos democráticos americanos. E o húngaro faz um elogio paralelo a Karl Kraus (amado agora por Cases, foi também como Mencken mestre de toda a esquerda americana). A exaltação de *O leopardo* (que não hesitam em colocar no plano de Manzoni), inteiramente por motivos reacionários, para mim confirma a enorme importância desse livro na atual involução ideológica do Ocidente. Grande parte das discussões evidentemente foi inspirada por minha presença no meio deles, com o mínimo esforço polêmico de minha parte, evidentemente, que com reacionários declarados me sinto absolutamente bem, Prezzolini e eu nos tratamos por "tu", e com o conde e a marquesa (que tornarei a ver num lunch de negócios) tenho em comum o conhecimento de Bordighera e de sua sociedade.

P.S. O parecer sobre Purdy e particularmente sobre *Malcolm* é negativo também nos ambientes Farrar Strauss. De Purdy (que vou encontrar nesses dias) não ouvi ninguém falar bem; mas ontem à noite todos concordavam em se orgulhar de Malamud como o novo grande escritor; julgamento interessante, vindo de católicos. Portanto, sugiro dar mais corda a Malamud do que a Purdy no planejamento deste ano.

Como funciona uma grande livraria

(Da conversa com a diretora da Brentano's.) A livraria americana é mais complicada do que a nossa, pelo fato de serem tantos os lançamentos que ninguém, por parte das vendas, pensa ser possível acompanhar tudo. Brentano's é muito bem organizada, livraria imensa com balcões diferentes para as novidades de ficção, de história, de poesia e assim por diante, e também as seções de paperbacks (normalmente não é o livreiro que organiza, e sim a drugstore ou o jornaleiro ou loj. específicas) e dos periódicos e evidentemente dos juveniles que nunca faltam, em nenhuma livraria. Não existe a venda à décima terceira:* o livreiro tem o desconto de quarenta, em algum caso raro o editor dá um exemplar a cada dez. Quem vem buscar as encomendas é o fiscal da editora, uma vez por mês, como na Itália. Os vendedores são vendedores como os que trabalham em lojas de gravatas e nem sonham em conhecer os livros. O público não sabe freqüentar livrarias; se, por exemplo, uma mãe ler uma resenha de um livro sobre a criaç. das crianç. talvez ela telefone ou até escreva para o editor, perguntando como deve fazer para comprá-lo, mas não tem o hábito de ir até o livreiro. Enfim, nada de interessante; tudo como aí. As livrarias estão cheias de pequenas reproduções de estátuas, clássicas ou modernas famosas, que deve ser o novo achado da reprodução artística de massa, depois das reproduç. de pintura (ou seja,

(*) Na Itália, o editor brinda o livreiro com um exemplar do livro a cada doze exemplares que este compra para vender. (N. T.)

esse é um hábito do arco-da-velha). Seja lá como for, são horrorosas.

Os faróis traseiros

Um estudo sobre a alma americana pode ser realizado sobretudo observando os enormes rabos dos carros e a grande variedade e felicidade de formas de faróis traseiros, que parecem expressar todos os mitos da sociedade americana. Além dos enormes faróis redondos, que vemos freqüentemente também na Itália e que evocam perseguições de gângsteres e polícia, há outros em forma de míssil, de agulha de arranha-céu, em forma de grades, olhos de estrelas de cinema, e o mais completo catálogo de simbologia freudiana.

Nova York, 7 de dezembro de 1959

Desta vez não escrevo muito. Por uma semana levei uma vida meio apartada, escrevendo a conferência, maçante porque aqui não sabem nada mesmo da Itália e daí sou obrigado a começar do princípio e explicar tudo tintim por tintim, ou seja, fazer o discurso ético-político-literário que na Itália ninguém mais sequer sonharia fazer, e ademais aqui não vão entender nada porque os italianistas são sempre os menos inteligentes, mas enquanto isso, já tendo visto a ineficiência de nossos órgãos oficiais de difusão cultural, sinto-me na obrigação de fazer observações quando posso, e essa conferência apresentada por aí pelas universidades, se eu não me aborrecer logo e não mandar tudo para o diabo, poderá ser uma das razões nada insignificantes de minha viagem, porque na pior das hipóteses vai ter existido alguém que andou pelos EUA a explicar quem eram Gramsci Montale Pavese Danilo Dolci Gadda Leopardi. Assim, não continuei a escrever o diário, mas acontece também que há menos a se dizer, porque Nova York já não é uma cidade nova e, se antes cada pessoa nova que eu via pela rua era motivo para uma observação, agora a multidão é a costumeira multidão nova-iorquina de todo dia, encontros e dias se encaixam no esquema do previsível. Mas, de todo modo, acumulei diversas observações a que vou dar vazão aos poucos e já me lancei novamente na vida mais ativa agora que terminei de escrever a conferência e a entreguei para ser traduzida. Também deveria encontrar tempo para ler livros, mas essa possibilidade ainda está por vir e a mureta de livros em minha cômoda já está cobrindo o espelho sem que eu possa começar a desmontá-la.

Então, por enquanto só algumas notas editoriais.

Fruttero:* comprei a antologia de terror da Modern Library e amanhã vou despachá-la (sábado e domingo os correios fecham). Que número de sapato você calça?

James Purdy

Fui visitar Purdy, que mora no Brooklyn mas na parte bastante nobre. Fui recebido no quarto de aluguel que ele divide com um professor. Cozinha e quarto de dormir duplo tudo num só cômodo. Purdy deixou o trabalho por um ano, conta com uma bolsa da fundação Guggenheim e assim pôde terminar um romance, *The nephew*, que entregou hoje ao editor; é uma coisa mais parecida com os contos do que com *Malcolm*. Purdy é um sujeito muito patético, de meia-idade, gordo, grandalhão e doce, loiro-avermelhado e imberbe, vestido seriamente, uma espécie de Gadda sem histeria, todo doçura. Se for homossexual o é com muita discrição e melancolia. Aos pés de sua cama, um aparelho para levantamento de peso. Acima da cama, uma gravura inglesa do século XIX representando um pugilista. Uma

(*) Carlo Fruttero, editor da Einaudi na época.

reprodução de um crucifixo de Rouault. Em volta, espalhados, livros de teologia. Falamos tristemente da literatura americana, sufocada pelas exigências comerciais. Se não se escreve como o *New Yorker* quer, não se é publicado. Purdy publicou seu primeiro livro de contos por conta própria, depois foi descoberto na Inglaterra pela Sitwell, e então Farrar Strauss o publicou, mas nem conhece Mrs. Cudahy, a crítica não entende, o livro no entanto vende, ainda que muito lentamente. Não há revistas em que se possam publicar os contos, não há grupos de escritores, ao menos ele não faz parte de nenhum grupo. A mim, dá uma lista de escritores de bons romances, mas são quase todos romances inéditos, que não encontram um editor. A boa literatura na América é clandestina, está na gaveta de autores desconhecidos, e só por acaso algum deles vem à luz rompendo a capa de chumbo da produção comercial. Gostaria de fazer discursos sobre o capitalismo e o socialismo, mas decerto Purdy não me compreenderia, ninguém aqui sabe ou suspeita da existência do socialismo, o capitalismo envolve e permeia tudo, sua antítese é uma mirrada, infantil reivindicação espiritual sem orientação nem perspectiva; diferentemente da sociedade soviética em que a unidade totalitária da sociedade é toda fundamentada na consciência contínua do adversário, da antítese, aqui, ao contrário, estamos numa estrutura totalitária de tipo medieval, baseada no fato de que não existe nenhuma antítese nem nenhuma consciência de uma possível antítese, a não ser como evasão individualista. Além do mais todos estão bem com o sistema das foundations.

A TODOS PERGUNTO DE SALINGER, E TODOS ME FALAM DO CASO DOLOROSO DO MAIS IMPORTANTE ESCRITOR DA GERAÇÃO DO MEIO, QUE NÃO ESCREVE MAIS, ESTÁ INTERNADO NUM MANICÔMIO, E AS ÚLTIMAS COISAS QUE ESCREVEU SÃO CONTOS PARA O *NEW YORKER*, MEIO O CASO FITZGERALD DA SEGUNDA METADE DO SÉCULO. ACHO QUE DEVERÍAMOS FAZER O QUANTO ANTES TAMBÉM O OUTRO LIVRO DE SALINGER, OU SEJA, AS *NOVE ESTÓRIAS* (LITTLE BROWN, E REIMPRESSO PELA MODERN LIBRARY). SALINGER PARA A AMÉRICA AGORA É UMA ESPÉCIE DE CLÁSSICO.

Todos têm a chance de dizer que precisam escrever um livro e ficar em casa um ano, ganhando uma bolsa de estudos.

As bolsas de estudos

Para os professores, elas são uma festa já que dificilmente alguém leciona mais que dois anos consecutivos, depois sempre dá um jeito de receber uma bolsa de estudos por um ano ou dois, sem ter que dar conta do trabalho para ninguém, entretanto, se depois quiser outra bolsa, bem ou mal é bom que escreva o livro, assim há essa inflação de livros acadêmicos talvez inúteis mas que de todo modo são livros, ao passo que na Itália as publicações para os concursos são talvez inúteis e nem sequer são livros nem dão o que comer.

Sweezy

Caro Raniero,* escrevi a Sweezy porque queria vê-lo, mas Leo Hubermann me telefonou em seu nome para dizer que ele agora está na Cornell University por alguns dias e que depois vai para a casa de campo dele (aqui todos somem no Natal) e disse para lhe escrever. Mas se for para escrever, evidentemente é melhor que seja você a fazer isso, que pode explicar-lhe seu plano com detalhes. Se depois ele quiser responder através de mim, estou à disposição. Lembre-se, porém, que eu vou estar em Nova York só até os primeiros dias de janeiro, depois viajo para a Califórnia e só volto a Nova York em meados de março.

(*) Raniero Panzieri (1921-64), editor da Einaudi, ocupava-se especialmente de livros de política e sociologia.

Styron

Estou com as provas do novo romance de Styron;* pelas primeiras páginas que li me parece bom. Encontrarei algum dia tempo para ler? Não sei (isto é, sempre acho que tenho alguma coisa melhor a fazer do que ler), se eu perceber que não consigo ler o restante vou mandá-lo para vocês.

A conferência

Aconteceu na Casa Italiana, da Columbia, e havia muita gente apesar de ser época de Natal, e assim comecei a cumprir a tarefa de embaixador da cultura italiana de oposição que alguém chegando aqui sente a necessidade de assumir, embora seja uma chatice ficar explicando o que foi a lit. da Resistência e a cultura do pós-guerra até hoje e organizar um discurso de modo que caibam nele todos os nomes proibidos, mas aqui ninguém nunca disse essas coisas, e acho que ao menos um primeiro resultado eu consegui no plano da política cultural italiana na América, só para dizer todas as coisas que Prezzolini não quer que se digam e mostrar a Donini (que dirige o Inst. It. da Emb., é irmão de Ambrogio, conformista quase tanto quanto o irmão no sentido oposto, mas não bobo, só extremamente medroso e tem as mãos atadas, além de ser complexado por ter um irmão com.) o que deveria ser o trabalho dele. Estavam ali e tiveram que agüentar, Prezzolini nem replicou, aliás, disse que concordava com muitas coisas, e todos eles me cumprimentaram "pela parte da conferência em que falei de Ludovico Ariosto" (ou seja, pela última parte, em que só falava de mim mesmo para alegrar um pouco o auditório e terminava com uma profissão de fé a Ariosto), mas não pelo resto. E os poucos italianos limpos

---

(*) *Set this house on fire*, que a Einaudi publicaria em 1964.

daquele ambiente sentiram um certo alento. Dos efeitos sobre os americanos não sei, os italianistas nunca são pessoas muito inteligentes. E a verdade é que a cultura italiana tem pouco a dizer, hoje menos do que em qualquer outra época, mesmo em um mundo refratário ao pensamento como este.

Natal

Poupo vocês da descrição da coisa fantasmagórica que é o Natal nesta cidade, porque já leram cem mil vezes tais descrições e de meu só poderia acrescentar que lhes asseguro ser muito mais do que se possa imaginar e que nunca se viu uma festa permear mais a vida de uma cidade; já não é uma cidade: é Natal. O Natal na civilização do consumo se tornou a grande festa do consumo; o obcecante Santa Claus (Papai Noel) que você vê em carne e osso na soleira de toda loja com o sininho na mão, representado em todos os cartazes, em toda vitrine, em toda porta, é o inexorável deus do Consumo que impõe a você alegria e bem-estar a qualquer preço.

As perspectivas eleitorais

O culto a Stevenson* como o culto a um santo, generalizado nos meios intelectuais, não parece que irá ter, nem sequer desta vez, algum efeito nas escolhas eleitorais da massa. Provavelmente Stevenson nem será eleito dentro do partido porque já foi ferrado noutra vez, e há o grande perigo de que o candidato democrático seja um católico, Kennedy, e em todos os jornais não se pára de falar sobre a possibilidade de um presidente católico. Mas de fato é quase certo que quem vencerá as eleições será

(*) Adlai Stevenson (1900-65), expoente do Partido Democrático, já candidato às primárias de 1952.

um republicano; portanto, a escolha decisiva será a do Partido Republicano, entre Nixon e Rockefeller. De Rockefeller, ouço falar ou muito mal ou muito bem. Por exemplo, Max Ascoli, um eterno defensor das políticas mais realistas, parece-me estar decidido a apoiar Rockefeller, ao passo que deprecia Nixon como oportunista aberto às mais opostas políticas conforme sopram os ventos. Outros me falam de Rockefeller como um homem sedento de poder e sem escrúpulos. A realidade é que a América não está apresentando nada de novo em termos de grupos políticos.

A última piada americana

A diferença entre o otimista e o pessimista:
O otimista está estudando russo; o pessimista está estudando chinês.

Nova York, 2 de janeiro de 1960

A todos os amigos turineses, feliz ano novo!
Estou há mais de vinte dias sem resposta às minhas cartas, e diria sem sinal de vida, a não ser por uma ata de reunião datada de 21 de dezembro. Sinto por essa falta de diálogo (no fundo houve um diálogo apenas com minhas primeiríssimas cartas) que corresponde a um momento em que o trabalho mais duro da campanha de inverno deveria ser aliviado. A editora nunca conseguiu coordenar o trabalho à distância, e receber de todos vocês críticas conselhos incentivos teria servido para eu não me fechar no isolamento do viajante individualista, não integrado num processo produtivo e numa sociedade em desenvolvimento. Isso eu senti mais nessas semanas em que a loucura natalina da cidade interrompeu o trabalho de visita sistemática aos editores (mas também me resta pouco a fazer, nessa altura) e agora, por volta do dia 12, vou viajar: Cleveland Detroit Chicago depois San Francisco Los Angeles depois o South e por uns dois

meses minhas cartas serão apenas reportagens de viagem, além de, espero, relatórios de livros lidos, porque vou levar comigo alguns livros que espero ler.

A cavalo pelas ruas de Nova York

Pela primeira vez em minha vida monto num cavalo. Domingo de manhã, no Central Park. Mas o stable fica bastante longe do Central Park para o west e, mal acabei de montar na sela, preciso percorrer um longo trecho da 89th St. e atravessar um par de avenues. Cavalgo alto, acima do teto dos automóveis que são obrigados a desacelerar atrás do passo do cavalo. No Central Park chão bom, um tanto lamacento. Tento o trote e também um pouco de galope, que é mais fácil. Em volta, no ar maravilhosamente sereno de Nova York (nenhuma cidade do mundo tem um ar tão claro e o céu tão bonito) os arranha-céus. Pelos gramados do Park correm os esquilos de costume. Minha acompanhante, leve em seu cavalo, grita instruções técnicas que não compreendo. Tenho como nunca a sensação de dominar Nova York, e a todos os que vêm a Nova York vou recomendar que antes de qualquer coisa dêem uma volta a cavalo. Esta senhora, que é a mulher de um escritor, eu a conheci ontem numa party onde eu era guest of honour (também estava lá Erich Maria Remarque com a mulher Paulette Goddard que envelheceu muito desde *Tempos modernos,* mas tem uns olhos, um espírito, enfim, muito simpática, ao contrário, com o marido dela foi logo se formando uma corrente de recíproca antipatia), pois bem esta aqui, uma jovem judia que gosta de ficar em contato com a natureza, diz a propósito do *Baron in the trees* que ela adora to ride mas não rides nunca porque o marido nunca a leva, e que eu decerto sei to ride bem. Digo-lhe que nunca montei um cavalo em toda minha vida, e assim combinamos para o dia seguinte de manhã e até me emprestaram um par de botas mexicanas. É claro que essa é a right way of approach to America, porque é preciso percorrer historicamente todo desenvolvimento dos meios de comunicação e então chegar ao Cadillac.

The Actor's Studio

Muitas vezes às terças-feiras ou às sextas vou ao Actor's Studio, que fica numa espécie de casebre na região do porto, e há sempre muitos atores, alguns até famosos, e directors que sentam em volta, com Lee Strasberg ali no meio, e os atores a cada vez encenam uma breve play ou uma cena, para estudar alguns problemas, depois explicam aos colegas os problemas que encontraram na representação e os outros discutem e criticam e Strasberg diz sua opinião e freqüentemente dá uma verdadeira aula. Tudo isso evidentemente é gratuito, é um clube de experimentos e discussões entre atores. Ou então Strasberg inventa exercícios que se chamam A Private Moment, ou seja, sem ter nada por escrito um ator representa um problema pessoal, isto é, você vê alguém na cama, que se levanta lentamente, depois é tomado pelo desespero, blasfema, procura dormir ainda, levanta-se e vai à janela, está desesperado, coloca um disco, está um pouco menos desesperado etc. Depois discutem etc. É uma coisa um tanto engraçada, esse Strasberg (que pertencia àquele grupo de teatro nos Thirties em que também estava Clifford Odets e companhia) é obcecado pela idéia da sinceridade interior que o autor deve feel, o que me parece uma grande balela, a pergunta ritual quando representam uma cena de autor é: "but in that moment were you working on your own problem or on a stage problem?" porque a identific. de um problema psicol. pessoal com o problema representado é tida como o máximo dos máximos. Enfim, mais uma prova da debilidade do pensamento americano, mas é um lugar onde se respira uma atmosfera limpa, de paixão pelo aprimoramento, e também é um lugar que simboliza melhor que qualquer outro as componentes do espírito americano nova-iorquino: a componente russa (stanislavskiana nesse caso) que chegou até aqui através dos judeus, misturada com a componente freudiana de sinceridade interior, arraigada na velha componente protestante de confissão pública, isso tudo soldado pela componente fundamental da pedagogia anglo-saxônica segundo a qual tudo pode ser ensinado. No Actor's Studio dois atores americanos, marido e mulher, que viram em Spoleto aquela minha pequena play, a única que eu escrevi em toda minha vida, perguntaram-me se poderiam representá-la ali, e a traduzimos juntos e vão apresentá-la em algumas semanas, mas eu já estarei na Califórnia. Há também uma seção de playwriters no Actor's Studio, mas eu nunca fui até lá. Livros sobre o Actor's Studio não existem.

Os cérebros eletrônicos

Entrei em contato com a direção da maior fábrica de calculadoras, a IBM. Public relations de alta categoria me receberam como se eu fosse o presidente da República e colocaram toda empresa à minha disposição. Quando souberam que eu iria para Washington, organizaram uma visita ao Space Computing Center, isto é, à estação que recebe todos os dados e faz todos os cálculos do Vanguard e de todos os vários rockets. Eu estava todo feliz, acreditava que iria ver coisas praticamente secretas, mas esse Space Computing Service fica numa vitrine de uma rua central de Washington e está lá mais como amostra; de todo modo funciona realmente, mas o perigo é que se um caminhão numa manobra errada quebrar a vitrine todos os dados astronáuticos serão perdidos, o que parece estar esconjurado pelo fato de que em Cape Canaveral há outro center idêntico. De qualquer modo é muito bonito: vi modelos de foguetes e satélites, que também deveriam funcionar acendendo certas luzes mas estão sempre quebrados. Jovens matemáticos batem nas teclas dos computadores espaciais com gestos hesitantes e distraídos. Em Nova York, no dia 13 colocaram à minha disposição um Cadillac com motorista e um engenheiro turinês para ser meu guia em Poughkeepsie, no Westchester onde está a grande fábrica da IBM. É uma fábrica com dez mil pessoas, como uma cidade fortificada medieval, à frente o enorme espaço para estacionar quatro mil carros (os imensos estacionamentos para carros azuis e cinza que vemos quando saímos de Nova York são uma das coisas que mais mostram a cor da América). Sou recebido por um grupo de managers e inicialmente me explicam toda a organização da empresa e, uma das primeiras coisas, explicam-me que não há Union. Evidentemente pergunto como pode: "They don't need them", respondem. De fato todos são mais bem pagos do que em outros lugares, há um paternalismo declarado, o retrato colorido de Mr. Watson pendurado em toda parte; eu ficaria sabendo depois que os funcionários foram convidados para a festa de aniversário de Mr. Watson com carta mimeografada que explicava que se não tivessem meio de transporte para ir à festa, eles e suas mulheres, um carro fornecido pela direç. iria buscá-los na hora tal, se a mulher não tivesse traje a rigor a direção lhe forneceria um e também garantia o serviço de babá para aquela noite, e na mesa número tal estavam marcados para eles os lugares tal e tal, e quando o sr. Watson entrasse eles tinham de levantar e cantar a seguinte cançãozinha, com a melodia da famosa canção etc., e ali seguiam uns versos em honra do Mr. Watson. De todo modo isso não tem nada a ver, visitei a fábrica, explicaram-me tudo sobre os cores dos quais é feita a memória e também aprendi como simplesmente por meio da carga positiva ou negativa nos cores pode ser representado qualquer número ou letra, e toda maneira como se fabricam aqueles pequeníssimos transistores e depois eu via a Ramac que desempenha as operações também sobre os dados inseridos ao acaso, isto é, sem uma ordem estabelecida. Belíssimas máquinas com cascatas de fios de belíssimas e variadas cores, com efeito de grande pintura abstrata. Estive no lunch com alguns managers e pesquisadores, sem bebidas alcoólicas porque Mr. Watson proíbe o álcool na empresa. Visitei os laboratórios, uma arquitetura belíssima, melhor que a da Olivetti, e com paredes deslocáveis assim podem obter espaços das dimensões que quiserem, e a organização da pesquisa é fenomenal, desatrelada da produção; no conjunto a organiz. da empresa é muito funcional, ainda que ao desenharem a estrutura da empresa na lousa, acima de Mr. Watson fazem a linha continuar e dizem: God. Morto de sono, explicaram-me todo esse problema, vocês sabem, dos maus condutores de eletricidade. Também vi a escola, belíssima. As pessoas: há dos dois tipos, o tipo manager que realmente dá bastante medo e o tipo que poderíamos chamar de olivettiano; mas evidentemente não consegui compreender as relações ou a dialética entre os dois tipos. Todos esses matemáticos e físicos em suas pequenas alas com lousas verdes eram um belo espetáculo. Mão-de-obra operária decerto muito qualificada, ritmo de trabalho muito tranqüilo; muitas mulheres, todas gordas, todas feias (as mulheres bonitas, aqui como nas cidades italianas, já se limitam a algumas camadas sociais). Muitas caixas de doces em todas as bancadas de trabalho; é Natal. No meio dos cérebros eletrônicos decorações e dizeres natalinos; em muitos departamentos se organizam pequenas parties de Natal; aos operários da técnica mais avançada do mundo os alto-falantes transmitem christmas carols oferecidas pela direção da IBM.

Saudade de Nova York

Não lhes falo de Washington porque essa cidade é assim como alguém sempre a imaginou por meio daquilo que leu, artificial maçante e muito nobre e no fundo posso até dizer que gosto dela e que não gostaria que fosse diferente mas claro mal fiquei ali três dias e já não agüentava mais de saudade de Nova York e logo corri de volta para cá.

O cinema

Evidentemente nunca vou ao cinema porque de noite gosto de ver as pessoas, mas o que me impressiona é que ninguém vai ao cinema, nunca acontece de encontrar alguém que tenha ido ao cinema ou que fale de filmes. Essa evidentemente é uma característica de Nova York Manhattan e evidentemente rodando pela América verei a outra face, claro que essa ilha é um caso único no mundo de uma sociedade de nosso tempo para a qual o cinema não conta absolutamente nada, o que é muito estranho para quem vem da Itália. Na melhor das hipóteses em nosso meio que em Nova York não é uma categoria especial mas é *a* cidade (editoria jornalismo espetáculo agentes escritores e todo enorme mundo da publicidade e das public relations, além do mundo da educação e da pesquisa e os advogados, estes também sempre ligados às questões de direitos de autor. etc.) fala-se no máximo de velhos silent movies que passam todos os dias no Museum of Modern Art ou dos filmes de Ingmar Bergman mas nunca encontrei por exemplo alguém que tenha visto *On the beach* (que é o único filme que fui ver porque me interessava como indício político, embora não seja bom).

DIÁRIO DO MIDDLE WEST

Chicago, 21 de janeiro

Passei uns dez dias entre Cleveland Detroit Chicago e em poucos dias senti mais a essência da América do que em dois meses passados em Nova York. Mais América no sentido de o tempo todo ser levado a dizer: esta sim é a América.

A imagem mais típica das cidades americanas é a de ruas ladeadas por vendas de carros usados, grandes pátios com os carros brancos azuis ou verdinhos alinhados sob festões de bandeirinhas coloridas, cartazes com o valor não do preço mas de quanto o preço está down (por cem mas também por cinqüenta dólares é fácil comprar um carro), e essas vendas por vezes se prolongam por quilômetros, com jeito de feira de cavalos.

Mas onde está a cidade?

A verdade é que você pode rodar de carro durante horas sem encontrar o que corresponde ao centro da cidade; em lugares como Cleveland a cidade tende a desaparecer, a se espalhar por uma superfície grande como uma de nossas províncias. Ainda há um downtown isto é um centro, mas é apenas um centro de escritórios. A middle class vive em alamedas com sobradinhos de dois andares todas iguais embora todas diferentes com poucos metros de aléias verdes na frente e uma garagem para três ou quatro carros dependendo do número de adultos da família. Não se pode dar um passo sem carro porque não há nenhum lugar para ir. Em alguns dos cruzamentos dessas alamedas há um shopping center onde são feitas as compras. A middle class nunca sai de lá, as crianças crescem sem saber de nada a não ser de um mundo povoado por pequenas famílias abastadas iguais à delas que têm de trocar de carro todo ano porque se mantiverem o carro do ano anterior fazem feio diante dos vizinhos. O homem vai trabalhar todas as manhãs e volta às cinco, calça os chinelos e assiste à TV.

Os bairros pobres são exatamente a mesma coisa, os sobradinhos são os mesmos só que em lugar de uma família moram ali umas duas ou três e a construção, em geral de madeira, costuma se deteriorar ao cabo de poucos anos. Aquilo que há uns quatro ou cinco anos era um suburb elegante agora passa para as mãos da burguesia negra abastada. Os judeus deixaram para eles o bairro pobre porque agora em Cleveland são todos mais ou menos ricos, e todos seus sobrados se tornaram slums negros. As igrejas ficam, quero dizer, os edifícios, pois as sinagogas dos bairros que deixaram de ser judeus se tornaram igrejas batistas dos negros, embora guardem os candelabros nas vidraças e nas arquivoltas. As nacionalidades se deslocam de um bairro a outro continuamente nessas supercidades: ali onde havia italianos agora há os húngaros e assim por diante. Os puertoricans ainda não chegaram ao Middle West, ainda estão concentrados em Nova York, mas nos últimos anos aqui tem havido uma enorme migração mexicana. O fato característico porém é que agora no último degrau da imigração figuram os imigrantes internos, os poor whites da Virgínia que vêm trabalhar aqui nas fábricas do norte, e como são os últimos a chegar estão abaixo dos negros e seu racismo e o ódio contra os yankees anti-segregacionistas se tornam mais agudos.

A família Gold

Em Cleveland sou convidado da família Gold, típica família judia do Middle West. O pai de Herbert, vindo da Rússia quando moço, foi pedreiro e verdureiro e só depois da última guerra conseguiu se tornar o mais rico proprietário de hotéis de Cleveland, mas vive ainda muito modestamente em sua casinha, dá uma dinheirama para Israel para onde vai quase todos os anos, é completamente filisteu e americanizado, mas como em muitas famílias judias orgulhoso por ter um intelectual famoso na família e completamente tolerante com seu estilo de vida. Sua mulher é a mãe judia americana, grande instituição deste país, sua cozinha judaica é ótima, a família com os quatro filhos emana uma serenidade extraordinária, a satisfação de ter conseguido, ela também é Woman of Valour do Estado de Israel. Dos filhos, o mais velho é advogado e tem seu escritório no hotel (consultoria fiscal, evidentemente) e o mais jovem ajuda o pai no hotel, além de Herbert, há outro que quer ser escritor, Sidney, que é a verdadeira figura da família, foi operário até há pouco, até na Ford de Detroit, mas sempre larga tudo, é meio comunista, quer ser escritor ele também, e o pai por enquanto o sustenta (tem trinta e cinco anos) porque acredita que ter filhos escritores é um aumento de prestígio na comunidade local. Mas Sidney não é um espertalhão como Herb, é indefeso e improdutivo e se encaminha para se tornar o patético fracassado de província, poeta e radical.

Os motels

Morei também em diversos motels (um em Cleveland novíssimo, propriedade de Gold pai) que agora não são mais feitos como cabines de madeira, e sim de alvenaria, com um grande recinto para estacionar, cercado por quartos-apartamentos, freqüentemente de dois andares, cada quarto com cama de casal que de dia vira sofá, TV, rádio que também serve de despertador, ducha, cozinha, geladeira, tudo organizado com o mínimo serviço, paraíso dos salesmen e dos amantes, e menos expensive do que qualquer bom hotel.

As eleições

Nas casas dos intelectuais só se fala das eleições, muito mais do que em Nova York. Violentamente assustado com a cara do catolicismo americano como vi em Boston, onde a contínua ameaça da Madona sobre o velho berço do puritanismo (Boston é 75% católica e vive sob uma ditadura ítalo-irlandesa), faço uma contumaz propaganda anti-Kennedy, e em geral encontro solo fértil nas famílias dos professores judeus, mas em geral o perigo para eles é Nixon, e muitas vezes o que atrapalha uma visão clara é a idéia de que a afirmação dos democratas católicos, repres. das nacionalidades até ontem pobres e operárias, tenha um quê de democrático e não sabem do papel reacionário que a Igreja americano-irlandesa de Spellman tem no catolicismo mundial. Depois há os democratas militantes, como uma mulher de congressman humphreiano mas pronta a passar para Kennedy se ganhar a convention, que até se enfurece e nos enxota de casa. (Na middle class aqui não raro se encontram pessoas até inteligentes que sentem necessidade de afirmar o tempo todo que tudo vai bem, que a cultura am. é de primeira categoria — mencionam as cifras das universidades, dos teatros e das bibliotecas, iguaizinhos aos soviéticos — como se tivessem necessidade de convencer a si próprios antes de convencer os outros, ao passo que, por outro lado, é aqui na província que estão os mais lúcidos, sérios e documentados críticos da vida e da sociedade americana, todos na mesma categoria de pessoas.)

As prostitutas

Após passar dois meses e meio, o que é incrível para um europeu, sem ver uma única prostituta na rua, eis que em alguns bairros negros deparo com a habitual visão de todas as cidades da Europa ocidental: as ambulatrizes. Elas existem também nos bairros brancos, mas costumam ficar em certos cafés, e de todo modo são pouquíssimas. A coisa mais espantosa de Nova York — resultado ao mesmo tempo do puritanismo e da libertinagem feminina — é que nesta cidade tão enorme nunca se vê uma prostituta. Elas só existem nas cidades da província.

Paternalismo inter-racial

O Karamu é um centro comunitário de Cleveland fundado há uns trinta anos para promover uma atividade cultural comum entre brancos e colored. Belíssimo do ponto de vista da arquitetura, com teatros, exposições de artistas negros, artesanato, museus de cultura africana, tudo de primeira, salas onde à noite vejo negros concentrados nas aulas de química e de biologia. Tenho a impressão de estar na União Sov. Sou convidado pelo diretor de teatro, branco judeu, que encena peças com negros e brancos (amadores e profissionais que trabalham de graça; ele é um profissional que prefer. trabal. na província, recebe salário pago pelo centro) para assistir ao ensaio geral de uma play a ser apresentada amanhã. Assistimos à play, mas é uma lacrimosa história edificante moderado-social sobre tema racial (de autor negro), um exemplo de teatro didático de paróquia ou melhor igualzinha a uma play análoga que vi há nove anos em Leningrado num teatrinho análogo do Kosmokol numa casa análoga dos pioneiros, mas ali ao menos a hipocrisia era de outro tipo, não do tipo paternalista sob o qual se revela a meus olhos toda essa instituição. Leio um panfleto de uma série de conferências de política: é propaganda governamental. Digo minha opinião sobre a comédia à mulher do diretor enquanto a acompanho até sua casa (parecia-me uma mulher muito inteligente e livre e feliz), mas ela acreditava em boa-fé que a play era boa, como muitos outros intelectuais de província é prisioneira de uma escala de valores relativos, engolida pela mediocridade.

O pensamento evidentemente corre para Olivetti, e aqui o tempo todo há como verificar a origem e a função de suas idéias num país em que elas não são um bicho estranho mas experiências surgidas empiricamente em certas zonas de "capitalismo iluminado". Pode-se dizer, em geral, que Olivetti tem mais classe que seus professores, e em geral pode dispor do melhor que a Itália oferece em termos de colaboradores, ao passo que aqui as iniciativas culturais paternalistas atuam em um nível muito mais provinciano, já que a indústria cultural centrada em Nova York absorve os mais hábeis e os corrompe de outra maneira; e aqui essas coisas dão mais sinais de desgaste. (Aqui freqüentemente com os americanos — com alguns deles — sou levado a falar bem de Olivetti e a apresentá-lo sob uma luz completamente favorável; é um dos poucos fenômenos italianos que os americanos podem compreender e apreciar e lhes dar uma idéia da "outra Itália" que eles ignoram totalmente. Falo também de Togliatti, claro, e falo bem dele — imaginem se seria possível ter uma conversa com um americano na qual primeiro fazemos compreender a seriedade e a legitimidade histórica de certos fenômenos e depois os aspectos negativos — mas não entendem nada disso, nada de nada.)

Os museus

Em todos esses centros industriais do Middle West há museus formidáveis, com primitivos italianos e impressionistas franceses, coleções de primeira categoria disseminadas por estas bandas, e também muitas coisas medianas mas nunca ordinárias e de vez em quando uma obra-prima famosa (capa da Corallo)* que nunca você poderia imaginar que estivesse aqui. Pena que não pude parar em Toledo, uma pequena cidade de usinas de aço que dizem ter o museu mais rico. Depois sempre há novidades técnicas na organização: no museu de Cleveland não há vigias nas salas mas em cada sala há uma câmera pendurada no teto que gira e foca os visitantes e com elas um só vigia em sua cabine pode controlar o museu todo. No museu de Detroit, por vinte e cinco cents você pode alugar uma caixinha de papelão, para colocar no ouvido, com um transistor: em cada ambiente há uma estação transmissora com um disco que explica todos os quadros da sala.

A morte do radical

Em Cleveland os liberals e os judeus estão de luto porque morreu Irwin Spencer, um velho jornalista liberal, columnist de

(*) Calvino se refere às capas da coleção dos Coralli, da Einaudi, ilustradas com obras-primas da pintura contemporânea.

um jornal local que embora propriedade de conservadores isolacionistas lhe permitia escrever o que quisesse. Leio seu último artigo, sobre as suásticas na Alemanha: velha calorosa oratória democrática de província. Herb foi ao funeral; Irwin era quark, mas ali estavam pastores de todas as Igrejas protestantes e o rabino e cada um deles discursou, e havia intelectuais negros e alcoólatras de cara violácea. Irwin era um ex-alcoólatra e havia se curado e era um dos chefes da Alcoholic Anonimous, uma sociedade de mútuo socorro de alcoólatras das diversas classes sociais.

O bar

Enquanto espero Herb que foi ao funeral sento-me num bar de ar muito tough a outra face da América que em vão eu esperava ver em Nova York, com sujeitos mal-encarados como os do cinema que afinal são operários das fábricas de automóveis de Cleveland, com mulheres que parecem prostitutas mas que provavelmente também são pobres operárias, jukeboxes (um sujeito de boina dança com uma mulher idosa, depois saem), bingo machines que seriam aquilo que chamamos de fliperama (e que em Nova York só se vêem em determinado local de Times Square), tiro ao alvo eletrônico. Enfim, a Itália americanizada corresponde à América provinciana e proletária. No banheiro creio ter descoberto a primeira pichação obscena que vejo na América, mas não: são diatribes contra os negros, com um pano de fundo pessimista (expulsem os negros e quem serão os patrões? os cucarachos). O bar é freqüentado por poor whites do Sul que imigraram para trabalhar nas fábricas.

Em Detroit entrei em lúgubres salas de sinuca com os gamblers a uma mesa jogando pôquer, esquadrinhando os desconhecidos por medo de que seja a polícia. Atmosfera de pequenos gângsteres falidos estilo Nelson Algren (que eu teria gostado que fosse meu guia em sua Chicago, mas nos desencontramos já que nos dias em que eu estava lá ele não estava, assim a Chicago gângster eu não vi).

Os TV dinners

Mesmo a civilização do consumo pode ser mais bem apreciada na província ao se visitarem as lojas de departamentos Sears que existem em todas as cidades e que vendem de tudo, até lambretas (que custam mais do que os automóveis) e lanchas (nas cidades de lagos agora é temporada de lançamento dos novos modelos de lanchas para o verão) e que eram famosas por seu catálogo possibilitar que os farmers mais isolados, nos tempos em que as comunicações eram escassas, fizessem suas compras por correspondência. Nos supermarkets a novidade mais sensacional são as TV dinners, bandejas com um jantar completo já pronto para quem está assistindo televisão e não quer ser interrompido nem durante dez minutos para preparar sua refeição. Há uma grande variedade de TV dinners, na embalagem de cada uma há uma foto em cores do conteúdo; basta tirar da geladeira e comer, sem precisar tirar os olhos da tela.

No templo israelita

Herb Gold faz uma conferência sobre hipsters e beatniks no templo de Cleveland Heights. É seu pai quem faz questão, porque é a primeira consagração do filho como personalidade cultural na cidade natal, e um reconhecimento do prestígio dele Samuel Gold, que há poucos anos passou a fazer parte dos notáveis da Igreja. O templo não é nem uma das doze sinagogas de culto ortodoxo de Cleveland Heights, nem um dos templos do culto reformado (uma espécie de protestantismo hebraico, de ritual muito simples, adotado para conciliar o judaísmo com o estilo de vida americano), na verdade pertence ao culto "conservativo" que é um meio-termo entre os dois, conservando parte dos aspectos formais do rito com grande desinibição nas contaminações, de tipo jesuítico. Acompanho ao culto a jubilosa família Gold, e mesmo os filhos mais céticos desfrutam da satisfação dos pais. Uso, como todos os fiéis, o pequeno barrete preto. Há um cantor magnífico, quanto à voz e quanto à solenidade mímica. Acompanhado pelo órgão, inovação contrária à ortodoxia. O rabino (de ar atrevido, sem barba) lê versículos de salmos e os fiéis lêem em coro outros versículos, acompanhando nos livrinhos, e eu com eles. Entre os hinos do livrinho também está *América*, o conhecido hino patriótico. A bandeira americana está ao lado do altar, como em todas as igrejas americanas, de qualquer credo (aqui, do outro lado, está a bandeira de Israel). No palco também estão garotos com os paramentos sacerdotais e garotas em traje de passeio que se alternam com o rabino e com o cantor na leitura dos salmos. Na metade da função, o rabino, após ter homenageado os mortos da semana e o jornalista Spencer Irwin, anuncia a conferência de Herb. Para dar um ar religioso à conferência, ela foi anunciada sob o título *Hipsters beatniks and faith*, mas Herb não fala de fé, mas diz que a falta de ideais políticos revolucionários leva ao ideal beatnik do keeping cool, da indiferença. Ninguém rebate, parece, essa reivindicação da política como uma característica da cultura americana hoje perdida; mas parece que um ou outro fiel tenha se queixado ao rabino do uso freqüente das expressões *making love* e *fornication*. Terminada a conferência, a função recomeça e Mr. Gold pai é chamado para puxar a cortininha da Arca.

Pela primeira vez dirijo

um carro americano, por um trecho da estrada para Detroit. O câmbio automático torna a direção de uma facilidade total, é só se acostumar ao fato de que não é mais necessário pisar na embreagem. Os limites de velocidade muito severos nas rodovias tornam os motoristas cautelosos. Estranha, ao contrário, é a falta de regras na ultrapassagem, à direita ou à esquerda, como der, e quase sempre sem sinalizações.

O país das maravilhas

Nos postos das rodovias, outro lugar típico americano, descubro novas maravilhas no men's room. Um aparelho para relaxar, para quem está com as pernas entorpecidas por permanecer na direção: sobe-se num degrau, coloca-se um níquel, e isso desencadeia um mecanismo que faz você vibrar por cinco minutos como que tomado de remelexo. Depois tem também o polidor automático com escovas giratórias. Em muitos men's room as toalhas já foram substituídas pelo jato de ar quente.

A miséria americana

tem uma cor peculiar que já aprendi a reconhecer, é o vermelho queimado dos prédios de tijolos aparentes, ou aquele desbotado dos sobradinhos de madeira que viraram slums. Em Nova York a miséria parece ser somente aquela dos últimos a chegar, alguma coisa como um período de espera; nem pareceria justo que um porto-riquenho qualquer apenas pelo fato de ter desembarcado em Nova York imediatamente se tornasse abastado. Nas grandes cidades industriais se nota que a pobreza de grandes massas é necessária ao sistema, e muitas vezes é também pobreza de aspecto europeu, casas negras que são pouco mais que barracos, velhos que empurram carrinhos de mão (!) com pedaços de madeira apanhados dos slums em demolição. Sim, há o contínuo, embora lento, revezamento das várias camadas que sobem na escala do bem-estar, mas sempre novos tomam seu lugar. E o grande recurso vital da América, a mobilidade, o contínuo deslocamento, tende a diminuir. A depressão de 58 foi uma bela bordoada para Detroit e desde então a Ford funciona com turnos de trabalho de seis meses por ano, há um estado de semidesempr. permanente; os operários veteranos, os que têm certo número de anos de seniority, têm prioridade sobre os demais nas novas contratações, ou seja, têm seu posto garantido, um fato novo na generalizada falta de estabilidade da vida americana, na qual o proletário sempre foi um trabalhador provisório.

Os projects

que seriam as casas populares construídas pelas prefeituras ou pelo estado para substituir os slums, geralmente são de uma tristeza muito maior do que os próprios slums, os quais afinal têm um sabor de vida e de alegre putrefação. As casas populares, mesmo as construídas na época do New Deal, em Nova York, em Cleveland, em Detroit, mais se parecem prisões de tijolos, em edifícios altos ou baixos, mas sempre espantosamente anônimos, em clareiras desertas. Desapareceram as lojas ao longo das calçadas, todo lugarejo se abastece em seu shopping center. Mas em Detroit, numa área antes ocupada por slums, surge agora o primeiro lote da famosa aldeia de Mies van der Rohe, aquele com grandes estruturas verticais e outras horizontais, em meio ao verde. Vou visitá-lo, agora há ali apart. decorados em exposição para compradores ou locatários. Até o momento todos estão comprando, ninguém aluga. Os preços são bastante altos. O aluguel: um apartamento duzentos e vinte dólares por mês. Enfim, são moradias para a upper middle class, profissionais liberais, dirigentes; não é a solução para os slums; os moradores dos slums demolidos têm de ir procurar outros slums em outro canto. Entre os compradores há também alguns negros.

A clássica fotografia da América

com a igreja batista negra instalada na vitrine de uma loja não é um detalhe pitoresco, é a visão mais comum ao se andar pelas ruas dos slums negros. A Igreja batista que é a Igreja dos negros pobres divide-se numa multidão de cismas internos, todo negro com habilidade histriônico-religiosa e com dinheiro para alugar um local organiza uma igreja e começa a berrar. O culto sempre se baseia no revival, a imediata presença emocional, física da graça divina. Alguns se tornam famosos e milionários como Father Divine ou aquele outro que morreu esses dias.

Na grande, triste mas não miserável section negra de Chicago vejo uma enorme propaganda de rua no estilo daquela da Coca-Cola, só que o moço e a garota belos e elegantes e bem-acabados em vez de brancos são negros. Mas passando de carro não dá tempo de entender o que está se promovendo. Certo dia passei por ali novamente e prestei atenção: é propaganda (Have your best comfort) de uma empresa funerária. (Há muita propaganda de casas funerárias nos bairros negros.)

As lojas pobres

No país do consumo onde tudo deve ser jogado fora para se poder comprar depressa outras coisas, no país da produção padronizada, descobre-se afinal que existe todo um submercado de coisas que ninguém imaginaria que na América se pudessem vender e comprar. Há os grandes magazines de objetos ordinários, como no bairro italiano de Chicago que são a exata versão das lojas do downtown só com uma produção de refugos que inspira miséria mesmo quando são novos. E depois há toda venda de coisas usadas que eu pensava ser uma prerrogativa de Orchard Street de Nova York, a inacreditável rua-mercado do bairro judeu pobre, mas depois tornamos a encontrá-la em tudo quanto é lugar; há um mundo na América no qual nada se joga fora, em Chicago há um bairro agora mexicano que no ano passado era italiano e os lojistas mexicanos compraram as lojas com as coisas e continuam a vender junto com as coisas mexicanas os antigos estoques italianos. Existem as livrarias dos pobres, onde se vendem paperbacks e magazines de segunda mão, e toda uma produção livreira menor, especialmente nas línguas dos imigrados, espanhol, grego, húngaro (não em italiano, porque o imigrado geralmente não conhece o italiano como língua escrita). Revela-se a superstição como fundo cultural. Em Detroit há uma loja de incensos, que na vitrine tem vários tipos de incenso para os diversos cultos, e também incensos para os ritos mágicos de vudu e bruxarias, imagens religiosas católicas, livros sacros, jogos de prestidigitação, baralhos, livros pornográficos. Sidney G. me conta que certa vez o dono, ao vê-lo xeretar, expulsou-o da loja: é provável que nos fundos preparem poções de amor ou outras bruxarias para a clientela negro-ítalo-mexicana. No bairro mexic. de Chicago, a loja de uma cigana quiromante.

A Bowery

não é uma especialidade de Nova York; toda cidade tem uma rua reservada para os beberrões, os farrapos humanos, onde há dormitórios baratíssimos, lojas da miséria, restaurantes onde o alcoólatra, quando tem uns dólares, pode comprar uma carteirinha para determinado número de refeições de poucos cents, de modo a saber que por alguns dias vai ter o que comer e vai poder beber o resto todo do dinheiro. Evidentemente essas ruas pululam de locais do Exército da Salvação e das várias missões, onde é possível ficar num lugar quente. Lembro-me de uma Reading Room St. Thomas of Aquinus, em Detroit, abarrotada de bums fingindo ler: um lugar com a vitrine que se vê do frio da rua. É preciso manter trancada a sala das reuniões

— conta-me um sindicalista da UE de Chicago, cuja sede é próxima do bairro dos vagabundos — porque de outro modo os hoboes vão até lá dormir no chão. Na América difundiu-se o fenômeno do homem que deixa família e trabalho e termina alcoólatra e vagabundo, isso acontece mesmo com pessoas de quarenta anos, numa espécie de obscura religião de auto-anulação.

Keep it easy

Meu anfitrião desta noite em Detroit foi professor de filosofia, agora é disk-jockey na rádio (apresentador de músicas que diz coisas engraçadas entre um disco e o outro), ganha uma dinheirama e é muito popular. Também escreve canta e grava cançõezinhas anticonformistas (mas não muito).

A crise do aço

está acontecendo. A famosa greve de início foi provocada pelos industriais que precisavam manter os preços altos ao passo que o nível dos estoques está cada vez mais alto. Provavelmente ainda este ano, passadas as eleições, a economia americana vai ter que enfrentar uma grave recessão. Pelo que dizem certos sindicalistas de esquerda (em Chicago andei principalmente nesse ambiente) a economia americana, no círculo vicioso das vendas a prazo e do consumo obrigatório, parece extremamente frágil, pendurada por um fio.

Chicago

é a grande cidade verdadeiramente americana, produtiva, violenta, tough. Aqui as classes se enfrentam como exércitos inimigos, com o wealthy people na faixa formada pelos prédios ricos ao longo da estupenda beira-lago, e logo do outro lado o imenso inferno dos bairros pobres. Percebe-se que aqui o sangue encharcou as calçadas, o sangue dos mártires de Haymarket (os anarquistas alemães aos quais é dedicado um velho e belíssimo livro ilustrado, obra do chefe de polícia da época), sangue dos acidentes de trabalho com os quais se construiu a indústria de Chicago, sangue dos gângsteres. Nos dias em que eu estava ali, veio à tona o famigerado caso de corrupção da polícia do qual acredito tenham fal. também os jorn. it. Gostaria de ficar mais em Chicago, que merece ser compreendida em sua feiúra e beleza, mas também o frio ali é ruim, minha amiga que mora na cidade é banal e deselegante (muito apropriada para Chicago, portanto) e parto em vôo para a Califórnia.

DIÁRIO DE SAN FRANCISCO

5 de fevereiro de 1960

Todos vocês sabem como é San Francisco, toda colinas, com as ruas em subidas muito íngremes, e um velho e característico bonde de cremalheira percorre algumas ruas e o barulho rascante da cremalheira sob o calçamento da rua é o sinal que distingue a cidade, como em Nova York a fumaça que sai dos bueiros de aquecimento. Moro perto de Chinatown que é o maior assentamento chinês fora da China, agora em plena festa de tiros de morteiros por causa do ano-novo chinês que é nestes dias (o que começa é o Year of the Mouse). A mercadoria das lojas chinesas é quase toda fabricada no Japão. Também a colônia japonesa de SF é muito numerosa, e a cidade mista de amarelos e brancos se parece com todas as cidades do mundo daqui a cinqüenta, cem anos. Mais numerosos que os negros são os índios mexicanos. Os italianos tinham um bairro perto de Chinatown, North Beach, mas agora boa parte deles se mudou e o bairro ainda é de restaurantes e lojas italianas e é o bairro beatnik. Os nomes e os dizeres das lojas são em italiano: como sabem, os italianos de SFrancisco são ligurianos e toscanos e nortistas e portanto a velha geração sabia italiano, diferentemente dos italianos de Nova York que nunca souberam italiano nem sequer aprenderam inglês permanecendo inarticulados para a eternidade. Esses daqui também têm sobrenomes que correspondem aos sobrenomes italianos de hoje, ao passo que os sobrenomes dos italianos de NY nunca se ouviram na Itália, fazem parte de uma Itália que nunca se mostrou para a história nacional, e também os rostos são parecidos com os nossos, ao passo que os italianos de Nova York só se parecem com eles mesmos. Nessa espécie de bairro latino chino-italiano-beatnik à noite há muita animação de pessoas caminhando pelas ruas, fato inusitado na América; um expresso-place até colocou cadeiras e mesinhas na calçada, como se estivéssemos em Paris ou em Roma. Logo percebo que essa animação só acontece nas noites de sexta-feira, sábado e domingo, ao passo que nos outros dias tudo permanece apagado e deserto.

A Longshoremen's Union

Evidentemente a primeira coisa que faço é ir visitar Harry Bridges, o presidente da ILWU, o sindicato dos estivadores que é o único sindicato forte de esquerda americano, famoso por seu encontro com Kruschióv. (A ILWU é o sindicato da West Coast; como se sabe, em Nova York as Unions dos longshoremen estão na mão dos gângsteres; vejam Waterfront). Não achei Bridges particularmente interessante; muito, porém, alguns de seus colaboradores. Os estivadores de SFrancisco pela força combativa de sua Union se tornaram uma típica aristocracia operária. Ganham uns quinhentos dólares por mês, isto é, um salário absolutamente desproporcional para uma mão-de-obra não qualificada. Numa sede de arquitetura moderna não bonita, mas muito interessante, têm lugar as famosas operações de contratação das gangs solicitadas pelos navios para carregar ou descarregar durante a noite ou durante o dia. Assisto às operações para o turno da noite. Chegam os estivadores, cada um num carro luxuoso que estacionam no prado, entram com casacos quadriculados vistosos de várias cores, roupas de trabalho novas e limpas. Muitos são negros, muitos escandinavos. Quando um homem termina seu turno comunica ao sindicato as horas que trabalhou, assim a Union sempre tem em dia listas de homens por ordem de horas trabalhadas e quando os empregadores solicitam mais homens, a Union escolhe os que trabalharam o menor número de horas. Assim no final do ano todos trabalharam mais ou menos o mesmo número de horas. Tudo isso acontece com um sistema de números que aparecem em quadrados luminosos, anúncios pelo alto-falante, parece o totalizador de um hipódromo ou de uma bolsa. Ser estivador em SFrancisco é a profissão mais cobiçada, como ser crupiê no cassino em San Remo. Este ano a Union teve mais de dez mil pedidos de inscrição mas selecionou apenas setecentos homens. Essas cifras dão uma idéia clara do que significa bem-estar operário na América, mesmo numa região tão privilegiada como a Califórnia em que absolutamente não existe miséria. A escolha, é claro, se baseia também na força física e na idade; boa parte dos longshoremen são gigantes. É grande o orgulho da organização pelos resultados alcançados por meio de uma tradição de combatividade que é de fato uma lição sobre a qual os sindicatos europeus deveriam meditar. Outra noite um velho sindicalista progressive polemizava duramente comigo sobre a falta de combatividade dos sindicatos franceses e italianos que com toda sua consciência política — que a classe operária americana não tem — ainda assim nunca conseguiram arrancar por meio de greves econômicas o que as Unions americanas conseguem arrancar (nem sequer defender os próprios princípios políticos, podemos acrescentar).

Um club

O segredo de San Francisco seria ser uma cidade de aristocracias? Um velho escritor de livros sobre a história local me leva para o lunch no Bohemian Club. É o primeiro clube de tipo inglês que vejo na América. Tudo, as paredes revestidas de madeira, as salas de jogos, os quadros em estilo do início do século, os retratos dos membros ilustres, a biblioteca, são como nos mais conservadores clubs de Londres, o que me emociona como sempre quando vejo alguma fresta de civilização anglo-saxônica neste país que de todos é o mais distante da Inglaterra que se possa imaginar. No entanto, como diz o nome, há oitenta anos esse era o club dos artistas e dos escritores, cheio de relíquias de Jack London Ambrose Bierce Frank Norris e também Stevenson e Kipling, pois os dois viveram em SF, por um bom tempo o primeiro, por alguns meses o segundo, e também de Mark Twain que era jornalista aqui quando ainda se chamava Samuel Clemens. Agora os sócios são todos senhores de uns sessenta anos, e justamente eles têm também um ar inglês, serão talvez os únicos sobreviventes anglo-saxônicos de San Francisco. San Francisco seria então um conglomerado de elites? A editora de San Francisco publica edições numeradas, The Book Club of California edita clássicos tipo Tallone, coletâneas, por exemplo, de cartas de californianos durante a Guerra Civil com reprodução da carta manuscrita, uma maneira nova e fascinante de apresentar o livro de história com a exata reprodução dos documentos incluída. SFrancisco é a cidade das tipografias que trabalham para os editores de Nova York. Também os italianos, se comparados com os das outras colônias it. na Am., têm todas as características de uma elite, embora um lunch meu no clube de oriundos italianos Il Cenacolo não tenha comprovado nenhuma notável diferença de nível em relação aos ambientes similares de Nova York.

Zellerbach

Perto do meu hotel há o novo e belíssimo prédio da diretoria da fábrica de papel de Zellerbach. Z. pertence a uma das pouquíssimas famílias judias que residiam em SFrancisco antes da Febre do Ouro (1849 é sempre usado como o divisor entre a pré-história e a história da Califórnia), judeus que não se misturaram com as sucessivas ondas ídiches centro-orientais (por outro lado na Calif. há poucos) e constituem uma aristocracia à parte.

Ferlinghetti

Ferlinghetti (que como sabem se chama Ferling e adotou esse sufixo por admirar os italianos, negros e outros povos vitais e primitivos) é o mais inteligente dos poetas beatnik (o único com certo sense of humour, suas poesias têm certo ar de Prévert) e não deixou SF por NY. Agora está viajando pelo Chile e portanto me faltou o guia com mais autoridade sobre os segredos da cidade, assim como em Chicago me faltou a orientação de Algren. Ferlinghetti tem uma livraria The City Lights que é a melhor livraria de vanguarda em SFrancisco. Vende quase exclusivamente paperbacks assim como a Discovery, a outra livraria literária da Columbus Av. A apresentação de paperbacks se estende, porém, por uma faixa de preços bastante larga: ao lado das verdadeiras edições populares (quase sempre apenas títulos comerciais) por trinta e cinco ou cinqüenta cents, há toda uma gama (vastíssima, de uma riqueza de interesses e enorme perspicácia quanto aos títulos) de livros culturais softcover que custam um dólar e meio, 1,75, ou até dois dólares, e que portanto se aproximam notavelmente dos preços das edições hardcover na faixa dos três dólares. Mas o público de paper compra o paper mesmo se for caro e não compraria o exemplar encadernado.

Província

A vida não é diferente daquela de Nova York, como não é diferente a composição social da cidade. Mas nas parties aqui serpenteia alguma coisa que é a atmosfera típica da província, a fofoca aqui não é mais a fofoca de NY, já tem uma vibração provinciana. Isso particularmente no mundinho e paraíso artificial dos professores de Berkeley, cada qual em seu luxuoso sobradinho, todos enfileirados pelas ruas compridas que sobem pela colina. Ou da colônia; estamos diante do Pacífico.

A realidade romanesca

Escolhi este hotel, depois de ter rodado por uns sete ou oito, como o mais conveniente em preço, limpeza e localização. Ninguém tinha me aconselhado. Dois dias depois descubro que aqui moram Ollier, Claus, Meged, três de meus colegas de grant, que chegaram em momentos diferentes, independentemente um do outro, escolhemos os quatro o mesmo hotel entre uns mil hoteizinhos do mesmo tipo desta região.

O monumento

Sempre evito nestas notas qualquer descrição de paisagens e monumentos e os tours pela cidade. Mas sobre este eu preciso contar. Andando por um parque nas cercanias da Golden Gate, de repente estamos diante de uma imensa construção neoclássica, toda colunas, que se espelha num laguinho, uma coisa de proporções imensas; está em ruínas, com plantas crescendo por dentro, e essa imensa ruína é todinha de papel machê, com acabamento extremamente esmerado. É um efeito surrealista, de pesadelo, nem sequer Borges poderia imaginar algo parecido. É o Palace of Fine Arts, construído para a exposição pan-americana de 1915. Os folhetos turísticos, insensíveis ao grotesco, o apontam como uma das mais belas arquiteturas neoclássicas da América e talvez até seja verdade. Há, sobretudo, o sonho de cultura de uma América milionária em 1915, e o edifício em seu estado atual bem que se presta a ilustrar a definição, já não me lembro de quem, da América que passa diretamente da barbárie à decadência. Agora que o edifício está caindo aos pedaços, os san-franciscanos que se importam muito com ele decidiram reconstruí-lo em pedra, com todas as métopas esculpidas em mármore. O estado da Califórnia vai destinar cinco milhões, o município mais cinco, a câmera de com. outros e cinco serão coletados entre a população.

Sausalito

O mar da baía e das redondezas é frio mesmo no verão, a despeito da latitude e da vegetação (eucaliptos e redwoods ou seja sequóias) as belíssimas redondezas marinhas e os bosques ao redor de SF não têm nada de mediterrâneo, porque as cores, com o céu sempre nublado e de chuvisco e o fog que se forma todo dia, são mais do que os das mais melancólicas horas da Santa Margherita liguriana, do que os de um fiorde escandinavo. Ou de um lago: Sausalito que entre os diversos lugarejos turísticos e portos de iates é o que ganhou colorido intelectual todo butiques, habitado por escritores, pintores e homossexuais, se parece sem tirar nem pôr com Ascona.

O professor

Como a quase totalidade dos jovens escritores, Mark Harris (cujo romance humorístico *Wake up stupid* lemos e recusamos há alguns meses) ensina writing em um college, o State College de SFrancisco. Seu campo de competência mais específica é o baseball; escreveu três romances sobre baseball. Falando de literatura americana, do problema de fazer literatura numa sociedade em que há bem-estar e na qual os problemas estão ainda todos para ser descobertos, diz coisas nada tolas. Mas lhe falta alguma informação sobre as literaturas européias, alguma desconfiança sobre o que se passou e se passa além do Atlântico. Não que seja totalmente destituído de interesse; ouve admirado qualquer informação óbvia que lhe fornecemos. Não sabe que na Espanha houve guerra civil. (Decerto há de ter lido Hemingway, mas da mesma maneira que nós lemos sobre as guerras entre os rajás dos mares do sul.) O professor de filosofia do mesmo college, quem esteve com ele não fui eu, mas Meged, conhece um único filósofo, Wittgenstein. De Hegel sabe apenas que é metafísica e que não vale a pena se ocupar disso, de Heidegger e de Sartre que são ensaístas e não filósofos.

Babbitt

Mario Spagna (pronunciado Spag-na, mais conhecido como Spag), de família originária de Castelfranco d'Ivrea (mas não sabe italiano; somente umas poucas palavras em piemontês), que me leva de carro para conhecer as redondezas, foi apresentado a mim por seu vizinho Mark Harris como o típico americano médio. Tem uns cinqüenta anos, aposentou-se de seu trabalho na Standard Oil para poder cultivar o espírito. Escreve: principalmente cartas a senadores e a congressmen. Lê jornais, recorta as notícias que dizem respeito particularm. aos parlamentares da região e lhes dá aprovações e conselhos. Escreveu também um artigo que foi publicado: "Facing the mirror", convidando os jovens a se olhar no espelho não por vaidade, e sim para fazer exames de consciência. Passou alguns anos estudando o projeto de um Temple of Peace and of Beauty a ser construído nas faldas do monte Timalpais e que deveria se tornar a sede do Governo Mundial das Nações Unidas.

■ *ITALO CALVINO*

Do it yourself

Em minhas notas nunca destaco o fato de que toda vida americana, e toda sua ativíssima social life, se desenrola sem serviçais, e que as casas americanas, quase sempre montadas com grande bom gosto e conforto, são pintadas (as paredes), erguidas, as escadas, todos os diversos trabalhos de marcenaria etc. pelos próprios donos, devido à inexistência ou ao elevado custo de uma mão-de-obra que faça pequenas tarefas desse tipo. A casa de Tony O., professor de Berkeley, muito bonita e elegante, foi inteiramente construída por ele, em alvenaria e madeira, desde os alicerces até o telhado, mas ele não é o único a agir assim. Para a grande maioria das pessoas da classe média intelectual abastada, construir uma casa significa literalmente construí-la com as próprias mãos.

A Europa

A escritora N. M. M.* é a terceira de três famosas irmãs inglesas, muito bonitas em sua época. Uma delas foi amante de Hitler, outra é a mulher de sir Oswald Mosley, o líder dos fascistas ingleses. Comunista, ela foi mulher do filho de Neville Chamberlain, que morreu combatendo com os republicanos espanhóis, depois ela veio para a América onde milita em todos os comitês democráticos e anti-racistas.

Public relations

O folheto que Mr. C., public relations man, me deu de sua agência, eu o leio somente agora, no ônibus que me leva a seu vinhedo no Vale da Lua (de jacklondoniana memória) onde ele

(*) Nancy Mitford.

me convidou para passar o domingo. Raios, com que anfitrião fui me meter: aqui está ele fotografado com o cardeal Spellman, his good friend, cumprimentando-o pela missão que desempenhou junto ao Departamento de Estado para salvar o Brasil do comunismo (depois da ação de Mr. C. como public relations, within a year the tide had turned against the communists). Em outros pontos o folheto define as public relations (que a equipe de C. desempenha por encomenda de diversas corporations e ocasionalmente do Dep. de Estado): "One branch of public relations may deal with creating news and getting it published. Another branch do quite the opposite to prevent or reduce the impact of unfavorable news". Trata-se da faceta mais descarada do americanismo, e com uma ingenuidade ao se declarar sem meios-termos que só tem igual em certa ingenuidade propagandista soviética. Prevejo uma tarde de penosas discussões políticas. Mas não: na esfera particular Mr. C. é pessoa sensível, razoável e discreta, tem uma belíssima casa construída inteirinha por ele com belíssimos objetos mexicanos, no vinhedo mantido sem mão-de-obra (são pouquíssimos os vinhateiros da região, como se sabe na América já não existem camponeses, a não ser no sul; um vizinho que por luxo tem uma vinícola de respeito mandou vir um podador da França) e com as videiras mordiscadas pelos gamos, sob um chuvisco tranqüilo. Em um livro seu sobre o México que me mostra, junto com discursos anticomunistas com o tom habitual da imprensa americana, há análises críticas da Igreja mexicana sérias e cheias de bom senso. E a conversação sobre as questões políticas européias e americanas prossegue num nível de razoável liberalismo. Ele também está preocupado com a investida católica. ("And your friend cardinal Spellman?" "Well, he's a good guy, but the other priests...") Sobre o comunismo (a indefectível pergunta de todos os americanos médios sobre a situação do comunismo italiano), ao contrário, deixa para lá; os public relations têm sensibilidade e tato entre suas características. A comida que ele e sua mulher (arquiteta) preparam diret. no fogo é a mais gostosa da viagem toda.

Uma party beatnik

Fui convidado para uma party beatnik. Houve batidas policiais por esses dias, para dar cabo do tráfico de maconha, e alguém sempre está de prontidão à porta, vai que a polícia chega. (Houve também comícios beatniks de rua para protestar contra os "sistemas fascistas" e reivindicar a liberação do uso de drogas.) Aqui, na casa de não sei quem, bebe-se somente vinho, e péssimo, não há cadeiras, não há como dançar, há instrumentistas negros tocando tambores mas não há lugar, há várias garotas bonitas mas as mais bonitas como sempre são lésbicas, e depois não há integração, não se consegue conversar, o indefectível drogado que nas parties similares de Nova York é decente e limpo aqui é imundo, acabado e anda por aí oferecendo frascos de heroína ou benzedrina. Conclusão: melhor as parties "burguesas", pelo menos a bebida é melhor (ia esquecendo de dizer que ali no meio também estava Graham Green, que agora está em SFrancisco, mas nem nos vimos).

Kenneth Rexroth

Decerto é a pessoa mais notável que encontrei na América; não o conheço como poeta (escreveu uns vinte livros de poesia e diversos livros de crítica, além de muitas traduções de clássicos japoneses e poetas) mas como homem me impressionou muito. Velho anarquista-sindicalista, por muitos anos foi organizador sindical. É inimigo de todos, eclode por vezes em breves risadas de escárnio. Seu alvo favorito são os ex-comunistas ex-trotskistas da *Partisan Review,* Trilling etc. É um belo velho, robusto, de bigodes brancos, quando jovem foi também boxeador, recebe-me vestido com uma velha casaca de soldado e camisa de cowboy. É otimista quanto ao futuro, embora não haja movim. políticos ou ideológicos, o desenvolvimento técnico etc. levará a alguma coisa nova. De resto, mesmo que Hitler tivesse vencido, todos os antifascistas tivessem sido mortos, todos os livros queimados etc., a história teria recomeçado do zero, mas se teria recriado tudo do mesmo modo, só questão de tempo. Mas quais são os grupos, as forças, as tendências novas que podem fazer vislumbrar a América de amanhã? É a pergunta que faço a todos, sempre sem grandes resultados e a faço a ele também. Os jovens, diz, nas universidades em que vai para ler poesias ele encontra uma nova geração, ainda informe, mas cheia de interesse e de impulso revolucionário. Os beatniks são um fenômeno superficial, os rebeldes para uso da Madison Avenue. Mas a verdadeira juventude está nas universidades. E há o movimento negro do Sul, Luther King, o grande líder negro agora em Gana (agora, entre o mov. negro aqui e os novos Estados afr. há uma relação interessante), coisas sobre as quais no fundo eu já tinha ouvido em NY, e essa famosa nova juventude universitária, porém, eu ainda não consegui encontrá-la, ao menos de maneira iluminante. Rexroth me fala também (com respeito) dos grupos de anarquistas católicos, o movimento de Dorothy Day de quem já ouvi falar em Nova York, onde ela atua e publica uma revistinha tipo *Témoignage Chrétien*. Desse grupo também faz parte nosso autor J. F. Powers e o poeta Brother Antoninus, que me parece uma espécie de padre Turoldo. Rexroth está escrevendo uma longa autobiografia, que ele diz que poderá ser traduzida na Europa já que ele fez todas as coisas que os europeus esperam que um americano faça. Agora é crítico literário na rádio de SFrancisco. (SF tem uma rádio independente muito boa, livre e com ótimos serviços de notícias internacionais. É a única fonte de informação, porque os jornais de SF são de um nível baixíssimo e o *NYTimes* aqui chega três dias depois. Vivi e vivo os dias da crise francesa isolado de toda fonte de informaç. exceção feita aos esqueléticos serviços dos jornais locais, todos ocupados com o crime Finch.)

O ano-novo chinês

Esperava-se o desfile de ano-novo (ontem à noite, 5 de fevereiro) como uma grande festa popular com os famosos dragões, mas fiquei disappointed. Parada militar de marines, desfile de políticos locais em carros de luxo, capatazes chineses que têm o mesmo ar de gângsteres e fascistas que os capatazes italianos e todas as minorias nacionais, rapazes enquadrados como a Gil da juventude mussoliniana e outras organiz., o anticomunist chinese committee e um grandíssimo número de misses todas muito americanizadas. Havia um dragão no final, longo e bonito, mas faltava completamente qualquer sentido de espontaneidade popular, havia no entanto um sentido "imperialista" ou se quisermos fascista-americano que é a primeira vez que encontro em minha viagem. (Outras vozes falam, ao contrário, de um espírito bastante diferente em Chinatown: no cinema chinês que só passa filmes em chinês, produzidos em Formosa ou em Hong Kong, por dois meses seguidos teriam passado filmes da China comunista, antes que os americanos percebessem.)

Em suma, San Francisco

esperava tanto de SF, tinham me falado tanto daqui, e agora que passei quinze dias aqui (até à espera de combinar com os colegas e partir de carro com alguns deles), agora que estou de partida, pois bem, no fundo não posso dizer que sei muito mais do que antes, que consegui compreendê-la de verdade, e no fundo talvez não me interesse muito. A vida é monótona, não conheci pessoas extraordinárias (exceto Rexroth), não tive amores (não que a cidade seja avarenta de suas jóias, mas foi assim, talvez esteja entrando na parábola descendente). Desde que deixei Nova York só ouço falar mal de Nova York meio com o mesmo espírito com que nós falamos mal de Roma (claro que é tudo diferente) e, no entanto, tudo procede, porém Nova York talvez seja o único lugar da América onde nos sentimos no centro e não na periferia, na província, por isso ainda prefiro seu horror a uma beleza de privilégio, suas servidões às liberdades que permanecem locais e privilegiadas e particularistas, que não constituem antítese.

DIÁRIO DA CALIFÓRNIA

Los Angeles, 20 de fevereiro

Memórias de um motorista

Parto de SFrancisco em 7 de fevereiro com Ollier Pinget Claus e mulher num Ford alugado que deixaremos em LA. Revezamo-nos na direção. Não difícil mas bastante cansativo, porque os pneus não estão perfeitamente alinhados. O sistema de circulação em linhas paralelas em vez da ultrapassagem à esquerda é melhor e menos perigoso do que na Itália. Evidentemente nos trechos de estrada estreitos como os da Itália, com apenas duas faixas por sentido e dois ao todo, a ultrapassagem é como aí. Mas o problema sempre é se manter nas faixas e ao mudar de "lane", ou seja, de faixa, prestar muita atenção em que ninguém esteja vindo atrás. Os limites de velocidade são muito rigorosos e devem ser observados porque há policiais de carro e de moto o tempo todo, com o controle por radar. Nos povoados as placas impõem trinta e cinco ou vinte e cinco milhas por hora, o limite geral do estado da Califórnia é de sessenta e cinco milhas. Nosso carro não tem câmbio automático (somente os mais caros é que têm) o que na estrada está muito bem, mas em LA com o trânsito que há e a quantidade de faróis percebe-se que não ter de trocar de marcha é um descanso inenarrável. O problema dos estacionamentos é gravíssimo também em LA. Assim que chegamos deixamos por poucos minutos o carro num lugar em que é proibido estacionar e não o encontramos mais: a polícia já tinha guinchado e levamos meio dia para tirá-lo de um estacionamento destinado a isso. Todos os serviços para facilitar o trânsito funcionam com uma rapidez prodigiosa: uma noite em SFrancisco, voltando com um amigo de uma party, meio alegrinhos atolamos o carro fora da estrada; chovia, corremos para um telefone público, chamamos o serviço de socorro, ainda nem estávamos de volta ao carro e o caminhão já estava lá para nos guinchar.

Não é verdade o que sempre se diz

que a única maneira de ver a América é rodá-la de carro. Deixando de lado que é impossível devido a suas enormes dimensões, é de um tédio mortal. Poucos trechos de rodovia bastam para dar uma idéia do que é a América média das pequenas e pequeníssimas cidades, dos intermináveis subúrbios ao longo das highways, uma vista de uma esqualidez desesperante, com todas aquelas construções baixas, postos de gasolina ou outras lojas que se parecem, e as cores dos letreiros, e você entende que 95% da América é um país de uma falta de beleza e de fôlego e de individualidade, enfim, de uma mediocridade sem saída. Depois você atravessa também zonas desertas por horas a fio, como as que atravessamos nas florestas e na costa da Califórnia, claro está entre os lugares mais bonitos do mundo, mas mesmo lá, certa falta de sabor, talvez devido à falta de dimensões humanas. Mas o mais maçante de viajar de carro é passar a noite em uma dessas pequenas e anônimas cidades em que não há absolutamente nada para fazer a não ser verificar que o tédio da pequena cidade americana é exatamente assim como, ou talvez pior, sempre o descreveram. A América mantém suas promessas: há o bar com a parede decorada com troféus de caça, cervos, renas; os farmers nos fundos usando chapéu de cowboy e jogando baralho, a prostituta gorda seduzindo o salesman, o bêbado procurando briga. Essa esqualidez não se encontra apenas na pequena cidade anônima mas também, ligeiramente mais coquete, nos famosos centros de férias como Monterrey e Carmel; mesmo ali agora, fora de temporada, é difícil encontrar um restaurante que sirva o jantar.

Esses paraísos terrestres

em que vivem os escritores americanos, eu não ficaria neles nem morto. Não há mais nada a fazer a não ser se embebedar. Um jovem chamado Dennis Murphy ou algo assim que escreveu um best-seller, *The sergeant*, que a Mondadori traduziu para a coleção Medusa — acabou de chegar seu exemplar que ele me mostra e acredita que se trata de uma pequena editora — chega de manhã com os pulsos feridos. Durante a noite se embebedou e aos socos arrebentou as vidraças de sua casa. De Henry Miller, que vive aqui em Big Sur, já sabemos que não recebe ninguém porque está escrevendo. O mais que septuagenário escritor que casou faz pouco tempo com outra mulher de dezenove anos dedica todo resto de suas forças à escrita para terminar, antes de morrer, os livros que ainda quer escrever.

Os hotéis dos velhos

Os amigos evitam os motels com a idéia (totalmente errada) de que são mais caros, e assim sempre acabamos em hotelzinhos esquálidos e pulguentos. Uma constante dos hotels são os velhos que moram neles e que passam dias e noites no lounge assistindo televisão. A Califórnia é o grande refúgio dos velhos solitários de todos os Estados Unidos, que vêm passar seus últimos anos no clima brando gastando a poupança num hotelzinho. Mas também em Nova York a maioria dos moradores de hotéis são pessoas idosas, sobretudo velhinhas.

O Pacífico

É um mar completamente diferente, com essas costeiras a pique não de rocha, mas de terra, esses portos de altas paliçadas de madeira. A vegetação marinha é totalmente diferente: na praia as ondas lançam algas lenhosas e flexíveis como chicotes, longas uns três ou quatro metros, com uma pequena cabeça barbuda. Pode-se duelar às chicotadas com essas longuíssimas e resistentíssimas algas. Sob a superfície da água e na margem não é nem areia nem rocha: é um poroso e respirante aglomerado de organismos marinhos. O solo marinho é vivo: pavimentado de moluscos abertos como olhos que se contraem e se dilatam a cada onda. E no oceano, mesmo nos dias bem ensolarados, permanece uma espécie de sombra de bruma, de neblina.

Los Angeles

Desde que cheguei à América ouço todos me dizerem que Los Angeles é horrível, que vou gostar muito de SFrancisco mas que vou detestar LA, e assim tinha me convencido de que acabaria gostando. Com efeito, chego e me deixo tomar pelo entusiasmo: esta sim é a cidade americana, esta é a cidade impossível de tão imensa, e para mim, que só me sinto bem nas cidades enormes, é o que estava faltando: é comprida como se de Milão a Turim houvesse uma única cidade que para cima fosse até Como e para baixo até Vercelli. Mas o bom é que no meio, entre um bairro e outro (que se chamam cities e que amiúde não passam de imensas extensões de casas e sobradinhos) há enormes montanhas completamente desertas que é preciso atravessar para ir de um ponto a outro da cidade, povoadas de gamos e de mountain lions isto é pumas, e do lado do mar penínsulas e praias entre as mais bonitas do mundo. E além disso é uma cidade absolutamente vulgar, chata, sem pretensões de ter monumentos ou pontos característicos — não como SFrancisco que é a única cidade americana a ter uma "personalidade" no sentido europeu: grande coisa amar SFrancisco, qualquer um consegue — mas LA, esta sim que é a verdadeira paisagem da América e aqui finalmente o altíssimo e generalizado teor de vida da Califórnia não parece uma ilha de privilégios mas, no caso de uma grande cidade industrial deste tamanho, parece algo estrutural. Porém depois de alguns dias de Los Angeles já percebo que a vida aqui é impossível, mais impossível do que em qualquer outro lugar da América e para o visitante momentâneo (que em geral pode desfrutar de uma cidade melhor do que o habitante) chega a ser desesperadora. As enormes distâncias fazem com que a vida social seja praticamente impossível, a não ser para os de Beverly Hills entre si, os de Santa Mônica entre si, os de Pasadena entre si, e assim por diante, ou seja, acaba sendo uma vida de província, ainda que dourada. Caso contrário é preciso enfrentar viagens de carro de quarenta minutos uma hora uma hora e meia, e eu sempre dependo de alguém que passe para me buscar, ou então dirijo carros de amigos, mas me canso e me aborreço; e meios públicos de transporte com exceção de algum raro ônibus não existem; os táxis são pouquíssimos e caríssimos. À falta de forma corresponde uma falta de alma da cidade, mesmo daquela alma vulgar tipo Chicago que esperava identificar aqui; na verdade não é uma cidade, e sim um conglomerado de gente que ganha, que tem meios excelentes para trabalhar bem, mas nenhum vínculo. De resto, Piovene já descreveu muito bem Los Angeles e não vou me estender; remeto ao capítulo dele que é ótimo.

Periferia

Ver como vivem esses professores nesse paraíso terrestre, tanto os bons como os medíocres, e ver também os meios extraordinários que a universidade dá à pesquisa sugere que tudo isso só pode ser pago com a morte da alma, e claro que aqui também as almas mais robustas creio não demorariam a definhar. Cidade feita de mil periferias, Los Angeles também é a periferia do mundo, em tudo, até no cinema que na realidade as pessoas "vêm fazer" aqui, eu diria, mais do que "fazem". Eu, que sempre tenho a mania de morar no centro de qualquer cidade, aqui também vou me hospedar num hotel downtown, mas aqui downtown é somente um centro de escritórios, ninguém mora aqui, e os amigos do Department of Italian da University of C.L.A. me convencem a mudar para um motel de Westwood, onde fico mais perto deles. Eu me sinto tão bem nos motels que passaria ali a vida toda, este ademais é um motel mórmon, diante de um absurdamente enorme templo mórmon fechado para todos exceto para os idosos da seita, perto de um asseado bairro de japoneses (cujo trabalho é podar a grama diante dos sobrados dos bairros vizinhos) e mexicanos. Porém perco os contatos com outras regiões da cidade e meio que perco a vontade de procurar as tantas pessoas das quais me deram endereços e cartas de apresentação (até telefonar é complicado; todo bairro tem sua lista telefônica; é difícil achar as demais listas; boa parte dos telefonemas só pode ser feita mediante a operator como se fossem interurbanos) e assim, pela primeira vez desde que estou na América, em vez de procurar incansavelmente multiplicar os contatos com as pessoas do lugar, deixo-me levar pelo vaivém da vida dos professores italianos que vivem em seu mundinho.

Do cinema também não lhes digo nada

Arthur Miller, quando deixei Nova York estava aqui, agora não está mais, é sua secretária quem me escreve, assim perco a oportunidade de encontrar a mulher mais famosa da América (espero conseguir localizá-la em Nova York, todavia) e por meio dos contatos no mundo cinematográfico só consigo maçantes visitas oficiais aos estúdios de Walt Disney e da Fox, com os costumeiros lugarejos de Western minuciosamente reconstruídos. Esses meses para Hollywood (uso a palavra *Hollywood* no sentido europeu; como sabem agora Hollywood é um bairro de restaurantes e teatros e locais noturnos, uma espécie de Broadway, mas não tem mais nada a ver com a produção cinematográfica; os studios ficam noutras partes da cidade, no campo) são de temporada morta porque na Califórnia abril é mês de declaração de imposto de renda, e os homens da fazenda vêm controlar as bobinas de película filmada e sobre elas aplicam os impostos. Portanto nesses meses as produtoras procuram filmar o mínimo possível, e as bobinas já rodadas são enviadas para o Arizona. Depois que a fiscalização passa, trazem as bobinas de volta; todos conhecem esse truque que está dentro da lei. Portanto agora na Fox só se produzia um filme, uma coisa de ficção científica. O único detalhe interessante que notei é um sujeito, entre os técnicos, vestido de cowboy, com cartucheiras cheias de pedrinhas e um estilingue em lugar do revólver. É um sujeito cuja tarefa é espantar os gansos (a cena se passava num rio tropical) atirando pedrinhas quando o diretor precisa de um vôo de gansos em certa direção.

Enfim, tudo isso para lhes dizer que sinto por vocês, mas não fui convidado para nenhuma party cheia de estrelas famosas e diretores e produtores. Aqui não é como em Nova York, aqui as parties importantes são organizadas com dois meses de antecedência, dada a dispersão geral. E depois, desde que os Chaplin não estão, a vida aqui não é mais a mesma etc.

As tree-houses

Banho de piscina na casa de Chiquita, bailarina acrobata, em Malibu. Seu marido faz o papel de gorila nos filmes. Construiu uma casinha belíssima em cima de uma árvore que se move ao vento. Teórico da instituição, subo para uma visita e me deixo fotografar. Descubro depois que não é uma idéia de acrobata: também o psicanalista que visito no dia seguinte tem uma dessas em sua casa; as tree-houses são muito freqüentes na Califórnia.

Não vou para o México

daqui, como tinha planejado, junto com os demais escritores do grant. Descubro que meu visto só vale for one admission, ou seja, se eu ultrapassar as fronteiras não vou poder voltar. Os demais, ao contrário, têm vistos for unlimited admissions e vão. Eu só poderei ir quando deixar os Estados Unidos, antes de voltar para a Itália, se minha sede de emoções ainda não tiver se acalmado.

O maior e mais bonito ranch da Califórnia

é o da família Newhall, e eu consegui visitá-lo. Imensos laranjais e pomares de nogueiras. Sempre sem seres humanos, como sempre na agric. americana, tudo é feito com as máquinas, até a varejadura das nozes. Mas a colheita das laranjas é entregue a um sindicato de mexicanos especializados. Ali também vi cowboys, passavam por entre as cercas dentro das quais, em imensas extensões, ficam confinadas as vacas, ruminando entediadas sua ração sintética, levada até elas por tubulações e oportunamente graduada por um moinho especial. Nunca verão uma só pradaria em toda sua vida, nem as vacas, nem os cowboys.

As desgraças de um pedestre

"Aqui um sujeito que anda a pé é preso no ato" se dizia, brincando, a quem chega a Los Angeles, onde não existem pedestres. Com efeito, um dia tento percorrer a pé um trecho de Culver City, e poucos blocks depois um policial de bicicleta me alcança e me pára. Tinha cruzado uma rua com o sinal vermelho — estreita e deserta, aliás. Para evitar a multa — the ticket — explico que sou estrangeiro etc., que sou um absent minded professor etc., mas o sujeito não tem sense of humour, arruma uma porção de problemas porque não estou levando comigo o passaporte (na América vejo que — pelo menos até hoje — os documentos são totalmente inúteis), de perguntas; não me dá o ticket, mas me segura ali uns quinze minutos. O pedestre é sempre um tipo suspeito. Porém é protegido pela lei; quando atravessa a rua num ponto qualquer, todos os carros param, enquanto na Itália só param nas faixas. Sendo poucos, como os peles-vermelhas, procuram conservá-los.

Enfim

não vão querer que eu lhes conte das vilas das estrelas no Sunset Boulevard, das impressões no cimento do Chinese Theatre, da inevitável Disneyland, de Marineland (que, essa sim, é formidável, números de circo não só com focas e golfinhos mas com enormes baleias!). Esta etapa do diário saiu meio desanimada, aqui acabei bancando um pouco o turista, até porque, tendo me livrado da companhia dos colegas assim que cheguei (odeio andar em comitiva; só se estiver sozinho e mudar o tempo todo de companhia tenho a sensação de estar viajando), estive o tempo todo indeciso quanto a partir no dia seguinte ou ficar um pouco mais, sempre me deixando animar por aventuras amorosas que a cidade distribui copiosamente mas que não chegam a transmitir sua tensão aos dias seguintes, e eu se não estiver sob tensão o tempo todo não desfruto da viagem, e assim também estou sempre incerto sobre as etapas de minha viagem, entre o desejo de ver TUDO e o desejo de voltar o quanto antes a Nova York, onde sempre tenho a good time.

Agora para começar atravessarei Nevada Arizona Novo México Texas, com etapas de avião, de Greyhound, de trem. Entre o final do mês e o começo de março estarei:

A/C IIE
1300 Main Street
Houston 2, Texas
Caso contrário, serve sempre endereço NY:
A/C F. J. Horch Ass.
325 East 57 St.
New York 22, NY.

DIÁRIO DO SOUTH WEST

Las Vegas

Chego a Las Vegas de avião, no fim da noite de sexta-feira. Na cidade toda hotéis e motels não há uma vaga. O week-end de três dias (segunda-feira 22 de fevereiro é o Washington's birthday) fez com que há mais de um mês tudo já estivesse reservado antecipadamente e não só por gente de Los Angeles mas de todos os cantos do país, porque uma estada na capital do gambling é de lei para todo americano feito uma viagem à Meca. Todos vocês devem saber como é Las Vegas, no meio do mais esquálido deserto de Nevada, antigo vilarejo dos garimpeiros de ouro, embora hoje não seja muito extenso, e praticamente são duas ruas, a velha Main Street com todas as mais famosas casas de jogo e a nova e compridíssima Strip, rua no deserto, toda letreiros luminosos, mais do que na Broadway, com maravilhosos motels, cassinos e teatros em que se formam as mais famosas companhias de shows de mulheres nuas do mundo todo, Folies Bergères, Lido etc. e todos os maiores cantores e atores da Broadway, só que lá nunca há mais de cinco ou seis grandes espetáculos de revista juntos, aqui há uns vinte teatros e uma pessoa pode ver até três espetáculos por noite porque prosseguem até as quatro horas da manhã. O jogo, então, prossegue ininterruptamente durante as vinte e quatro horas, praticamente em toda parte, porque todo local público é um cassino e só há locais públicos, e onde não há mesas com roletas ou de baccarat, há fileiras e mais fileiras daquelas famosas maquininhas com manivela do tempo dos pioneiros, por isso vemos filas de pessoas esbaforidamente esbaforidas às máquinas, como operários na fábrica (observação de Piovene que transmite perfeitamente a idéia). Como sabem, Nevada é o único estado em que o jogo de azar é permitido, a prostituição legalizada, o divórcio possível depois de seis semanas de permanência na cidade, o casamento possível de uma hora para a outra desde que se jure não ser já casado. Chego, entro em um táxi com um senhor de Washington, funcionário da Navy e fanático por shows, e por extremo escrúpulo o taxi driver nos leva numa volta por todos os motels, mas por toda parte há a escrita luminosa No vacancy, assim o taxi driver acaba nos alugando um quarto de sua casa, um sobradinho modesto, que divido com o funcionário de Washington, e estou feliz pela rara oportunidade de poder, de vez em quando, ver de perto a vida do americano médio. Esse é um sujeito sério e sóbrio, joga pouquíssimo e cautelosamente, Deus o livre de andar com garotas que, aliás, aqui custariam o olho da cara, mas ele chegou de avião de propósito, passa praticamente três noites em claro para ver três shows por noite, e sabemos que porre são os shows tipo Folies Bergères, e de cada local remete o programa (que aqui é de praxe enviar como um cartão-postal, despesas por conta da casa) aos amigos e colegas do escritório para mostrar as belas coisas que viu. O do táxi também é um bom sujeito, de família conservadora, a mulher dá aulas na escola dominical, ele no táxi nos explica, primeira coisa, as vantagens da prostituição legalizada ("I believe in legalized prostitution"). Essa Las Vegas, tenho de dizer, não desaponta: tudo como se leu tantas vezes, com as wedding chapels entre as casas de jogo e as boates com a propaganda do casamento

111

mais rápido (uma coisa ainda mais descarada do que eu imaginava: estas igrejinhas são mesmo uns barracões estilo bomboneira com estatuetas de Cupido na frente; têm nomes como The Stars Wedding Chapel e seus outdoors têm primeiros planos hollywoodianos de noivos se beijando) mas o que há de verdadeiro aqui é uma grande e sincera vitalidade, rios de gente cheia de dinheiro em movimento contínuo. Tenho de dizer que gosto de Las Vegas, gosto mesmo. Nada a ver com as cidades-cassino européias, aliás, exatamente o contrário devido à sua natureza plebéia, western, e nada a ver com os lugares tipo Pigalle. Aqui há uma grande saúde física, é uma sociedade produtiva endinheirada e vulgar que se diverte mesmo, todos juntos, entre um avião e o outro, aqui você sente realmente que o pioneiro, o caçador de ouro etc. deram forma a esta absurda cidade casa de jogo do deserto etc. Percebo que estou dizendo coisas assustadoramente banais, mas estou viajando por um país banal e não encontro um caminho melhor do que vivê-lo e pensá-lo banalmente. (Nem vou lhes contar o quanto toda cor local western, pioneer, golden rush e mais adiante indígena e mexicana é objeto de uma exploração turística, de uma retórica, de um esmiuçamento de pequenos suvenires das lojinhas típicas, a ponto de causar enjôo por toda a vida.)

Contrariamente ao que

dizia no tópico anterior, não há meio de rodar a América que não seja de carro. Tentar atravessá-la de Greyhound como eu fiz até Nevada, Arizona e Novo México, significa perder todas as mais famosas atrações turísticas, a não ser que se pare em todo lugar e se procure organizar andanças locais com guided tours ou coisa parecida, o que levaria a perder uma porção de dias inutilmente, porque todas as coisas "que devem ser vistas" nunca ficam nas highways. Mas o fato é que os "monumentos" (quase sempre aqui se trata de monumentos naturais: canyons, florestas petrificadas etc.) nunca são coisas assim tão espantosas, e percebi que na América a natureza não me dá grandes emoções: trata-se apenas de verificar coisas vistas no cinema; assim sem pesar deixo para lá o Death Valley (que nada mais pode ser do que um deserto mais deserto que tudo o que vi nestes dias) e o Gran Canyon (que há de ser apenas um canyon mais canyon que os outros) e numa única tacada aprecio todas as graduações de deserto do Arizona e a romântica esqualidez dos vilarejos western, e chego ao Novo México.

Área de depressão

O ônibus atravessa o Novo México e já está escuro e no primeiro lugarejo em que paramos, no local de sempre para um lanche, tudo já mudou: a impalpável cor da miséria (que na Califórnia eu tinha esquecido totalmente) aqui envolve tudo, quase todas as pessoas são índios vestidos de índios, pobres mulheres com crianças esperando o ônibus, o bêbado, o mendigo, a sensação familiar e indefinível dos países subdesenvolvidos. O Novo México, grande reserva exótica e lawrenciana para os intelectuais e os artistas dos Estados Unidos (mas a maioria prefere o genuíno e robusto México propriamente dito, agora meta obrigatória de todas as férias dos intelectuais, e mina de objetos de decoração, motivo pelo qual as casas dos intelectuais nova-iorquinos são todas meio que pequenos museus mexicanos; e o México acabou tendo para os EUA a função que a Grécia tem para a Europa), é na realidade — como presença de civilização — bem pouca coisa (os vestígios pré-hispânicos são pouquíssimos e de pouco vulto: aqueles neo-espanhóis, não dá para saber onde termina o autêntico e começa o fajuto — não estive nos estúdios de Hollywood nem uma vez! —, Albuquerque não vale muito, Santa Fé é muito bonita mas lá no fundo se percebe que é sobretudo bem montada) mas dá uma idéia de como é a vida de uma região subdesenvolvida — mais subdesenvolvida do que essa é difícil imaginar — dentro do país menos subdesenvolvido do mundo.

25 de fevereiro

Hoje estive em Taos e gostei muitíssimo, maravilhosa como paisagem de montanha, e até como refúgio de intelectuais não é fajuto, o pueblo indígena é muito autêntico, os intelectuais que se encontram ali são simpáticos e não apenas comerciantes, o chamariz literário — D. H. Lawrence — está vivo porque todos os seus amigos ainda estão vivos, há belíssimas coleções de objetos indígenas e neo-hispânicos (da famosa seita dos flagelantes que aqui ainda sobrevive) e duas estações de esqui a poucas milhas: enfim um lugar no qual não me desagradaria nada ficar um pouco. Hoje à noite em Santa Fé fui convidado à casa de um famoso decorador e arquiteto franco-americano nascido em Florença que tem a casa cheia de objetos populares mexicanos simplesmente maravilhosos, insuspeitos, nunca vi algo parecido. Hoje a noite em Santa Fé é de grande festa porque se apresenta no teatro o único espetáculo do ano: o balé russo de Montecarlo! Eu não vou porque deixei para lá — num dos meus raros momentos de sabedoria econômica — a oportunidade única de conseguir um ingresso de alguém que queria revender, mas participo da atmosfera empolgada da pequena comunidade de exilados voluntários; gosto muito de estar nos lugarejos em circunstâncias extraordinárias, quando as pessoas estão empolgadas e contentes. Então, estava falando dos subdesenvolvidos: claro, aqui é a terra da desolação, o farming se resume a poucos legumes e frutas para o consumo local, fábricas quase nada, até os índios desfrutam dos benefícios que lhes foram concedidos pelo New Deal e pela consciência suja dos americanos, e contam com auxílio-desemprego, isenção de todos os impostos, terras florestas reservas de pesca (eles vivem em uma espécie de comunismo primitivo e são inúteis os esforços das autoridades em lhes ensinar as vantagens da iniciativa privada), hospitais assistência social gratuita escolas e prioridade em todas as possibilidades de emprego (além, evidentemente, da exploração do fato de serem a grande atração turística do estado). Sejamos claros, continua sendo miséria miséria, mas considerem as condições geográficas muito piores das de qualquer Lucânia, bem, na Lucânia estar nas condições em que eles estão seria um sonho. Povo sábio, os índios talvez sejam o único povo de área de depressão a não ser muito prolífico, ainda assim sua população, que se encaminhava para a extinção, nos últimos anos está em ligeiro aumento.

Os pueblos

Entro no pueblo de San Domingo nas cercanias de Albuquerque e dou por mim numa paisagem familiar: são as periferias romanas, sem tirar nem pôr. As casinhas índias baixas e chatas são iguaizinhas às de Pietralata ou do Tiburtino, só que aqui são construídas em adobe (os tijolos de lama que os índios aprenderam a cozer com os espanhóis e que são o material essencial de toda arquitetura neomexicana) e recobertas com cal, motivo pelo qual they look the same. E o mesmo é o ar das pessoas que se protegem do frio com cobertas, as crianças que brincam na lama (limpas, porém) e vêm (o espanto!) pedir esmola (ou melhor: vender as costumeiras pedrinhas coloridas). (Mas nesse pueblo há uma igreja com maravilhosas pinturas indígenas. Como sabem, os índios desta região que já foi espanhola praticam tanto a religião católica como os ritos pagãos; seria preciso ficar um domingo para ver essas famosas fiestas, mas não vim para a América para estudar o folclore primitivo.) Em Taos, onde está o pueblo maior, algumas dessas casas achatadas se amontoam umas nas outras e isso dá ao lugarejo um aspecto argelino (cor terra em vez de branco, porém) e o fato de os indians, nesses dias frios e nevosos, andarem por aí encapuzados até o nariz com cobertores multicoloridos colabora para esse aspecto islâmico. Afinal é tudo como em Alberobello: até os interiores, exatamente iguais aos de um trullo.* Os indians têm automóveis, mas por vontade dos idosos nos pueblos não há luz elétrica nem outro meio de aquec. ou ilum. a não ser os fireplaces dentro das casinhas e os fornos pelas ruas. Por conseguinte não há nem rádio nem TV. (Está claro que as comunidades de indians não têm futuro e pelo país inteiro partidários da conservação a qualquer preço e partidários da assimilação discutem seu destino. O fato é que os indians raramente emigram de suas inóspitas terras e são os mais arredios à assimilação; mas agora os meninos já estão estudando na high school e começam a se americanizar. De todo modo, esta é a única parte dos Estados Unidos em que sobrevive o elemento dialético — até que ponto? — do povo colonizado. Como observava justamente o amigo Ollier — ex-funcionário a serviço da colonização no Marrocos —, a América é em tudo um país colonial no qual foi eliminado o povo colonizado, principal característica, contradição, vitalidade, significado de todas as colônias.)

A tradição local

é admiravelmente salvaguardada pelos americanos anglo-saxônicos (mas só de uns trinta anos para cá, acho) e esses museus, como por exemplo o das pinturas rituais dos navajos, são mantidos com o costumeiro cuidado e disponibilidade de meios dos EUA nas coisas da cultura e isso vale para toda antigüidade hispânica e para o modo em que a velha arquitetura hispano-americana é retomada pelos arquitetos de hoje. A

(*) Construção em pedra, típica da região da Apúlia, em geral de planta circular e cobertura cônica, formada por pedras toscamente esquadradas e assentadas em degraus em número decrescente para o alto. (N. T.)

população de origem espanhola, ao contrário, não tem o menor interesse na conservação dos monumentos da própria cultura. Arquitetos protestantes constroem belíssimas igrejas em adobe e estilo hispano-mexicano e colocam ali as obras-primas sobreviventes da escultura popular religiosa de madeira; os padres católicos colocam dentro delas a costumeira pacotilha da iconografia religiosa corrente.

Lawrenciana

Evidentemente, nas cercanias de Taos fui visitar Angelino Ravagli, o marido de Frieda Lawrence, falecida há três anos e considerado o inspirador da personagem do guarda-caça de *Lady Chatterley*. Dirijo-lhe a palavra no dialeto da Ligúria porque ele (por mais que seja romanholo de nascimento) é de Spotorno e conheceu os Lawrence quando alugou para eles sua *villa* de Spotorno e depois os seguiu mundo afora, até aqui em Taos (num ranch na montanha que D. H. recebeu de presente de uma admiradora sua, ainda viva aqui, e que Frieda depois quis pagar com o manuscrito de *Sons & lovers*, ranch agora deixado por Frieda em testamento à University of New Mexico que todo verão manda para lá alguns youngwriters para escrever), e depois quando D. H. morreu ele casou com Frieda. É executor testamentário de Frieda e, com os filhos de Frieda e do primeiro marido dela, um alemão, ele detém os direitos dos livros de D. H. (daqueles poucos que ainda não são de domínio público). Está muito aborrecido pela grana que poderia conseguir com *Chatterley* na América e que não consegue mas talvez tivesse como conseguir se o agente etc.; uma questão que agora não adianta eu lhes explicar. (Mas na prática ele não entende nada sobre os direitos de Lawrence no exterior.) Agora vendeu essa casa onde tinha vindo morar com Frieda após a morte de D. H. e em Taos, sozinho, não sabe mais o que fazer e vai voltar à Itália, onde tem uma mulher com a qual, segundo a lei italiana, ainda é casado, além de diversos filhos todos profissionais liberais, um dout. em agronomia em Turim, do qual me dá o endereço. Angie é naturalmente um homem muito simples mas não do tipo plebeu como decerto acreditavam os Lawrence, e sim pequeno-burguês (foi capitão dos bersaglieri; interessa-se pelo programa de Malagodi; no quarto de dormir tem o retrato de Eisenhower, pintado por ele já que agora começou a pintar) e evidentemente é, como se diz, muito humano e simpático, além disso, e com toda confusão dessa estranhíssima existência, é muito popular aqui em Taos, onde muita gente veio morar para estar perto dos Lawrence, como um tipo curioso de poeta, Spud Johnson, que começou a dirigir o jornal de Taos que tem o promissor título de *El Crepúsculo*. Aldous Huxley veio para cá com a mulher e Julian e passaram o Natal com Angie; Aldous, por intermédio da cunhada turinesa, comprou um apartamento em Torre del Mare, perto de Spotorno.

Atômica

Terra vagamente maldita, é natural que neste deserto tenham se escondido para inventar a bomba atômica e continuem a produzi-la, tornando verdadeira a lenda indígena exclusiva destas regiões, que diz que aqui teria se liberado uma força capaz de destruir a Terra. Depois aconteceu que precisamente aqui encontraram urano, mas isso em outro momento, e agora o urânio começa a se tornar a única esperança de riqueza da região. Evidentemente, vi apenas do lado de fora os laboratórios (e há também lab. que pesquisam a resistência humana aos vôos espaciais e os efeitos das radiações no organismo animal e vegetal), e nesses poucos dias não aconteceu de me aproximar de cientistas, eu sinto por isso, mas também é melhor assim, porque a partir de alguns poucos e esparsos glimpses fiquei com a idéia de que os cientistas são o único grupo que pode levar a América a alguma coisa de novo, porque muitos deles reúnem à mais avançada cultura teórica uma avançada cultura humanística e sobretudo são os únicos intelectuais a deter algum poder, a contar alguma coisa; essa idéia, eu dizia, tenho muito receio de que venha a ser desmentida em outros encontros. Com os artistas as relações dos cientistas não são muitas; pergunto por aí, e me dizem que sim, talvez exista um ou outro como eu digo. Mas aqui as questões atômicas permanecem cercadas por um halo como nas lendas indígenas; um senhor local me mostra com toda seriedade uma mata onde os espiões se reuniam para comunicar uns aos outros os segredos atômicos, até que o FBI os descobriu.

As pessoas destas redondezas

Andar por aí sem carro é bom porque me obriga por todo canto que vou a mobilizar o lugarejo inteiro em torno de minha pessoa, mas claro que agora, depois de meses, é sempre a mesma coisa. Aqui sou enviado de uma velha senhora a outra que gerencia lojas de antiques indígenas ou livrarias ou outro comércio mais ou menos cultural. Mas no fundo agora que conheço a tremenda chatice da vida americana compreendo mais as pessoas que vieram viver aqui assim como seu modo de amar a Itália que me dava nos nervos.

Texas

O que fazer para se ter uma idéia do Texas? É o que tenho me perguntado em todos esses meses, convencido de que esse estado tão particular no espírito e na vida econômica fosse, na realidade, dificilmente apreensível durante uma estada brevíssima como a que eu pretendia lhe dedicar, e parando numa grande cidade veria uma grande cidade como tantas outras e não "o

Texas", ao passo que parando numa cidadezinha do interior perderia tantos outros aspectos. Portanto, decidido a parar em Houston que é a maior cidade do (ex) maior estado dos EUA, não esperava ter fortes impressões sobre a cor local. Ao contrário, chego durante a Fat Stock Show, a exposição de gado, ocasião em que ocorrem os maiores rodeios anuais de toda a América. Portanto chego e a cidade está cheia de cowboys de todo Texas e de todos os estados do gado, mas todos estão vestidos de cowboys, mesmo os que não o são, velhos mulheres crianças, todo espírito texano é desfraldado de modo tal que torna este lugar diferente de modo ostentado, visual, dos demais estados. E sobre o famoso autonomismo do Texas não há necessidade de nenhuma enquete especial; muitos automóveis levam os dizeres: Built in Texas by Texans, nos abandeiramentos da cidade as bandeiras texanas ultrapassam claramente as federais. Tem-se a impressão de uma cidade fardada, as famílias burguesas que marcham compactas, todas de chapelão e casaco de franjas, uma ostentação da própria praticidade e do antiintelectualismo que se torna mitologia, fanatismo, alarmante belicosidade. Por sorte é uma mitologia sempre ligada ao trabalho à produção aos negócios: a esse imenso gado, cuja mostra visito agrupando-me com uns cem estudantes paquistaneses, vindos aqui para estudar agricultura. Por isso posso esperar que embora o Texas pareça se sentir pronto para fazer a guerra contra a Rússia agora mesmo, como alguns dizem, no fundo, no entanto, o isolacionismo da mentalidade agrícola acabe tomando a dianteira (como sabem, o Texas conseguiu entrar em guerra contra a Alemanha um ano antes de Pearl Harbour enviando um corpo de voluntários com a aviação canadense).

O rodeio

O rodeio, que tem lugar num estádio coberto, grande como o Vel d'Hiv, também é mistura de praticidade e mitologia. A grande maioria das provas em que os cowboys se aventuram faz parte das tarefas diárias de seu trabalho: montar um cavalo com ou sem sela, amarrar um bezerro ou um touro em tantos minutos; mas no meio, entre uma competição e outra, acontecem os números da mitologia western mais fajuta: os cantores cowboys da TV, saudados com ensandecido entusiasmo. Mas a técnica do good job do cowboy é muito bonita: perseguir o bezerro a cavalo, apanhá-lo no laço, jogar-se sobre ele de modo a virá-lo de barriga para cima, conseguir amarrar suas patas, com a ajuda do cavalo que deve manter o laço tencionado.

Já estamos no Sul

A despeito do espírito texano, o senhor que me acompanha na visita à cidade (não há nada para ver: a cidade de sempre com seus sobradinhos e pradinhos verdes, imensa e sem forma; os bairros negros que já têm o ar da miséria do Sul) se cola ao assento do carro quando dirige, porque as estatísticas dizem que boa parte dos infortúnios etc. É um bom tipo de agente da bolsa que milita no partido democrático, que aqui já é o único, e é um dos poucos da corr. liberal e se bate para que os negros votem. Mas disso lhes falarei quando estiver na Louisiana ou no Deep South. Hoje à noite parto para New Orleans, agora no ápice do Mardi Gras.

DIÁRIO DO SOUTH

Montgomery, Alabama, 6 de março

New Orleans

Embora todos tenham desaconselhado, chego a New Orleans sem nenhuma reservation de hotel, segunda-feira 29, bem no meio das festas do Mardi Gras. (Mardi Gras na América — ou melhor em New Orleans; o único lugar em que é comemorado — é termo abrangente para Carnaval; a palavra *carnival* costuma ser usada para indicar as barraquinhas dos parques de diversões.) Chego de manhã cedo, os hotéis evidentemente estão todos abarrotados até o teto, e começo a andar pelo Vieux Carré, que é igual ao que se vê nas fotografias, todas as casas com balcõezinhos e pórticos de ferro batido. Acostumado a encontrar o "antigo" na América sempre em proporções mínimas e exagerado e fajutado por propaganda e retórica, a essa altura tenho de dizer que New Orleans é mesmo toda New Orleans, decadente, pútrida, fedorenta, mas viva. Se o estilo New Orleans é mais francês ou espanhol é questão controvertida; o ordenamento atual da velha cidade é o que foi dado pelos espanhóis que a governaram por sessenta anos, antes que voltasse às mãos dos franceses por poucos meses em 1803, para depois ser vendida por Talleyrand a Jefferson. Agora Franco presenteou a cidade com placas de faiança com os nomes das ruas da época dos espanhóis, de modo que o ostentado espírito francês da cidade (em muitas famílias persiste o culto a Napoleão, que até a decoração testemunha) é corrigido em toda esquina. Enfim, encontro um quarto horroroso pelo qual cobram o olho da cara num poeirento apartment hotel no coração da Royal Street, e — do mundo desinfetado e perfeito dos motels em que me acostumei a viver — desabo num ambiente à la Tennessee Williams, onde tudo cai aos pedaços por velhice e sujeira; num quartinho de despejo escuro entre meu quarto e o pórtico deixam trancada o dia inteiro uma velha nonagenária. Totalmente diferente é o Garden District, onde as famílias francesas se instalaram no século xix (ao passo que o Vieux Carré se tornou o bairro dos negros até há uns dez anos, quando foi redescoberto como grande atração turística do South e transformado num bairro de antiquários, hotéis e casas noturnas) e que é todo grandes casas entre as quais alguns preciosos exemplares de plantation houses com colunas e tudo mais. New Orleans se fechou em seu orgulho aristocrático francês e permaneceu uma das mais pobres e atrasadas cidades dos Estados Unidos, e as conseqüências da Civil War fizeram o resto; agora está recuperando certa prosperidade como cidade do petróleo e como porto de frutas e minerais sul-americanos. O porto é italiano, sede de um dos mais antigos settlements italianos nos Estados Unidos, famílias originárias da Sicília e das ilhas Lipari que nunca falaram italiano nas gerações precedentes e não raro nem desconfiam da própria origem. Mas estou aqui para ver o famoso Mardi Gras; e na verdade essa já é, em si, uma cidade carnavalesca, com esse décor do século XVIII, como Veneza. Também a natureza aqui usa máscara: os carvalhos e os sicômoros dos imensos parques têm os ramos cobertos de spanish moss, um parasita de fluente vegetação em festão. O Mardi Gras dura uma semana e paralisa a cidade toda e consta de uma série de parades de carros que não têm nada de especial em comparação aos de Viareggio ou Nice, até porque carros e máscaras gigantescas vêm justamente de Viareggio, são os de Viareggio do ano anterior, revendidos e exportados para cá pelas firmas especializadas da cidade de Viareggio. E nem sequer o elemento negro, que esperava ser uma das atrações principais, é muito vistoso. Há sim negros misturados à enorme multidão e músicos negros nos carros, e alguns deles improvisam danças pelas ruas, mas são uma porcentagem exígua e o único elemento tipicamente negro, nas parades noturnas, são os carregadores de enormes archotes que com freqüência se movimentam de modo a ressaltar o simbolismo primitivo desse rito. O fato é que os negros fazem o Mardi Gras por conta própria, em suas sections, e ninguém quer me levar até lá devido ao perigo que um grande número de negros bêbados representa; mas pelo que ouço dizer muitas vezes há por lá turistas brancos que organizam expedições até os bairros negros para descobrir o carnaval negro (naturalmente sem descer dos automóveis) cujo percurso segue por ruas que não se sabe nunca quais serão. Enfim, a primeira noite, até porque o acaso quer que eu me encontre

■ *ITALO CALVINO*

sem companhia, fico entediado e acabo de um burlesco a outro, bebendo péssimo scotch e procurando encetar com as dançarinas conversas sobre sua situação sindical, mas eles cuidam que eu lhes pague a bebida, a chantagem de sempre, e assim por diante. Mas no dia seguinte, Mardi Gras propriamente dito, em que a cidade toda mais meio milhão de pessoas vindas de fora enlouquecem por vinte e quatro horas, vejo que se trata de uma coisa enorme e única, mesmo se comparada aos modelos europeus, porque o protagonista é o público que manifesta grande imaginação na criação de fantasias e na vitalidade. Enfim, um espetáculo de multidão nada banal: há criatividade, alegria, sensualidade, vulgaridade e presença de espírito dosadamente misturados, tudo de modo a resgatar a atmosfera decadente do ambiente com ondas de espírito plebeu. Enfim, a Veneza do século XVIII não devia ser muito diferente, como procuro explicar numa entrevista para a televisão local. O frio é intenso, mas são muitas as pessoas quase totalmente nuas; infelizmente mais do que moças bonitas há homossexuais em trajes femininos: New Orleans é um grande centro de locais de travestis e homossexuais de toda a América vêm para cá: o Carnaval é a ocasião ideal para dar asas à sua particular genialidade nas fantasias. As pessoas bebem hurricanes, copos altos de vidro com rum e suco de frutas, e latinhas de cerveja depois abandonadas ao lado das calçadas já preanunciando a desolação do Ashes Wednesday, junto com os colarzinhos de perolinhas lançados durante as parades, os quais — estranhos caminhos da distensão — têm, cada um, a etiquetinha: Made in Czecolovakia. Enfim, essa New Orleans é precisamente aquele lugar putrefato que já sabíamos, e só podemos viver aqui se soubermos tornar funcional o putrefato, isto é, todos os antiquários, decoradores etc. Estava me esquecendo de dizer que grande parte das histórias contadas pelos guias sobre os fatos ocorridos nos prédios históricos de New Orleans foram inventadas por Faulkner; porque Faulkner quando jovem viveu aqui durante alguns anos como guia, levando os turistas a conhecer a cidade; e as histórias que

124

contava eram todas inventadas por ele, mesmo assim faziam tanto sucesso que os outros guias começaram a contá-las também e agora elas fazem parte da história da Louisiana. Também fui convidado para as casas da upper class; aliás, decerto a casa mais luxuosa e aristocrática em que estive neste país é esta (construída há poucos anos, mas toda em estilo plantation e com objetos todos autênticos), por uma senhora para a qual tinha uma carta de apresentação e que não sabendo absolutamente quem eu era convidou cinco ou seis presidentes de corporation, motivo pelo qual ouvi as conversas mais reacionárias que já ouvi em toda viagem e também desesperadoras, porque a classe dirigente americana só entende a política do poder, está muito longe de começar a pensar que o resto do mundo tem alguns problemas a resolver, que a Rússia oferece caminhos de solução e eles não. As conversas de sempre pró e contra Nixon se davam nesses termos; e um senhor dos Investments and Securities apoiava Nixon porque nesse momento precisamos de a tough, ruthless guy. Aliás, esses Southerns falam até demais como já imaginávamos; enquanto partia, na limusine para o aeroporto estavam comigo alguns senhores que voltavam, acho, de uma convention local do Democratic Party; e do que vocês acham que eles falavam? Falavam contra os Yankees e os Easterns que provocam os negros, porque onde eles vivem são poucos, mas gostaríamos de vê-los aqui onde os negros são quarenta a um etc., todas as conversas que desde sempre se costumam pôr na boca dos brancos do Sul. Se as pessoas são um pouco mais cultas e divertidas, continuam falando da mesma coisa, mas o fazem com ironia brandamente anti-segregacionista. Quem é anti-segregacionista vive a vida mirada e atônita e isolada dos progressives americanos (vou ter que dedicar um capítulo inteiro a eles, à sua condição de exilados) ou então se for rico ou privilegiado se fecha no isolamento e não vê ninguém e trata de não expressar as próprias opiniões, como um filósofo (amigo de Abbagnano) James Fiebleman que escreveu vinte e dois livros especialmente de estética e tem uma belíssima casa moderna cheia de estátuas: 4 Epstein, 1 Manzú, 1 Marini. Enfim é um lugar para a gente se suicidar; a única coisa é como o professor de italiano da universidade daqui, um jovem Cecchetti que não sei o que vale como literato e cujas opiniões são muito conservadoras ("Não mandaria minhas crianças para uma escola em que houvesse crianças negras não por motivos raciais, entende, mas apenas por motivos sociais; os negros pertencem todos às camadas inferiores"), mas é um sujeito que faz a única coisa inteligente que se pode fazer para justificar o fato de se viver na América: especula na bolsa de valores. Passar as manhãs no escritório local da Merryl Linch, Fenner, Pierce and Smith, acompanhando no letreiro as contratações do Stock Exchange de Nova York, as variações nos quadros eletrônicos, estudar o momento apropriado para vender e para comprar, com o telex na sala pingando as últimas notícias através das quais você pode orientar suas operações, acompanhar a vida de todas as grandes empresas americanas, ler o *Wall Street Journal* assim que chega, esse é o único modo de viver não passivamente a vida de um grande país capitalista, é no fundo a verdadeira instância democrática da América, porque ainda que não dê nenhuma possibilidade de influir em algo, a não ser no andamento do mercado especulativo, mantém você dentro do mecanismo, em sua parte mais avançada e ativa, e requer atenção constante — neste país de interesses assustadoramente locais, provincianos — no conjunto do sistema. Não hesitaria em afirmar que neste país em que o homem que acompanha e condiciona a política dos partidos e dos parlamentares é na grande maioria dos casos o porta-voz de interesses de cunho particular e quase sempre reacionários, neste país em que o trabalhador sindicalizado se recusa a pensar em outra coisa que não seja o estrito incremento econômico de sua categoria, a legião — que é imensa — de proprietários de pequenas quantidades de ações, de pequenos especuladores desse sensibilíssimo sist. da bolsa são o tipo de cidad. mais moderno.

Montgomery, Alabama, 6 de março

Este é um dia que nunca esquecerei enquanto viver. Vi o que é o racismo, o racismo da massa, aceito como uma das regras fundamentais da sociedade. Assisti a um dos primeiros episódios da luta em massa dos negros do Sul; e foi uma derrota. Não sei se sabem que após décadas de total imobilidade justamente aqui, no estado mais segregacionista, começaram algumas manifestações de negros, algumas até vitoriosas, lideradas por Martin Luther King, ministro da Igreja batista, partidário da não-violência. Por isso estou em Montgomery, desde antes de ontem, mas não esperava chegar justamente nos dias cruciais de luta.

O cenário de hoje é o Capitólio do Alabama (que foi o primeiro Capitol dos Confederados, nos primeiros meses da Secessão, antes que a capital se estabelecesse em Richmond) um edifício branco tipo o Capitol de Washington, numa larga alameda em aclive, Dexter Street. Os estudantes negros (da universidade negra) tinham declarado que iriam até as escadarias do Capitólio para uma demonstração pacífica de protesto contra a expulsão da universidade de nove deles, que na semana passada tentaram se sentar no coffee-shop dos brancos na Court Hall, o tribunal do Estado. À uma e trinta havia o meeting dos estudantes na igreja batista, que fica bem ao lado do Capitólio (o ministro dessa igreja era King, que agora está em Atlanta liderando todo o movimento, mas que nesses dias estava aqui; agora a igreja é dirigida por outro líder local). Mas em volta do Capitólio já havia uma corrente de policiais com os cassetetes, policiais da Highway Police, com o chapéu de cowboy, o colete azul-claro e as calças cáquis. As calçadas estavam cheias de brancos, na maioria poor whites que são os mais racistas, prontos a descer a mão, jovens delinqüentes que se moviam em esquadrões (são organizados de maneira mal-e-mal clandestina na Ku Klux Klan), mas também tranqüilos burgueses, famílias com crianças, todos ali a olhar e gritar invectivas e zomba-

127

rias contra os negros entrincheirados na igreja, além de, evidentemente, dezenas de fotógrafos amadores que retratavam acontecimentos dominicais tão insólitos. A atitude da multidão variava do escárnio, como se estivessem vendo macacos pleiteando direitos civis (escárnio sincero de pessoas que nunca imaginaram que os negros pudessem meter em suas cabeças coisas assim), à atitude de ódio, de gritos de provocação, de grasnada por parte dos jovens depravados. Aqui e acolá, na calçada, há também alguns grupinhos de negros, à parte, homens e mulheres, em roupa de festa, que olham parados e calados, com compostura. A espera se torna cada vez mais impaciente, os negros já hão de ter terminado sua função e têm que se decidir a sair; a escada do Capitólio está barrada pela polícia, todas as calçadas são barradas pela multidão branca que está enraivecida e grita "Come out niggers!". Os negros começam a aparecer na escadaria de sua igreja e se põem a cantar um hino religioso; os brancos começam a fazer arruaça a uivar a insultá-los. Chegam os bombeiros com os hidrantes e se postam em volta; a polícia começa a dar ordem de evacuar, ou seja, a avisar os brancos que se ficarem será por conta e risco deles; os poucos grupinhos de negros, porém, são dispersos com grosseria. Um patear de cavalos e a cena é invadida por cowboys com a braçadeira CD, Civil Defense, uma milícia local de voluntários da ordem pública, armados de paus e revólveres; polícia e militares estão ali para evitar acidentes e fazer com que os negros evacuem o local, mas de fato os brancos permanecem como os donos da rua, os negros permanecem na igreja cantando seus hinos, os policiais conseguem mandar embora apenas os brancos mais pacíficos, os vândalos brancos estão cada vez mais ameaçadores e eu que quero ficar para ver que rumo tomam as coisas (evidentemente estou sozinho; os brancos pró-negros, aqueles poucos, não podem se mostrar por aí numa situação dessa, conhecidos como são) me vejo cercado por carrancas cada vez mais patibulares, mas também por garotos que estão ali como se observassem algo engraçado, para fazer barulho. (Eu ficaria sabendo depois — mas na hora não vi — que também estava ali um branco, ministro metodista — o único branco em Montgomery a ter coragem de tomar o partido dos negros — e por isso sua casa e sua igreja já foram bombardeadas duas vezes pelo KKK — que estava ali diante da igreja e tinha organizado um culto de seus fiéis brancos para levar os negros a salvo da porta da igreja aos carros; mas eu, repito, não o vi; minhas imagens são de uma luta total entre as raças, sem possibilidade de caminhos intermediários.) Então tem início a parte mais penosa de se ver: em pequenos grupos os negros saem da igreja, parte toma uma rua lateral que não vejo, mas me parece que a polícia tinha evacuado os brancos de lá, mas parte, em grupinhos, desce pela Dexter Avenue, pelas calçadas abarrotadas de gentalha branca, e silenciosos, de cabeça erguida, vão-se embora entre os coros de risadas insultos gestos ameaçadores e obscenos. A cada insulto ou gracinha lançada por um branco, os outros brancos homens mulheres começam a rir, por vezes com uma insistência quase histérica, mas por vezes também assim, afavelmente, e esses para mim são os mais terríveis, esse racismo absoluto na afabilidade. As mais admiráveis são as garotas negras, descem em duas ou três, e aqueles pilantras cospem no chão diante de seus pés, ficam parados no meio da calçada obrigando-as a andar em ziguezague, berram e ameaçam lhes passar uma rasteira, e as moças negras continuam conversando entre si, nunca se movem de modo a mostrar que querem evitá-los, nunca mudam de caminho quando os encontram à sua frente, como se estivessem acostumadas a essas cenas desde o nascimento.

Quem não está acostumado com essas coisas são os brancos, porque nunca os negros tinham ousado coisas assim, e evidentemente não sabem dizer nada a não ser que há infiltrações comunistas. A primeira batalha foi a dos buses, em decorrência de um acidente (a prisão de uma moça negra que tentara se sentar no lugar reservado aos brancos) foi a primeira luta em massa dos negros e foi vitoriosa. Depois tentaram uma ação legal para fazer abrir o parque dos brancos aos negros, mas a prefeitura mandou fechar todos os parques e assim a cidade passou o verão todo e ainda agora está sem um parque público, sem uma piscina etc. Essas lutas foram guiadas por esse jovem dirigente político negro (que como todos os outros oficialmente é um ministro da Igreja batista), Luther King, que não tem nenhuma idéia peculiar social ou politicamente, mas apenas a igualdade de direitos dos negros. Aliás, não há dúvida de que os negros, uma vez conquistada a igualdade, serão mais conservadores que os demais, como aconteceu com outras minorias pobres, irlandeses e italianos; mas para começar esse espírito de luta é único hoje na América e é importante que se mobilizem também os estudantes negros que em geral se consideram vencedores e procuram apenas não arrumar encrenca. Com esse fato do restaurante do tribunal, na semana passada a cidade entrou num estado de tensão de guerra civil, a KKK instalou bombas em diversas casas (visitei alguns dos bombardeados) e há alguns dias atingiram uma mulher na cabeça com um bastão de baseball e o juiz não reconheceu a culpa do membro da KKK acusado, apesar de testemunhos, fotografias etc. O mais difícil de entender para um europeu é como essas coisas podem acontecer numa nação que em três quartos não é segregacionista e como elas acontecem sem nenhuma participação do restante da nação. Mas a autonomia dos estados funciona de modo que aqui estamos mais fora do alcance da autoridade de Washington ou da opinião pública de Nova York do que se estivéssemos, sei lá, no Oriente Médio. E não há nenhuma possibilidade (ou capacidade?) de o movimento negro daqui arranjar aliados, nem King nem os dirigentes mais à esquerda do que ele que (justamente) afirmam que o único ponto decisivo é poder votar. King agora tem aliados no movimento dos povos coloniais, mas isso pode lhe servir apenas como apoio moral; esteve recentemente em Gana, no Egito, na Índia; tinha sido convidado também para a Rússia, mas recusou porque senão etc. Portanto eu, mal tendo chegado a Montgomery no fervor da situação, sexta-feira à noite soube que King estava

EREMITA EM PARIS ■

na cidade e pedi que me levassem logo até ele. É um sujeito muito sólido e hábil, se parece um pouco até fisicamente com Bourghiba, de bigodinho, o fato de ser pastor não tem nada a ver com seu aspecto físico (seu sucessor e vice, Algaradhy, rapazote gordo de bigodinho, parece um músico de jazz), são políticos que têm no púlpito a única arma de luta possível e a usam com a controlada habilidade política que a extrema dureza das condições lhes ensinou. Esses dirigentes negros — nesses dias eu me aproximei de muitos deles, de diferentes tendências — são pessoas lúcidas e decididas, totalmente desprovidas de páthos negro, não são simpáticos nem particularmente gentis (mas claro, eu era um estrangeiro desconhecido xeretando em dias para eles dramáticos). A questão racial é uma coisa danada: um vasto território como o Sul há cem anos não fala nem pensa em outra coisa, reacionários e progressistas, esse o único problema. Portanto, levado por negros chego à sacristia da igreja de Algaradhy e ali está King e outro pastor e líder negro e assisto à reunião de conselho de guerra em que decidem a ação de domingo que agora lhes contei; depois vamos para outra igreja onde estão reunidos os estudantes para lhes dar essa diretiva, e então, único branco no meio de três mil estudantes negros, assisto ao dramático tocante meeting, talvez o primeiro em toda a história do South. Evidentemente eu vim a Montgomery também para apresentações às senhoras da alta sociedade ultra-racista e ultra-reacionária e tenho de dividir meus dias acrobaticamente para que não desconfiem do mortal inimigo incubado em seu seio (ademais, aos brancos é proibido por lei entrar na casa dos negros, ou no carro com eles). Da igreja batista passo ao teatro da cidade, onde as pessoas respeitáveis estão reunidas para a estréia de gala do Chicago Ballet e onde sou convidado pela columnist social do jornal do lugar, grande amiga do ditador dominicano Trujillo. Hoje, no entanto, após o Capitólio, dez minutos de recolhimento para que a perturbação passe, então veio me buscar uma madame da alta sociedade que me mostra de passagem sua fábrica de pepinos em conser-

131

va e menciona en passant os troubles do dia criados por aquele agitador do Luther King. Essa famosa aristocracia do Sul me dá a impressão de ser de uma estupidez ímpar; esse ininterrupto remeter-se às glórias da Confederação, esse patriotismo confederado que continua intacto um século depois, como se estivessem falando de coisas de sua juventude, no tom de quem tem certeza de que você compartilha de sua emoção, é algo mais insuportável do que ridículo.

8/3/60

Enquanto isso, na segunda-feira 7 de março cruzei o Alabama e a Geórgia de ônibus, pelos campos pobres, os casebres de madeira dos negros, as esquálidas little towns. A triste constatação é que a economia americana não tem a menor propensão para resolver os problemas das regiões subdesenvolvidas; tudo o que foi feito, foi feito à época do New Deal; depois absolutamente nada, e a prostração econômica do Sul salta aos olhos, e claro que ainda falam da Civil War como se tivesse acontecido ontem; em cem anos nada se fez para reparar a ruína causada ao Sul pela Guerra de Secessão.

Minhas impressões do South seriam, portanto, sombrias, não tivesse eu descoberto

Savannah

Parei em Savannah, Geórgia, para dormir e dar uma olhada, atraído apenas pela beleza do nome e por alguma reminiscência histórica, literária e musical, mas ninguém me disse para ir até lá, ninguém, em nenhum estado dos States. É A CIDADE MAIS BONITA DOS ESTADOS UNIDOS. Absolutamente, sem nenhuma possibilidade de comparação. Não sei ainda como é Charleston, South Carolina, para onde irei amanhã, e que tem mais fama. Esta é uma cidade para onde nunca vem ninguém (apesar de ter uma estrutura turística de altíssima classe e saber apresentar suas atrações históricas e urbanísticas com uma senhorilidade desconhecida fora daqui; mas talvez seu fascínio seja esse, que o turismo interamericano, sempre tão phoney, não a atingiu). É uma cidadezinha que permaneceu praticamente intacta como nos tempos prósperos do South, no início do século XIX, à época do algodão, e é uma das poucas cidades americanas planejadas segundo um plano urbanístico único, de extrema regularidade racional e extrema variedade e harmonia: a cada duas intersecções de ruas há uma pequena square arborizada, sempre igual e sempre diferente, dada a aprazibilidade dos edifícios da época colonial à da Civil War. Passei o dia inteiro andando pelas ruas uma a uma, com o prazer esquecido de sentir uma cidade, uma cidade que seja a expressão de uma civilização e só assim, vendo Savannah, pode-se compreender que tipo de civilização era o South. Evidentemente é a cidade do tédio mais absoluto, mortal, mas tédio com estilo, e tédio cheio de racionalidade, de protestantismo, de Inglaterra. Cidade maçante e meticulosa, nos quartos de hotel há cartazes com minuciosas instruções a seguir em caso de alarme aéreo; a personalidade mais famosa nascida aqui é a fundadora das Girls Scouts; numa casa em que estive (porque naturalmente senti a curiosidade de conhecer os habitantes) serviram-me chá, digo chá, nada de scotch, nenhuma bebida alcoólica, somente chá, a primeira vez que isso me acontece neste país. Também aqui as velhas senhoras só fazem é falar de seus ancestrais como em todo o South, mas aqui se compreende o que é a senhorilidade southern, ao passo que em Montgomery são espantosamente cafonas apesar de ricos — em comparação com o Sul —, enquanto aqui tudo exala uma pobreza decorosa (a cidade vive praticamente no porto, o primeiro porto que percebo ter um quê de velha América) e a postura com relação aos negros é de paternalismo sentimental. Mas vou lhes contar amanhã como é

9/3/60

Charleston

  Cheia de maravilhosas casas chamadas Ante Bellum (anterior à Guerra de Secessão) e também estilo século XVIII, mas suja e decadente. E como cidade nem pode ser comparada com Savannah.

  E agora?
  Poderia ir a North Carolina, sou convidado pela Universidade de Chapel Hill.
Ou então voltar em direção West, para o
Colorado, onde tenho vários convites.
   E dali voar para Wyoming, para onde sou convidado
   para ir a um ranch.
E dali voar para o extremo North West, para Seattle
no estado de Washington. Ter pulado o
North West foi um erro que não consigo me perdoar.
   E voltar parando em Chicago, onde fiquei
   poucos dias e essa cidade decerto
   tem mais a dizer.
Mas, claro, gostaria também de voltar
às duas grandes cidades da Califórnia
   Gostaria de continuar a andar em ziguezague
   por todo continente, como estou fazendo
   agora há dois meses.
Ao contrário,
   volto a Nova York para passar ali os dois meses
   que ainda me separam do retorno à Europa, porque
   Nova York, cidade sem raízes, é a única onde eu posso
   imaginar que tenho raízes, e dois meses de
   viagens no fundo bastam, e Nova York é o único
   lugar em que posso fingir morar.
Dois meses que afinal serão muito
encurtados por uma série de convites
cada um de três ou quatro dias para

os quais já assumi compromissos com
datas precisas:
>   em um colégio de moças milionárias
>   em Bennington, Vermont
>   na Yale University
>   novamente na Harvard University
>   novamente em Washington.

Por isso agora estou tomado da angústia de que os
dias em Nova York vão voar num instante
e a única coisa que lamento é
não poder ficar o bastante nesta cidade
da qual há dois meses só ouço falar mal
e da qual compartilho todo mal que se diz
porém

O COMUNISTA PARTIDO AO MEIO[*]

Encontro Italo Calvino em San Remo. Trata-se de uma espécie de cerimônia de verão, brevíssima: nunca dura mais do que dez minutos e são os minutos que correspondem exatamente à soma de nossos silêncios. Mas, desta vez, a regra que já dura muitos anos não vale: há inúmeros motivos para se fazer uma exceção. Antes de tudo, a publicação de um grande volume pela Einaudi, Os nossos antepassados, *que reúne em ordem livre* O visconde partido ao meio, O barão nas árvores *e* O cavaleiro inexistente, *além da viagem aos Estados Unidos. Não sei por onde começar, mas tenho bem clara na cabeça a intenção de fazer Calvino falar para nossos leitores e eis que, elaborando mentalmente um rapidíssimo retrato do escritor da Ligúria, dou com a imagem de Pavese. Em certo sentido é uma parada obrigatória, um modo de ancorar Calvino a suas raízes, ou melhor, de fundir os motivos naturais (tudo o que corresponde à sua Ligúria) e os intelectuais, e talvez alguma coisa a mais. Desta vez há nisso uma data, alguma coisa que oferece o pretexto de avaliar um período bastante longo de nossa história. Há os dez anos passados desde a morte de Pavese, que se completam exatamente no dia 27 deste mês. Repenso na dor e*

---

[*] Entrevista de Italo Calvino a Carlo Bo, *L'Europeo*, ano 16, nº 35, 28 ago. 1960.

na surpresa daqueles dias, faço um cálculo aproximado de tudo o que aconteceu depois, daquilo em que nós nos transformamos, isoladamente e como família, e precisamente nesse caminho encontro a primeira pergunta a fazer a Calvino. O resto virá depois; seu trabalho, sua viagem à América e suas idéias políticas. Por enquanto, começar pela recordação de Pavese significa realmente se ancorar à nossa história.

Passados dez anos desde a morte de Pavese, qual é sua opinião sobre a obra dele? O que o tempo pôs em evidência e o que, ao contrário, deixou de lado? Enfim, sente que tem uma dívida para com ele, o que você acha que devemos falar dele?

Há algumas semanas vieram a Turim uns amigos de Roma para rodar um documentário sobre a cidade de Pavese. Eu os levei por aí para verem os lugares para onde íamos juntos: o rio Pó, as cantinas, a colina. Claro, em dez anos muitas coisas mudaram, mais do que eu esperava. Já existe uma "época de Pavese", com um aspecto bem preciso, e é esse período de vinte anos, entre 1930-50, que só agora se mostra com uma fisionomia unitária, entre a guerra, no aspecto das ruas, no desenho dos objetos, nos rostos das mulheres, nos hábitos, como no clima psicológico e ideal. Isso já é suficiente para afastar Pavese no passado, mas também para afirmar seu valor numa dimensão que antes não considerávamos o bastante: de autor de um afresco de seu tempo como nenhum outro, articulado em seus nove romances breves como numa densa e completa "comédia humana". Quantas coisas, precisamente por serem distantes e hoje quase incompreensíveis, a nós se revelam cheias de uma força poética fascinante! Onde existiria hoje aquela juventude dos longos dias e das longas noitadas, que não sabe o que fazer nem para onde ir, entediada, mas por virgindade e vazio ao redor, e não por saciedade e vazio interior como hoje? No entanto, como é verdadeira e crível, como sofremos aquele drama ao ler Pavese!

E esse problema da solidão, que diabo era? Mas tudo é tão claro, doloroso e distante como claro, doloroso e distante é Leopardi.

Os nove romances de Pavese são de uma unidade estilística e de temas extremamente compacta, e no entanto são muito diferentes uns dos outros. Eu considerava *La casa in collina* e *Tra donne sole* os mais belos, cada um a seu modo, mas recentemente reli *Il diavolo sulle colline*, que, lembro, era o romance dele que eu menos tinha entendido, quando Pavese me fizera ler o manuscrito. Agora vejo que é uma narrativa com muitos planos de leitura, o mais rico talvez entre todos, o que contém um debate filosófico complexo e muito vivo (mas talvez a discussão seja um pouco excessiva) e o que concentra o sumo do Pavese teórico (o do diário e dos ensaios), fundido numa narrativa tensa, plena, de primeira categoria.

Claro que o caminho de Pavese não teve continuidade na literatura italiana. Nem a língua, nem aquele modo peculiar de obter uma tensão lírica do conto realista objetivo, nem sequer o desespero, que num primeiro momento parecera o aspecto mais facilmente contagiante. (Também o sofrimento interior tem suas estações; quem tem vontade de sofrer, hoje?) Pavese voltou a ser "a voz mais isolada da poesia italiana", como se lia na tirinha de capa de uma velha edição de *Lavorare stanca*, ditada, creio, por ele.

E eu, que passo por discípulo dele, de que maneira mereço esse título? O que me liga a Pavese é o compartilhar de um gosto por um estilo poético e moral, por uma, como se diz, arrogância, muitos autores amados: todas essas coisas herdei dele, devido aos cinco anos de familiaridade quase diária; e não é pouco. Mas em minha obra, nesses dez anos, afastei-me daquele clima de quando Pavese era o primeiro leitor e juiz de tudo o que eu escrevia. E quem sabe o que ele diria agora! Certos críticos deturpam, dizem que minhas histórias fantásticas derivam das idéias de Pavese sobre o "mito". O que tem a ver? Pavese, precisamente em seus últimos ensaios, afirmava que não se pode dar carga poética ("mítica", dizia ele) a imagens de outras épocas, de outras culturas, isto é, ele condenava um tipo de literatura em que — nem se tivesse feito de propósito! — eu acabaria me lançando em menos de um ano depois de sua morte. O fato é que em nossa maneira de trabalhar sempre fomos diferentes um do outro; eu não parto de considerações de metodologia poética: lanço-me por caminhos arriscados, esperando sempre me safar por força da "natureza". Pavese não; não existia uma "natureza" de poeta, para ele; tudo era rigorosa autoconstrução voluntária, não dava um passo se não tivesse certeza do que estava fazendo, em literatura; quem dera tivesse feito assim na vida!

Já que tocou no assunto, explique-nos por que há algum tempo, como escritor, você tem trabalhaado mais com os reflexos da realidade, nas idéias que a alimentam, e se afastou da música direta e imediata das coisas.

Procurei responder a essa pergunta no prefácio do volume *Os nossos antepassados*, no qual reuni três histórias lírico-épico-burlescas: *O visconde partido ao meio, O barão nas árvores, O cavaleiro inexistente*. Agora o ciclo está encerrado, está lá para quem quiser estudá-lo ou se divertir com ele; já não tenho mais nada com isso. Para mim, conta apenas o que farei depois, e ainda não sei o que será. Mas, como dizia, eu nunca parto de uma idéia de método poético, não digo: "Agora vou escrever um conto realista-objetivo, ou psicológico, ou fabuloso". O que conta é o que somos, é aprofundar a própria relação com o mundo e com o próximo, uma relação que pode ser concomitantemente de amor pelo que existe e de vontade de transformação. Depois colocamos a ponta da caneta no papel em branco, estudamos certa angulação da qual saem sinais que têm um sentido, e vemos o que sai dali. (Não raro, também se rasga tudo.)

Ouvi dizer que você está preparando um livro de suas impressões de viagem aos Estados Unidos. Para você, viajar ajuda um escritor? Em seu caso, que experiência positiva e negativa você trouxe da viagem à América?

Ao partir para os Estados Unidos, e também durante a viagem, jurei que não escreveria um livro sobre a América (já existem tantos!). Mas mudei de idéia. Os livros de viagem são uma maneira útil, modesta e ainda assim completa de fazer literatura. São livros que têm utilidade prática, mesmo que os países mudem todos os anos (talvez justamente por isso), pois, ao fixá-los como os vimos, registramos sua essência mutável; e podemos expressar algo que vai além da descrição dos lugares vistos, uma relação entre nós e a realidade, um processo de conhecimento.

São coisas das quais me convenci há pouco tempo: até ontem acreditava, antes, que, na essência de meu trabalho, o viajar pudesse ter uma influência apenas indireta. O fato de eu ter tido Pavese como mestre, um grande inimigo do viajar, tinha a ver com isso. A poesia nasce de um germe que carregamos conosco anos a fio, talvez desde sempre, era mais ou menos o que ele dizia; como poderia contar para essa maturação tão lenta e secreta o fato de ter estado alguns dias ou algumas semanas aqui ou acolá? Claro, viajar é uma experiência de vida que pode amadurecer e transformar alguma coisa em nós, como qualquer outra experiência, eu pensava, e uma viagem pode servir para fazer com que escrevamos melhor porque compreendemos alguma coisa a mais da vida; uma pessoa visita, por exemplo, a Índia e ao voltar para casa vai escrever melhor, digamos, suas memórias do primeiro dia de aula. De todo modo, além da literatura, eu sempre gostei de viajar. E desse modo fiz também minha recente viagem americana: porque estava interessado nos Estados Unidos, em saber como são realmente, e não, sei lá, para uma "peregrinação literária" ou porque quisesse "me inspirar".

Nos Estados Unidos, porém, fui tomado por um desejo de

conhecimento e de posse total de uma realidade multiforme e complexa e "outra que não eu", como nunca tinha me acontecido. Foi algo parecido com um enamoramento. Os apaixonados, como se sabe, passam muito tempo brigando; e mesmo agora que voltei de vez em quando me surpreendo brigando mentalmente com a América; mas, de todo modo, continuo vivendo nela, jogo-me ávido e ciumento sobre qualquer coisa que ouço ou leio sobre esse país, a respeito do qual tenho a pretensão de ser o único a compreender. Já que aqui fui tomado pela "música das coisas", como você, Carlo, dizia antes, é melhor me apressar a procurar levá-la para a página.

Aspectos negativos da viagem? Bem, é sabido, distrair-se daquele horizonte de objetos determinados que forma o próprio mundo poético, dispersar aquela concentração absorta e um tanto obsessiva que é uma condição (uma das condições) para a criação literária. Mas no fundo, mesmo que nos dispersemos, o que importa? Humanamente, é melhor viajar do que ficar em casa. Antes viver, depois filosofar e escrever. Antes de mais nada, que os escritores vivam com uma postura para com o mundo que corresponda a uma maior aquisição de verdade. Aquele algo acabará se refletindo na página, aquele seja lá o que for será a literatura de nosso tempo, não outra coisa.

E o que representa voltar à terra natal, que valor têm hoje suas recordações de homem da Ligúria?

Há ligurianos de duas categorias: os que têm apego aos próprios lugares, feito mexilhões no rochedo, e que nunca conseguiríamos tirar de lá; e os que têm o mundo como casa e onde quer que estejam se sentem em casa. Mas mesmo os segundos, e eu sou um deles, e talvez você também seja, voltam regularmente para casa, têm apego à própria terra, não menos que os primeiros. Já há quinze anos que não se reconhece minha Riviera de Ponente, mas talvez por isso redescobrir, por trás de todo esse cimento, os traços de uma Ligúria da memória seja uma operação de *pietas* pátria ainda mais rica de tremor amoroso. Como arrancar da mentalidade comercializada reinante o velho fundo moral que pertencia a nossas famílias, e que para você, caro Bo, será o de um catolicismo com toques jansenistas, e para mim uma tradição laica, mazziniana e maçônica, toda voltada à ética do "fazer"? O que me vincula a meus lugares, sobretudo aos campos no alto de San Remo, é a memória cada vez mais elevada de meu pai, uma personalidade e uma vida das mais singulares e, ao mesmo tempo, mais representativas da geração pós-Risorgimento, e último liguriano típico de uma Ligúria que não existe mais (até pelo fato de ter passado um terço de sua vida para além do Atlântico).

Porém, vejo que esses são todos motivos sentimentais, ao passo que racionalmente eu sempre procurei olhar as coisas do ponto de vista do mundo produtivo mais avançado, dos setores de vida associada decisivos para a história da humanidade, tanto na Europa industrial como na América ou na Rússia. Essa contradição, quando eu era mais jovem, dava muito o que pensar: se eu sabia que o mundo que conta é o que eu disse, por que permanecer poeticamente ligado à Riviera, que vive de uma economia subsidiária, entre o falso bem-estar do turismo e uma agricultura em boa parte de área economicamente deprimida? E, no entanto, ao escrever histórias ambientadas na Riviera, as imagens me vinham nítidas, precisas, ao passo que, quando escrevia histórias da civilização industrial, tudo saía mais desfocado, esbranquiçado. É que se narra bem daquilo que deixamos para trás, que representa algo concluído (e depois descobrimos que não está nada concluído).

É preciso começar sempre do que somos. A crítica sociológica, em lugar de se movimentar no genérico como faz, poderia fazer isso, concretamente: definir de seu ponto de vista a verdadeira essência de todo escritor, descobrir seu verdadeiro background social, que pode até contrastar com as aparências. De mim, talvez pudessem descobrir que por baixo, raspando a superfície, há o pequeno proprietário rural, o individualista, duro no trabalho, sovina, inimigo do Estado e do fisco, que, para reagir a uma economia agrícola não rentável e ao remorso de ter deixado o campo na mão dos arrendatários, propõe soluções universais para sua crise, o comunismo e a civilização industrial ou a vida desenraizada dos intelectuais cosmopolitas, ou somente o reencontro, na página, da harmonia com a natureza, perdida na realidade.

Se precisasse fazer um breve relato de suas experiências políticas, que pontos você gostaria de salientar? Que amizades o ajudaram em sua formação? Para você, tiveram mais peso as idéias ou os homens?

Há alguns meses, tendo voltado da América, houve em Turim aquela série de aulas sobre o que foi o fascismo e o antifascismo, sempre com o teatro Alfieri abarrotado; e no meio dessa multidão eu tornava a encontrar as caras daquele pequeno grande mundo que é o antifascismo, as pessoas da Resistência, novamente juntas, não importa o caminho que tenham tomado, e a mais havia muitíssimos jovens. Pois bem, é bonito; sempre aparecemos e contamos; de fato, dali a pouco alguma coisa se viu.

Têm mais peso sempre os homens do que as idéias. Para mim, as idéias sempre tiveram olhos, nariz, boca, braços, pernas. Minha história política é, antes de tudo, uma história de presenças humanas. A Itália, quando menos esperamos, descobrimos que é cheia também de boas pessoas.

Minha geração foi uma bela geração, embora não tenha feito tudo o que poderia. Claro, para nós, durante anos a política teve uma importância talvez exagerada, ao passo que a vida é feita de muitas coisas. Mas essa paixão civil deu uma ossatura à nossa formação cultural; se nos interessamos por muitas coisas, foi também por isso. Mesmo quando olho ao meu redor, na Europa, na América, com nossos coetâneos e com os mais jovens, tenho de dizer que éramos bons. Entre os jovens que chegaram depois de nós nos últimos anos, na Itália, os melhores sabem mais do que nós, mas são todos mais teóricos, têm uma paixão ideológica totalmente baseada nos livros; nós tínhamos primeiro uma paixão pela atuação; e isso não significa ser mais superficial, longe disso.

Como você vê, procuro traçar um desenho geral, marcar uma continuidade entre quando eu fazia parte de uma organização política e agora que sou um "franco-atirador". Porque o que conta é o que continua, é o positivo que sabemos reconhecer em toda realidade. Minhas idéias políticas de hoje? Talvez não tenha muito o senso da atualidade, mas me considero um cidadão ideal de um mundo baseado no entendimento entre América e Rússia. Evidentemente isso significa desejar que muitas coisas mudem de um lado e do outro, significa contar com os homens novos de um lado e do outro que decerto estão se formando. E a China? Se América e Rússia puderem resolver juntas os problemas do mundo subdesenvolvido, serão evitados os caminhos mais dolorosos. Dor, já houve muita. E a Itália? E a Europa? Bem, se soubermos pensar não em termos provincianos mas mundiais (é o mínimo que se pode pedir, nesta era interplanetária), em vez de sermos passivos peões do futuro poderemos ser seus verdadeiros "inventores".

*AUTOBIOGRAFIA POLÍTICA JUVENIL**

1. UMA INFÂNCIA SOB O FASCISMO

1) Em 1939 eu estava com dezesseis anos, portanto, ao responder sobre a "bagagem de idéias" que eu tinha antes da guerra, tenho de tomar cuidado com as aproximações genéricas,

(*) A primeira parte deste ensaio foi publicada na revista *Il Paradosso*, ano 5, n⁰ˢ 23-24, set.-dez. 1960. A segunda parte, no volume coletivo *La generazione degli anni difficili*, Bari, Laterza, 1962.
Em 1960, *Il Paradosso*, revista de cultura juvenil de Milão, organizou uma enquete, entre expoentes da política e da literatura que haviam passado a juventude sob o regime fascista, para contar aos mais jovens a experiência dos que os precederam. A enquete, intitulada "A geração dos anos difíceis", girava em torno de quatro temas, que correspondem às quatro pequenas partes do texto:
1) O repertório de idéias com as quais o senhor cresceu, até a época da guerra.
2) Que reações a guerra provocou em sua formação, se ela representou a queda, uma modificação ou uma confirmação de suas idéias.
3) Quando, ou por quê, decidiu se engajar na política atuante, e com base em quais considerações contingentes fez sua escolha.
4) Se for possível, a escala de valores em que acreditava então, e a história dessa escala até nossos dias.
Posteriormente, em 1962, a enquete foi reunida pela editora Laterza em um volume, com o mesmo título, organizado pelos promotores (Ettore Albertoni, Ezio Antonini e Renato Palmieri). Para a publicação em livro, preferi reescre-

145

tenho de tecer novamente uma rede de imagens e de emoções, mais do que de idéias.

O perigo de quem escreve recordações autobiográficas sob o ponto de vista político é dar à política um peso exagerado em relação ao peso que ela na realidade tem na infância e na adolescência. Poderia começar dizendo que a primeira lembrança de minha vida é a de um socialista levando pauladas de esquadristas,* coisa que, acredito, poucos homens entre os que nasceram em 1923 conseguem lembrar; e, com efeito, a lembrança deve se referir, provavelmente, à última vez que os esquadristas usaram cassetete, em 1926, depois de um atentado a Mussolini. O agredido era o prof. Gaspare Amoretti, velho professor de latim (pai de um comunista do "Ordine Nuovo", depois tombado no Japão numa missão da Terceira Internacional), que então era inquilino de uma *dependance* de nossa casa em San Remo. Lembro-me claramente de que estávamos jantando quando o velho professor entrou, o rosto machucado e sangrando, a gravata-borboleta rasgada, pedindo socorro.

Mas fazer derivar da primeira imagem infantil tudo o que se verá e ouvirá na vida é tentação literária. As perspectivas da infância e da meninice são diferentes; impressões e julgamentos disparatados se colocam uns ao lado dos outros sem uma lógica; mesmo para quem cresce em um ambiente não fechado às opiniões e às informações, uma linha de julgamento só se forma com os anos.

---

ver inteiramente o meu texto, ou melhor, começar minha narrativa autobiográfica do ponto em que a havia interrompido na intervenção para a revista. Publico aqui os dois textos, um seguido do outro. No que diz respeito às convicções expressas no segundo texto, elas — como qualquer outro texto dessa coletânea — são apenas testemunhos do que eu pensava naquela data, e não depois. (N. A.)

O título geral ("Autobiografia política juvenil") e o do primeiro texto ("Uma infância sob o fascismo") são de Italo Calvino.

(*) Membros de uma "esquadra de ação fascista". (N. T.)

Quando criança, ouvindo as conversas dos adultos em minha casa, sempre tive como óbvia a impressão de que na Itália tudo estava errado. E na adolescência, com meus colegas de escola éramos quase todos hostis ao fascismo. Mas nem por isso poderia afirmar que meu caminho em direção ao antifascismo estivesse marcado. Eu estava, então, bem longe de ter diante de mim a situação em termos políticos, como luta de uma coisa contra alguma outra coisa, e de configurar para mim perspectivas de solução para o futuro. Vendo que a política é objeto de vitupério e de zombaria por parte das melhores pessoas, a atitude mais espontânea do jovem é pensar que ela seja um campo irremediavelmente condenado, e que se tenha que procurar outros valores. Entre julgar negativamente o fascismo e um engajamento político antifascista, havia uma distância que hoje é quase inimaginável.

Mas agora tenho de tomar cuidado para não cometer outro erro ou vício de quem escreve lembranças autobiográficas; o de tender a configurar a própria experiência como uma experiência "média" de determinada geração ou ambiente, destacando os aspectos mais comuns e deixando na sombra os mais peculiares e pessoais. À diferença de como fiz em outras vezes, gostaria de esclarecer os aspectos que mais se afastam da "média" italiana, porque me convenci de que podemos tirar sempre mais verdades da exceção do que da regra.

Cresci numa cidadezinha bastante diferente do resto da Itália, na época em que eu era criança: San Remo, naquele tempo ainda habitada por velhos ingleses, grã-duques russos, gente excêntrica e cosmopolita. E minha família era bastante insólita quer para San Remo quer para a Itália daqueles tempos: meus pais já não eram jovens, eram cientistas, amantes da natureza, livres-pensadores, personalidades diferentes entre si e ambas contrapostas ao clima do país. Meu pai, originário de San Remo, de família mazziniana, republicana, anticlerical e maçônica, fora, durante a juventude, anárquico kropotkiniano e posteriormente socialista reformista; viveu na América Latina por

147

muitos anos e não conheceu a experiência da Guerra Mundial; minha mãe, da Sardenha, de família laica, crescera na religião do dever cívico e da ciência, socialista intervencionista em 1915, mas com uma tenaz fé pacifista. Ao regressarem para a Itália após anos no exterior, enquanto o fascismo estabelecia seu poder, meus pais encontraram uma Itália diferente, dificilmente compreensível. Meu pai procurava, sem muita sorte, colocar a serviço de seu país sua competência e honestidade, e avaliar o fascismo por meio do parâmetro das revoluções mexicanas que ele vivera e com o espírito prático e conciliador do tradicional reformismo da Ligúria; minha mãe, irmã de um professor universitário que assinara o Manifesto Croce,* era de um intransigente antifascismo. Ambos cosmopolitas por vocação e experiências, e ambos crescidos no ímpeto geral de renovação do socialismo pré-bélico, voltavam suas simpatias, mais do que para a democracia liberal, para todos os movimentos progressistas fora do comum: Kemal Ataturk, Gandhi, os bolcheviques russos. O fascismo se inseria nesse quadro como um caminho entre tantos outros, mas um caminho errado, conduzido por ignorantes e desonestos. Do fascismo, minha família criticava a violência, e, além disso, a incompetência, a cobiça insaciável, a supressão da liberdade de crítica, a agressividade na política exterior; ela se voltava particularmente contra dois pecados capitais: a aliança com a monarquia e a conciliação com o Vaticano.

Os jovens são instintivamente conformistas, por isso, perceber que se pertence a uma família que podia parecer fora do comum criava um estado de tensão psicológica com o ambiente. O que mais marcava o anticonformismo de meus pais era a intransigência em matéria de religião. À escola, eles pediam que eu fosse dispensado do ensino religioso e que nunca par-

---

(*) Manifesto dos Intelectuais Antifascistas, redigido pelo filósofo Benedetto Croce, em 1925. (N. T.)

ticipasse de missas ou de outros serviços de culto. Enquanto freqüentei uma escola primária valdense ou fui aluno externo de um colégio inglês, esse fato não me causou nenhum problema: os alunos protestantes, católicos, judeus ou russos ortodoxos estavam misturados em diversas medidas. San Remo era na época uma cidade com templos e sacerdotes de todos os credos e com seitas estranhas então na moda, como os antroposóficos de Rudolf Steiner, e eu considerava a de minha família uma das tantas possíveis graduações de opinião que via representadas ao meu redor. Mas, quando fui para o ginásio estadual, ausentar-me das aulas de religião num clima de conformismo generalizado (o fascismo já estava em sua segunda década de poder) me expunha a uma situação de isolamento e me obrigava por vezes a me fechar em uma espécie de silenciosa resistência passiva diante de colegas e professores. Por vezes a hora de religião era entre duas outras aulas, e eu esperava no corredor; surgiam equívocos com professores e bedéis, que passando por ali achavam que eu estava sendo punido. Os colegas novos, por causa de meu sobrenome, sempre pensavam que eu fosse protestante; eu desmentia, mas não sabia como responder à pergunta: "Então o que você é?". Dita por um garoto, a expressão "livre-pensador" provoca riso; "ateu" era uma palavra demasiado forte para aqueles tempos; assim, eu me recusava a responder.

Minha mãe adiou o mais possível minha filiação aos *balilla*,* primeiro porque não queria que eu aprendesse a manejar armas, mas também porque a reunião que então ocorria aos domingos pela manhã (antes da instituição do sábado fascista) consistia sobretudo numa missa na capela dos *balilla*. Quando, por obrigações escolares, tive que ser filiado, minha mãe pediu que eu fosse dispensado da missa; isso era impos-

---

(*) Durante o período fascista, esse era o nome dado aos garotos de oito a catorze anos organizados em associações (obrigatórias) paramilitares. (N. T.)

149

sível por motivos de disciplina, mas minha mãe fez com que o capelão e os comandantes tivessem em mente que eu não era católico e que na igreja não me solicitassem atos exteriores de devoção.

Em suma, muitas vezes dava por mim em situações diferentes dos demais, olhado como um bicho raro. Não acredito que isso tenha me prejudicado: nós nos acostumamos a ser teimosos em nossos hábitos, a nos encontrarmos isolados por motivos justos, a suportar o mal-estar que deriva daí, a encontrar a linha correta para manter posições que não são compartilhadas pela maioria. Mas, sobretudo, cresci tolerante para com as opiniões alheias, particularmente no campo religioso, recordando como era incômodo se sentir zombado porque não acompanhava as crenças da maioria. E ao mesmo tempo fiquei completamente privado daquele gosto pelo anticlericalismo, tão freqüente em quem cresceu no meio dos padres.

Insisti em narrar essas lembranças porque vejo que agora muitos amigos não crentes permitem que os filhos recebam educação religiosa "para não lhes criar complexos", "para que não se sintam diferentes dos demais". Vejo nisso um ato de falta de coragem, absolutamente prejudicial em termos pedagógicos. Por que um garoto não deve começar a aprender que se podem enfrentar pequenos mal-estares para manter a fé em uma idéia? E afinal quem disse que os jovens não devem ter complexos? Os complexos surgem devido a um atrito natural com a realidade que nos cerca, e, quando alguém os tem, procura vencê-los. A vida é justamente essa vitória sobre os próprios complexos, sem a qual não se forma uma personalidade, um caráter.

Evidentemente, não devo tornar as coisas maiores do que eram. Minha experiência infantil nada tem de dramático, eu vivia num mundo abastado, sereno, tinha uma imagem do mundo variada e rica de nuanças contrastantes, mas não tinha consciência de conflitos acirrados. Não tinha noção da pobreza; o único problema social de que ouvia falar era o dos pequenos agricultores ligurianos, pelos quais meu pai se batia, proprietários de minúsculos pedaços de terra, vexados pelos impostos, pelos preços dos produtos químicos, pela falta de estradas. Havia sim as massas pobres das outras regiões da Itália, que começavam a migrar para a Riviera; gente do Abruzo e do Vêneto eram os assalariados que trabalhavam em nossas terras e que desfilavam aos sábados no escritório de meu pai para receber o pagamento das diárias. Mas eram pessoas de terras distantes, e eu não tinha como imaginar o que significava miséria. Não tinha facilidade para me relacionar com as pessoas do povo; a intimidade e a simpatia que meus pais demonstravam para com os pobres-diabos sempre me deixavam pouco à vontade.

As idéias da luta que já ocorria no mundo não me alcançavam: apenas as imagens externas, que se sobrepunham como num mosaico. Em San Remo, os jornais mais lidos eram os de Nice, não os de Gênova ou Milão. *L'Eclaireur*, durante a guerra da Espanha, era por Franco; *Le Petit Niçois* era pelos republicanos, e a certa altura não deixaram mais que o jornal entrasse. Em minha casa se lia *Il Lavoro*, de Gênova, enquanto, ainda em pleno período fascista, continuou a ser o único periódico dirigido por um velho socialista, o reformista Giuseppe Canepa, antigo amigo de meu pai, que lembro ter ido almoçar algumas vezes em nossa casa. Mas isso deve ter ocorrido por volta de 1933, porque meus pais apreciavam muito os comentários contra Hitler assinados por "Stella Nera", que era Giovanni Ansaldo. Certa vez passou um zepelim carregado de camisas escuras, e meu colega de carteira, Emanuel Rospicicz, que era judeu-polonês, disse: "Tomara que caia e que todos morram". Eu estava no quarto ano primário, na escola valdense; há de ter sido por volta de 1933. Em minha casa havia um vaivém de jovens de todos os países — turcos, holandeses, indianos —, que freqüentavam, com bolsas de estudos, o instituto dirigido por meu pai; certa vez uma discussão entre dois alemães, um nazista e um judeu, esquentou. A melhor amiga de minha mãe, uma suíça, ia muito para a França e participava das manifestações internacionais pela paz e contra o fascismo, que tinham lugar na Salle Pleyel: não se dizia (soubemos depois), mas ela nos dava as "palavras de ordem". Na época do Front Popular na França, nossa mãe, na hora do lanche, nos mandava ficar em posição de sentido, olhando para o oriente, e dizer: "Pour le pain, pour la paix, pour la liberté".

Ao mesmo tempo, claro, participava das reuniões e dos desfiles dos *balilla* mosqueteiros e depois dos vanguardistas: sem o menor prazer, mas também as aceitando como uma das tantas coisas maçantes da vida escolar. O prazer de me subtrair a elas, de fazer com que fosse suspenso na escola por não ter ido à reunião ou por não ter vestido a farda nos dias de preceito tornou-se mais forte lá pelos anos do liceu, mas mesmo então era mais uma bravata de indisciplina estudantil do que outra coisa. O modo como se viviam as manifestações fascistas, já procurei representar em três contos meus que se desenrolam no verão de 1940; não adianta eu voltar a isso aqui.

Enfim, até a eclosão da Segunda Guerra Mundial, o mundo me parecia um arco de diferentes gradações de moralidade e de costume, não contrapostas, mas colocadas uma ao lado da outra; num dos extremos estava o sóbrio rigor antifascista ou pré-fascista, encarnado pela severidade moralista laica científica humanitária antibelicista zoófila de minha mãe (meu pai era uma solução à parte: andarilho solitário, vivia mais nos bosques com seus cães do que entre os homens: caçando, quando a temporada de caça estava aberta, e em busca de cogumelos ou de escargots nos outros meses), e desse ponto aos poucos se passava por nuanças de indulgência para com as fraquezas humanas e a falta de rigor e a corrupção cada vez mais descaradas e levianas, seguindo toda a fogueira das vaidades católicas, militares, conformístico-burguesas, até chegar ao outro extremo, o da absoluta cafonice e ignorância e bazófia, que era o fascismo venturoso de seus triunfos, sem escrúpulos, seguro de si. Um quadro como esse não impunha escolhas categóricas como pode parecer agora: nele um garoto via abertas diversas possibilidades de escolha, até a de recusar o mundo dos pais como um sarcófago do século XIX fora da realidade e escolher o fascismo, que parecia tão mais sólido e vital; com efeito, meu irmão (mais novo do que eu), dos treze aos dezesseis anos, dizia-se fascista, precisamente para se rebelar contra a família (mas, assim que se deu a ocupação alemã, a rebelião cessou, e a família se encontrou unida na luta *partigiana*). Eu, na mesma idade — durante os anos da guerra da Espanha, que parecia um sinal claro da derrota dos valores em que meus pais acreditavam —, aceitava aquele mundo de valores deles como uma tradição e como uma defesa contra a vulgaridade fascista, mas estava a caminho de me tornar um pessimista, um comentador irônico e apartado, alguém que quer se manter à parte: o progresso era uma ilusão, o mundo era dos piores.

2) O verão em que comecei a tomar gosto pela juventude, pela sociedade, pelas garotas, pelos livros, foi o de 1938: acabou com Chamberlain e Hitler e Mussolini em Munique. A belle époque da Riviera terminara. Houve um ano de palpitação, depois a guerra na Maginot, depois a queda da França, a intervenção da Itália, os obscuros anos de lutos e desastres. Não creio que minhas recordações aqui possam ser muito diferentes das da média de meus coetâneos, filhos da burguesia de sentimentos não fascistas: nem no que concerne às ansiedades dos eventos bélicos, nem no que diz respeito às leituras e discussões próprias daquela idade.

Gostaria de assinalar apenas uma mudança ambiental que aconteceu à minha volta e que não foi sem conseqüências. Com a guerra, San Remo deixou de ser aquele ponto de encontro cosmopolita que era havia quase um século (cessou para sempre; no pós-guerra se tornou um pedaço de periferia milano-turinesa), e retornaram ao primeiro plano suas características de velha cidadezinha de província da Ligúria. Foi, insensivelmente, também uma mudança de horizontes. Aconteceu-me naturalmente identificar-me com esse espírito provinciano, que para mim e para os amigos da minha idade, quase todos pertencentes às velhas famílias da burguesia média da cidade, filhos de bons profissionais antifascistas ou de todo modo não fascistas, funcionava como defesa contra o mundo em volta, contra o mundo já dominado pela corrupção e pela loucura. De minha família, mais que as experiências exóticas, contavam agora para mim a velha herança dialetal paterna, o arraigamento nos lugares, na terra. Era uma espécie de ética local, aquela segundo a qual orientávamos nossas escolhas e nossas amizades, feita de desconfiança e altiva superioridade por tudo o que saía do raio de nossa linguagem rude e irônica, de nosso brusco bom senso.

Em 1941 tive de matricular-me na universidade. Escolhi a faculdade de agronomia, escondendo as veleidades literárias até dos melhores amigos, quase até de mim mesmo. Poucos meses passados em Turim, freqüentando a universidade de má vontade, deram-me a idéia errada de que as pessoas da cidade não pensavam em outra coisa a não ser em torcer pelos dois times de futebol ou pelas duas orquestrinhas radiofônicas; e me confirmaram em meu fechamento provinciano.

Assim, crescíamos ciosos de um culto à individualidade que acreditávamos ser apenas nosso, desprezando a juventude das grandes cidades que imaginávamos como um rebanho sem cabresto; éramos os "durões" do interior, caçadores, jogadores de bilhar, fanfarrões, orgulhosos de nossa rudeza intelectual, zombadores de toda retórica patriótica ou militar, graves na fala, freqüentadores de bordéis, desprezadores de qualquer sentimento amoroso e desesperadamente sem mulheres. Agora percebo que o que estava construindo para mim era uma casca na qual pretendia sobreviver imune a qualquer contágio num mundo que meu pessimismo me levava a imaginar dominado para sempre pelo fascismo e pelo nazismo. Era a salvação numa moral refratária e redutiva, mas havia o perigo de pagar um preço muito alto: a renúncia à participação no curso da história, no debate das idéias gerais, territórios que já considerava perdidos, na mão do inimigo. Assim aceitávamos, mais por falta de experiência do que de coragem, formas exteriores de disciplina fascista que nos eram impostas, só para não arranjarmos encrencas, ao passo que nunca me aproximei, sempre por essa espécie de desdenhosa não-participação, das discussões políticas que ainda assim sabia acontecerem no ambiente dos "g.u.f.",* mesmo na vizinha capital da província. (E fiz mal, porque, por meio daquele ambiente, teria entrado antes em contato com os jovens que já militavam nas organizações antifascistas e não teria chegado despreparado à Resistência.)

Mas essa postura de fechamento (que agora poderíamos definir como "indiferentista" por analogia com aquela adotada justamente no pós-guerra pelos homens do campo oposto) durou pouco, entrando logo em contraste com tudo o que estava se passando. Já essa fase de isolamento provincial nunca foi absoluta. Por exemplo, um dos colegas de liceu com o qual eu tinha maior ligação era um garoto meridional vindo de Roma, Eugenio Scalfari.** Eugenio depois freqüentou a universidade

(*) Acrônimo de Gruppi Universitari Fascisti. Instituídos em 1927 como articulação do Partido Nacional Fascista, os GUFS reuniam universitários e jovens das academias militares com a finalidade de educá-los de acordo com as diretrizes do regime. As competições culturais ou esportivas que aconteciam todo ano (os *littoriali*), no entanto, logo se tornaram focos de oposição e de antifascismo. (N. T.)

(**) Famoso jornalista italiano, que, tendo passado pela política (foi deputado) e trabalhado para diferentes publicações, fundou, em 1976, o diário *La Repubblica*, hoje um dos mais importantes da Itália. (N. T.)

em Roma, voltando a San Remo nas férias: podemos dizer que nossa vida "política" começou com as discussões com Scalfari, antes pertencente aos grupos de revolta do "g.u.f.", depois expulso do "g.u.f." e conspirador em grupos de ideologias então muito confusas. Certa vez ele me escreveu pedindo que eu aderisse a um partido em formação, para o qual fora proposto o nome de Partido Aristocrático-Social. Assim, aos poucos, por meio das cartas e das discussões de verão com Eugenio, eu acompanhava o despertar do antifascismo clandestino e recebia uma orientação quanto aos livros para ler: leia Huizinga, leia Montale, leia Vittorini, leia Pisacane; as novidades editoriais daqueles anos marcavam as etapas de nossa desordenada educação ético-literária.

Discutia-se muito também sobre ciência, cosmologia, fundamentos do conhecimento: Eddington, Planck, Heisenberg, Einstein. A província florescia na época de insólitos casos de formação cultural solitária: um jovem de San Remo, fanático pela civilização inglesa e americana, em plena guerra havia conseguido obter uma então lendária cultura em termos de epistemologia, psicanálise e jazz, e o ouvíamos como a um oráculo. Num dia de verão, Eugenio Scalfari e eu criamos todo um sistema filosófico: a filosofia do impulso vital. No dia seguinte ficamos sabendo que Bergson já tinha inventado isso.

Eu escrevia então alguns pequenos contos ou apólogos de moral vagamente política, anarcóide e pessimista. Eu os enviava a Roma, para Scalfari, que conseguiu a publicação de um deles na folha do "g.u.f."; parece que causou alguns problemas, mas ninguém sabia quem eu era. Naquela época minhas idéias políticas e meus escritos se orientavam para um anarquismo sem o menor respaldo em algum tipo de preparo ideológico. Com Scalfari e os outros amigos, no verão de 1943, em 25 de julho, encontramos como plataforma comum a de nos denominar "liberais" (fundamental foi a leitura da *Storia del liberalismo*, de Ruggiero), o que era algo tão vago quanto meu anarquismo. Sentados em círculo numa grande pedra achatada, numa torrente próxima de minhas terras, nos reunimos para fundar o MUL (Movimento Universitário Liberal). A política era ainda um jogo, mas não seria assim por muito tempo. Eram os dias de fervor, que depois foram chamados de os "quarenta e cinco dias". Os comunistas voltavam do desterro; nós os atropelávamos com perguntas, pedidos, discussões, objeções.

Veio o 8 de setembro. Eugenio voltou para Roma. Poucos meses depois eu entrei para a organização comunista clandestina.

3) Em 25 de julho,* eu tinha ficado decepcionado e ofendido pelo fato de uma tragédia histórica como o fascismo terminar com um ato de administração corriqueira como uma deliberação do Gran Consiglio. Sonhava com a revolução, com a regeneração da Itália na base da luta. Depois de 8 de setembro,** ficou claro que esse vago sonho se tornava realidade: e eu tive que aprender como é difícil viver os próprios sonhos e estar à altura deles.

Minha escolha pelo comunismo não se sustentava em motivações ideológicas. Eu sentia a necessidade de partir de uma tábula rasa, por isso me definira anarquista. Em relação à União Soviética, eu tinha todas as ferramentas de desconfiança e objeção de que habitualmente se dispunha, mas também me ressentia do fato de que meus pais sempre haviam sido, inalteravelmente, simpatizantes da União Soviética. Porém, acima de tudo, sentia que naquele momento o que contava era a ação, e

(*) Em 25 de julho de 1943, o Gran Consiglio del Fascismo vota pela substituição de Mussolini. O rei emite então uma ordem de remoção do cargo e de prisão contra Mussolini, substituído por Pietro Badoglio. (N. T.)

(**) O novo governo, liderado pelo marechal Badoglio, dissolve o Partido Fascista, contemporiza com o aliado alemão e, enquanto isso, secretamente, entra em tratativa com as forças aliadas, com as quais assina o armistício em 3 de setembro de 1943. Esse armistício se torna público repentinamente, em 8 de setembro. (N. T.)

os comunistas eram a força mais ativa e organizada. Quando soube que o primeiro chefe *partigiano* de nossa área, o jovem médico Felice Cascione, comunista, caíra combatendo contra os alemães em Monte Alto, em fevereiro de 1944, pedi a um amigo comunista para ingressar no partido.

Imediatamente me puseram em contato com companheiros operários, recebi tarefas de organização dos estudantes no Fronte della Gioventù, e um texto meu foi mimeografado e difundido clandestinamente. (Era um daqueles apólogos meio humorísticos, como tantos que já havia escrito e ainda continuaria escrevendo, e versava sobre as objeções de tipo anárquico que condicionavam minha adesão ao comunismo: a sobrevivência do exército, da polícia, da burocracia em um mundo futuro; infelizmente não o guardei, mas ainda espero encontrar algum antigo companheiro que o tenha.)

Estávamos na ponta mais periférica do tabuleiro da Resistência italiana, desprovido de recursos naturais, de ajuda dos Aliados, de lideranças políticas influentes; ainda assim esse foi um dos focos mais aguerridos e impiedosos da luta, durante todos os vinte meses de existência, e ficou entre as áreas de maior porcentagem de perdas humanas. Para mim, sempre foi difícil contar em primeira pessoa minhas recordações da guerra *partigiana*. Poderia fazê-lo segundo diversas abordagens narrativas, todas igualmente verídicas: desde rememorar a comoção dos afetos em jogo, dos riscos, das ansiedades, das decisões, das mortes, até poderia apostar, ao contrário, na narração herói-cômica das incertezas, dos erros, dos contratempos e das desventuras em que se metia um jovem burguês, politicamente despreparado, desprovido de qualquer experiência de vida, que até então vivera com a família.

Não posso aqui deixar de lembrar (até porque a personagem já apareceu nestas notas) o lugar que minha mãe teve na experiência desses meses, com seu exemplo de tenacidade e coragem numa Resistência concebida como justiça natural e virtude familiar, ao exortar os dois filhos a participar da luta armada, e com seu comportamento digno e firme diante das ss e dos militares, assim como na longa detenção como refém e quando a brigada fascista, por três vezes, fingiu fuzilar meu pai diante dos olhos dela. Os fatos históricos dos quais as mães participam adquirem a grandeza e a invencibilidade dos fenômenos naturais.

Mas neste ponto tenho que delinear a história de minhas idéias políticas na época da Resistência. E distinguiria duas posturas que coexistiam em mim e na realidade à minha volta: uma de Resistência como fato altamente legalitário, contra a subversão e a violência fascista; a outra de Resistência como fato revolucionário e subversivo, como identificação apaixonada com a rebelião dos oprimidos e dos sem-lei de sempre. Eu era alternativamente sensível a uma ou a outra postura, conforme os eventos em que me encontrava envolvido e as asperezas da luta, e conforme as pessoas que me estavam próximas: os amigos de meu costumeiro ambiente burguês antifascista ou então toda uma nova camada, mais que operária, subproletária, que era minha descoberta humana mais recente, porque até então sempre pensara no antifascismo como uma tendência das elites cultas, não das massas pobres.

Também o comunismo era essas duas posturas ao mesmo tempo: conforme a situação psicológica em que me encontrava, a linha unitária e legalitária do partido, os discursos de Togliatti, que às vezes eu lia em folhas mimeografadas, pareciam-me ora a única palavra de calma sabedoria no extremismo geral, ora alguma coisa incompreensível e distante, fora da realidade de sangue e furor em que estávamos mergulhados.

Após a Libertação, o primeiro texto teórico marxista que li foi *O Estado e a revolução*, de Lênin, e a perspectiva do "depauperamento do Estado" valeu para absorver na ideologia comunista minhas originárias aspirações anarquistas, antiestatais e

159

anticentralizadoras. Aqui acaba a pré-história das minhas idéias, e começa a história consciente, contemporânea à participação da vida política do pós-guerra, que para mim se desdobrou, em grande parte, no âmbito do movimento operário de Turim, e paralelamente à minha participação na vida literária. Para dizer coisas inéditas sobre a continuação de minha experiência (expressa sobretudo nos escritos publicados e na atividade pública de partido), eu deveria ir mais a fundo, para além dos limites de espaço e tempo de que posso dispor. Não faltará a oportunidade de continuar o relato ou de refazê-lo desde o início. Vemos cada vez mais claro nosso passado com o passar dos anos.

4) Ao definir minhas idéias juvenis, vali-me do termo *anarquismo* e do termo *comunismo*. O primeiro, por exigência de que a verdade da vida se desenvolva em toda sua riqueza, para além das necroses impostas pelas instituições. O segundo, por exigência de que a riqueza do mundo não seja desperdiçada, e sim organizada e posta para frutificar conforme a razão no interesse de todos os homens vivos e vindouros.

O primeiro termo significa também estar pronto para romper com os valores que se solidificaram até então e que carregam a marca da injustiça, e recomeçar do zero. O segundo termo significa também estar pronto para correr os riscos que implicam o uso da força e da autoridade, para no mais breve tempo possível se alcançar um estágio mais racional.

Esses dois termos, ou ordens de exigências e de riscos, estiveram, em diversas medidas, presentes em minha maneira de considerar as idéias e as ações políticas durante os anos em que fiz parte do Partido Comunista, assim como estavam presentes antes disso e permaneceram depois. Destacar um ou outro desses dois elementos, ou uma ou outra das definições de ambos, foi minha maneira de acompanhar as experiências históricas daqueles anos.

Hoje me preocupo mais com a possibilidade de a definição positiva dos dois termos, aquela que dei primeiramente, se tornar realidade, sob o pagamento mínimo possível dos custos que sintetizei na segunda definição. Parece-me que os problemas que atormentam o mundo no presente estão contidos nesse nó.

II. A GERAÇÃO DOS ANOS DIFÍCEIS

1 e 2) Para quem tinha dezesseis anos quando a guerra eclodiu e vinte no 8 de setembro, a resposta às primeiras duas perguntas da enquete não pode implicar uma verdadeira exposição de idéias, e sim uma série de memórias de meninice e adolescência, escolhidas segundo sua incidência numa formação política ainda potencial. Isso foi o que procurei fazer nas respostas publicadas no *Paradosso* números 23-24, mas quanto mais eu penso menos estou satisfeito com esse relatório líricomoralista de minha "pré-história". A verdadeira formação política começa quando entram em jogo vontade, escolha, raciocínio, ação: ou seja, já é um processo de vida adulta. Por isso, ao ser publicada novamente essa enquete, em livro, creio ser mais útil desenvolver as respostas às perguntas 3 e 4, que na revista eu mal tinha esboçado; e para as perguntas 1 e 2, resumir o que tinha escrito então.

Antes da guerra, mais do que de uma bagagem de idéias, posso falar de um condicionamento — familiar, geográfico, social e até psicológico — que me levava por via espontânea a compartilhar opiniões antifascistas antinazistas antifranquistas antibelicistas anti-racistas. Esse condicionamento e essas opiniões não teriam bastado, em si, para fazer com que me engajasse na luta política. Entre um julgamento negativo do fascismo e um engajamento ativo antifascista, havia uma distância que talvez hoje não consigamos mais avaliar. Vendo que a política é objeto de vitupério e de escárnio por parte das melhores pessoas, a atitude mais espontânea do jovem é pensar que ela seja um campo irremediavelmente condenado, que é preciso se manter à distância, que é preciso procurar outros valores de vida.

Foi então que entrou em jogo outro condicionamento: o histórico. A guerra logo se tornou o cenário de nossos dias, o tema único de nossos pensamentos. Estávamos mergulhados na política, aliás, na história, embora sem nenhuma opção voluntária. O que significava, para o futuro do mundo e para o futuro de cada um de nós, o resultado daquele conflito total que ensangüentava a Europa? E qual deveria ser o comportamento de cada um de nós naquela vicissitude tão desmedida em relação a nossas vontades? E a história tem um sentido? E ainda: tem um sentido o conceito de "progresso"?

Essas as perguntas que não podíamos deixar de fazer a nós mesmos: e assim nasceu aquela postura que não perderíamos mais, de configurar cada problema como problema histórico, ou de todo modo a isolar de cada problema o componente histórico. Se o termo "geração" tem um sentido, a nossa poderia ser caracterizada por essa especial sensibilidade de ver a história como experiência pessoal; e isso vale sobretudo para a Itália, mas também mais ou menos para todos os países em que houve um rompimento determinado pela guerra e pela Resistência.

Nossa experiência da história foi diferente daquela das gerações anteriores, em polêmica implícita ou explícita com ela; e motivos para polêmica decerto não nos faltavam: se houve uma juventude que podia colocar no banco dos réus os próprios pais, fomos nós, e essa é sempre uma situação afortunada. Não se tratava, porém, de um rompimento total: tínhamos de encontrar, entre as idéias de nossos pais, aquelas a que podíamos nos atrelar para recomeçar, aquelas a que eles não haviam sido capazes ou não tiveram tempo de dar andamento. Por isso a nossa não foi uma geração niilista, de iconoclastas ou de *angry young men*: ao contrário, foi dotada precocemente daquele sentido da continuidade histórica que faz do verdadeiro revolucionário o único "conservador" possível, isto é, aquele que, na catástrofe generalizada das vicissitudes humanas largadas a seu impulso biológico, sabe escolher o que deve ser salvo e defendido e desenvolvido e posto para render frutos.

Ao lado do problema de nossa participação na história, gostaria de lembrar outro, fundamental em nossa experiência: o problema dos meios de que a história — e, portanto, nós — deve se valer.

Para muitos de nós, desde garotos, recusar a mentalidade fascista significava em primeiro lugar recusar-se a amar as armas e a violência; portanto, inserir-se na luta armada *partigiana* implicou, ademais, a superação de fortes bloqueios psicológicos arraigados em nós. Eu fora criado com uma mentalidade que podia me levar com maior facilidade a ser *obiettore di coscienza** em vez de *partigiano*; e de repente estava no meio da luta mais cruenta. Mas — como havia escrito aquele que em primeiro lugar definiu para nós essa posição de engajamento e que em primeiro lugar a pagou com sua vida — "a última geração não tem tempo para construir para si o drama interior: já encontrou o drama exterior perfeitamente construído". A tragédia de nosso país e a ferocidade de nossos inimigos aumentavam quanto mais a prestação de contas se aproximava; a lógica da Resistência era a mesma que a do nosso impulso vital.

Seria possível cair, por reação, no extremismo, porque nos parecia que tantos tormentos nunca seriam vingados o bastante; ou então, para disciplinar esse impulso passional, num frio legalismo politizado.

Mas, de todas essas componentes amalgamadas em um só calor vital, o que apareceu foi o espírito *partigiano*, isto é, uma atitude de superação, num impulso, dos perigos e das dificulda-

---

(*) Chama-se assim aquele que, por motivos pessoais, morais ou religiosos, se recusa a cumprir determinadas obrigações impostas pelo Estado, especialmente a do serviço militar, que, na Itália, pode ser substituído por serviço civil. (N. T.)

163

des, um misto de orgulho guerreiro e de auto-ironia quanto a esse mesmo orgulho guerreiro, de senso de encarnar a verdadeira autoridade legal e de auto-ironia quanto à situação em que a encarnávamos, um tom por vezes um tanto bazófio e truculento, mas sempre animado por generosidade, ansioso de tornar sua toda causa generosa. Na distância de tantos anos, tenho de dizer que esse espírito, que permitiu aos *partigiani* fazerem as coisas maravilhosas que fizeram, permanece ainda hoje, para nos movermos na contrastante realidade do mundo, uma postura humana sem igual.

3) Encontrei-me metido na política ativa naturalmente, na Libertação, prosseguindo no elã da Resistência. Ter "sido *partigiano*" pareceu a mim e a muitos outros jovens um acontecimento irreversível em nossas vidas, não uma condição temporária como o "serviço militar". Desse ponto em diante nossa vida civil era vista por nós como a continuação da luta *partigiana* por outros meios; a derrota militar do fascismo nada mais era do que um pressuposto; a Itália pela qual tínhamos lutado ainda existia só potencialmente; tínhamos de transformá-la numa realidade em todos os planos. Qualquer que fosse a atividade que quiséssemos empreender na vida civil e produtiva, parecia-nos natural que fosse integrada pela participação na vida política, que recebesse dela um sentido.

Depois da Libertação, reafirmei minha adesão ao Partido Comunista, ao qual tinha me filiado durante a Resistência, sobretudo para participar da luta contra os alemães e os fascistas com as forças mais ativas e organizadas e que tinham a linha política mais convincente.

O comunismo representava aqueles que eram (e que no fundo permaneceriam) os dois pólos de atração política entre os quais sempre oscilei. De um lado, a recusa da sociedade que o fascismo produzira tinha nos levado a sonhar uma revolução que, partindo de uma tábula rasa, construísse os instrumentos elementares de governo e, superando o indefectível sofrimento de erros e excessos de toda revolução, chegasse a formar uma sociedade que fosse a antítese daquela burguesa (era a imagem da Revolução de Outubro que tínhamos na cabeça, isto é, o ponto de partida muito mais do que o ponto de chegada). De outro lado, aspirávamos a uma civilização a mais moderna e avançada e complexa do ponto de vista político, social, econômico e cultural, com uma classe dirigente altamente qualificada, isto é, com a inserção da cultura em todos os níveis da direção política e produtiva. (Talvez essa imagem tenha se formado em nós mais tarde do que em 1945 e agora eu esteja fazendo uma arbitrária datação a posteriori? Não, ela já vivia então e se inspirava não só em certo clima progressista ocidental — New Deal rooseveltiano, "sociedade fabiana" inglesa —, como também em aspectos do mundo soviético.)

Mas, para nós que nos filiamos então, o comunismo não era somente um ponto crucial de aspirações políticas: era também a fusão delas com nossas aspirações culturais e literárias. Lembro-me quando, em minha cidade de província, chegaram os primeiros exemplares de *l'Unità*, depois de 25 de abril. Abro *l'Unità* de Milão: o vice-diretor era Elio Vittorini. Abro *l'Unità* de Turim: na terceira página, a da cultura, escrevia Cesare Pavese. Se tivessem feito de propósito, não teriam conseguido: eram os meus dois escritores italianos preferidos, dos quais nada conhecia até então a não ser uns dois livros de autoria própria e algumas traduções. E agora descobria que estavam no campo que eu também tinha escolhido; pensava que não poderia ser de outro modo. E assim descobriria que também o pintor Guttuso era comunista! Que Picasso também era comunista! Aquele ideal de uma cultura que fosse uma coisa só com a luta política, para nós, naqueles dias, delineava-se como uma realidade natural. (Mas não, estava longe daquilo: sobre as relações entre política e cultura havíamos de quebrar a cabeça durante quinze anos, e ainda não terminou.)

Eu me estabeleci em Turim, que para mim representava — e na época era realmente — a cidade em que o movimento operário e o movimento de idéias contribuíam para a formação de um clima que parecia encerrar o melhor de uma tradição e de uma perspectiva de futuro. Turim significava seja o velho Estado-maior operário do Ordine Nuovo, sejam os intelectuais antifascistas que tinham mantido viva uma linha moral e civil na cultura italiana: em volta de uns e de outros se movia uma juventude que saíra da Resistência, cheia de interesses e de energia. Minha formação seguiu concomitantemente esses dois caminhos: de um lado me vinculei à editora Einaudi, ao redor da qual gravitavam pessoas de tendências ideológicas e temperamentos muito diferentes, mas sempre empenhadas numa problemática histórica, e onde se discutia muito e se mantinham os olhos abertos sobre tudo o que se pensava e se escrevia no mundo; ao mesmo tempo, participava da vida de partido — até como colaborador, e por certo período fui redator do *l'Unità* — e pude assim conhecer grande parte dos "velhos", dos que haviam estado mais próximos de Gramsci (quero recordar a clareza serena, a doçura rigorosa de Camilla Ravera, que para nós era o modelo de uma civilização política intelectual e humana que teríamos gostado de fazer reviver e impor no meio de nossa realidade cheia de contradições e asperezas; e figuras, sobretudo, de dirigentes operários, como Battista Santhià, uma têmpera de rebelde que aceitara a disciplina e a espera).

Mas não gostaria de passar aqui uma imagem edulcorada de meus primeiros anos de formação política, como se a descoberta dos aspectos de tragédia do stalinismo para nós só tivesse acontecido mais tarde. Tornei-me comunista justamente no meio das discussões sobre o dissídio Stálin-Trotski, sobre a liquidação das oposições internas por parte de Stálin, sobre o mistério das famosas "confissões" nos processos de Moscou, sobre o Pacto Germano-Soviético. Todos esses eram fatos anteriores à minha entrada para a vida política, mas ainda incandescentes e objeto de polêmica contínua entre nós e os amigos-adversários da esquerda não comunista. Eu aceitava parcialmente esses fatos convencendo-me de que "eram necessários", em parte os mantinha "entre parênteses", esperando conseguir explicá-los melhor para mim mesmo, em parte tinha confiança de serem aspectos temporários, ideologicamente não justificáveis e, portanto, destinados a serem reexaminados num futuro mais ou menos próximo (perspectiva que mais tarde — ao menos em tendência — se revelou correta).

Não que eu fosse pouco informado sobre os fatos, mas tampouco tinha idéias muito claras sobre o que inúmeros deles significavam. Minha "leva" de jovens de esquerda, de 1945-6, era animada sobretudo pelo desejo de fazer; a que nos seguiu — digamos uns cinco ou dez anos depois — é animada sobretudo pelo desejo de conhecer: sabe tudo sobre os textos sagrados e sobre as coleções dos jornais velhos, mas não ama a vida política ativa como nós chegamos a amar.

Naquela época as contradições não nos assustavam, ao contrário: cada aspecto e linguagem diferentes daquele organismo tão complexo que era o Partido Comunista Italiano era um pólo de atração diferente que também agia sobre cada um de nós: onde terminava o chamado do "partido novo", da "classe operária classe de governo", continuávamos ouvindo a voz extremista do velho facciosismo popular italiano, e as frias palavras de ordem da estratégia internacional se sobrepunham à capacidade de compromisso da tática comezinha. Naquela época ainda não tínhamos identificado uma dialética de correntes bem clara; não que nossa milícia fosse dócil ou conformista: havia sempre questões peculiares a discutir, e sempre eram ricas também de implicações gerais, mas podíamos ser por vezes "obreiristas" e defensores do rigor ideológico, ou táticos e propensos ao liberalismo, conforme as circunstâncias.

Assim acontecia de eu me ver admirando ora uma, ora outra das duas maiores figuras dirigentes comunistas de Turim, já desaparecidas: Mario Montagnana e Celeste Negarville. Ambos de origem operária, com um passado duríssimo e glorioso, ambos com vinte anos de clandestinidade, prisões e exílio; Montagnana e Negarville eram diferentes quanto à psicologia e men-

167

talidade, a ponto de poderem encarnar duas almas opostas do comunismo. Minha formação mais estritamente de partido se deu na sombra ora de um, ora de outro, e por um e por outro tive, embora de maneiras muito diferentes, afeição, e com um e com outro me senti a cada vez em áspero contraste: sinto que permaneci ligado à memória de ambos, e quero, por isso, recordá-los juntos.

Mario Montagnana encarnava o rigor revolucionário do velho bairro operário de Borgo San Paolo, e havia permanecido fiel — amiúde em ostentada polêmica contra a atmosfera oficial do partido — a uma intransigência "obreirista", toda apoiada em um moralismo cuja inflexibilidade era quase puritana. Era diretor do *l'Unità* de Turim na época em que trabalhei lá. Ele entrara no jornalismo através da fábrica, quando jovem, na redação de Gramsci; e sempre tivera em mente o jornal feito pelos operários e para os operários, com notícias da oficina e do setor, e que refletisse a opinião operária sobre cada evento. Que muitas coisas no mundo das fábricas e na vida popular tivessem mudado desde os anos de sua primeira militância, isso era coisa que ele admitia contra vontade, e sempre para tentar reconduzir qualquer situação e qualquer problema à imagem ideal daquele núcleo de civilização proletária de então, sem compromissos com o inimigo de classe, obstinada nos sacrifícios e nas lutas mínimas assim como nas decisivas, férrea na disciplina de partido, ascética por dignidade e orgulho ainda antes do que por necessidade.

Nossas relações eram difíceis como as relações entre pai e filho, talvez justamente porque, como entre pai e filho, havia uma afeição e uma estima que ele nutria por mim e que eu nutria por ele, e isso se transformava num tormento, nele por me ver diferente de como ele esperava, e em mim por lhe causar sempre tantas decepções. Era um homem à moda antiga; mas, ao nos educar numa disciplina revolucionária, mantida apesar de tudo, punha um calor moral, uma paixão verdadeira pelo valor humano, que libertava seu rigor de qualquer frieza programática.

Celeste Negarville era uns dez anos mais jovem (tinha quarenta anos na época da Libertação), mas já representava outros tempos. O proletariado revolucionário tinha aprendido a gostar do grande jogo político e dele fazia uso com toda desenvoltura das classes dirigentes mais experientes e experimentadas. Dizia-se que, na Roma da Libertação, esse ex-operário, herói da conspiração e das masmorras, ao se tornar ministro impusera seu inesperado personagem de homem refinado, com sua inteligência e elegância e amor pela vida, e ao mesmo tempo vinculado às massas das quais provinha sua força. Quando comecei a acompanhar sua atividade, ou seja, quando ele regressou a Turim, essa sua grande fase havia terminado, assim como a esperança de poder desenvolver a democracia italiana com base na união das forças antifascistas. Na política dura e surda de uma grande cidade operária, na época em que se consolidava a Guerra Fria, aquela espécie de príncipe maquiavélico, ousado e possibilista, hábil e altivo ao se servir dos homens, nunca sequer renteado por preocupações igualitárias e populistas, era muitas vezes criticado por nós, os jovens, que o achávamos cínico, instrumentalista, sem interesse pelos problemas pontuais, distante da paixão pela verdade e pela justiça das bases. Compreendemos aos poucos que sua visão política era mais ampla, inteligente e moderna, e o compreendemos melhor até humanamente, aquele refinamento coruscante, para além da camada de amargura e ceticismo que nele engrossava ano após ano, além de seu abandonar-se a um fácil pesadume plebeu, à insatisfação do homem que não quer aceitar que está envelhecendo. Não percebendo ainda a luta das tendências do partido, imputávamos todos os julgamentos sobre os homens a critérios moralistas e psicológicos, como em geral fazem as bases: claro, compreendíamos pouco do que estava sendo preparado, mas tendíamos a procurar entender a realidade dos homens e dos ambientes fora de esquemas preestabelecidos, e esse esforço de atenção e de julgamento não era inútil.

Com a morte de Stálin, Negarville ganhou novo impulso,

revelando uma paixão pela sinceridade que provavelmente estivera sempre escondida nele; uma consciência que sempre se mantivera lúcida e crítica diante de todas as involuções do comunismo internacional. Nas discussões daqueles anos, estava entre os mais prontos a levar adiante o processo de renovação aberto pelo XX Congresso; e nós então percebíamos o quanto aquilo que havíamos lamentado como seu cinismo era, na realidade, a defesa de uma sensibilidade moral e de uma objetividade de julgamento pessoal sempre vivas, ainda que sem nunca se subtrair à regra do jogo da política interna comunista, que é de silêncio e de espera, quando as relações de forças não são favoráveis à própria linha.

Montagnana, ao contrário, nos anos em que sentíamos amadurecer no partido um processo de renovação, estava sempre entre os mais aguerridos adversários das novas idéias, quer em campo político, quer em campo sindical. Nunca tinha oportunidade de vê-lo, a não ser em reuniões ou manifestações oficiais, e me parecia cada vez mais um homem que vai contra o movimento dos tempos e das consciências. Nos debates de 1956, ele defendia os métodos e os homens do stalinismo com um acirramento que chegava a parecer cínico, mas no fundo eu reconhecia seu moralismo exasperado, que o levava a se identificar com todas as durezas, mesmo trágicas e pungentes, que sua geração de militantes comunistas internacionais havia aceitado e tornado próprias, pagando por elas em primeira pessoa, com a própria carne ou com a própria consciência.

E considerava que o velho "cinismo" de Negarville tinha sido mais vital — como consciência moral e como consciência histórica — do que a postura quase "religiosa" de Montagnana, que decerto também sofrera a cada coisa que não conseguia aceitar e justificar, mas tinha consumido toda sua reserva em um fanatismo pela idéia que acabara por sustentar a desumanidade dos métodos.

Hoje as figuras desses dois comunistas já desaparecidos se recompõem em minha memória e no meu julgamento com seu bem e seu mal: em uma época em que cada verdade se pagava com muitas mentiras, ambos procuraram manter viva uma verdade própria, contraditória e violentada, como a história daqueles anos.

Percebo que comecei querendo narrar a história dos jovens da Libertação e acabei falando dos idosos. Mas o processo de definição de nossa geração — e talvez isso valha não apenas para a nossa — coincidiu com a tentativa de entender até o fundo a experiência de quem havia nos precedido.

4) Há alguns anos não estou mais no Partido Comunista, também não entrei para nenhum outro partido. Vejo a política mais em linhas gerais, e tenho menos a sensação de estar envolvido nela e ser por ela co-responsável. Isso é bom ou ruim? Entendo muitas coisas que antes não entendia, olhando-as sob uma perspectiva menos imediata; mas, por outro lado, sei que só podemos compreender a fundo aquilo que fazemos na prática com uma assídua aplicação diária. União Soviética e Estados Unidos estão, como antes, no centro de meus interesses e de minhas preocupações, porque de um e de outro lado vêm as imagens que eu esboço de nosso futuro. Agasto-me um pouco menos com as coisas que não são boas na URSS, até porque acontecem menos; agasto-me um pouco mais quando a América faz algo que não é bom, até porque continua fazendo coisas assim a rodo. Da Europa continuo a esperar não soluções políticas, e sim elaborações ideológicas, e elas continuam não vindo. Afinal, mudaram muitas coisas na situação política geral, mas a "escala de valores" em que acredito no fundo não mudou muito.

Gostaria de assinalar aqui ao menos duas coisas em que acreditei ao longo de meu caminho, e nas quais continuo a acreditar. Uma é a paixão por uma cultura global, a recusa da incomunicabilidade da especialização para manter em vida uma imagem de cultura como um todo unitário, do qual fazem parte todos os aspectos do conhecer e do fazer, e no qual os diversos discursos de cada pesquisa e produção específica fazem parte daquele discurso geral que é a história dos homens, que temos de conseguir dominar e desenvolver em sentido finalmente humano. (E a literatura deveria justamente estar no meio das linguagens diferentes e manter viva a comunicação entre elas.)

Outra paixão minha é por uma luta política e uma cultura (e literatura) como formação de uma nova classe dirigente. (Ou classe *tout court*, se for considerada classe somente aquela que tiver consciência de classe, como em Marx.) Sempre trabalhei e trabalho com isso em mente: ver a nova classe dirigente tomar forma, e contribuir para dar a ela um sinal, uma marca.

UMA CARTA EM DUAS VERSÕES

*1**

Caro Ricci, eis o currículo. Nasci em 1923 sob um céu no qual o Sol radiante e o sombrio Saturno eram hóspedes da harmoniosa Balança. Passei os primeiros vinte e cinco anos de minha vida na, àquela época ainda verdejante, San Remo, que unia aportes cosmopolitas e excêntricos ao fechamento arredio de sua rústica concretude; pelo primeiro e pelo segundo aspecto fiquei marcado, por toda a vida. Depois me teve Turim, laboriosa e racional, onde o risco de enlouquecer (assim como, outrora, Nietzsche) não é menor que alhures. Ali cheguei em anos em que as ruas se abriam desertas e intermináveis devido à raridade dos automóveis; para abreviar meus percursos de pedestre atravessava as ruas retilíneas em longas oblíquas de uma esquina à outra — procedimento hoje, além de impossível, impensável —, e assim avançava traçando hipotenusas invisíveis entre catetos cinzentos. Espaçadamente conheci outras ínclitas metrópoles, atlânticas e pacíficas, por todas elas me apaixonando à primeira vista; tive a ilusão de ter compreendi-

(*) Do livro *Tarocchi*, de F. M. Ricci, Parma, 1969. No final desse volume da coleção Os Signos do Homem há uma nota biográfica do autor, sob forma de fac-símile de carta endereçada ao editor Ricci.

173

do e possuído algumas, outras permaneceram para mim inapreensíveis e estrangeiras. Por longos anos sofri de uma neurose geográfica: não conseguia ficar três dias seguidos em nenhuma cidade ou lugar. Por fim elegi estavelmente esposa e morada em Paris, cidade cercada por florestas de faias e carpas e bétulas, na qual passeio com minha filha Abigail, e que cerca, por sua vez, a Bibliothèque Nationale, para onde me dirijo a consultar textos raros, usufruindo da Carte de Lecteur nº 2516. Assim, preparado para o Pior, cada vez mais incontentável com relação ao Melhor, já antegozo as alegrias incomparáveis do envelhecer. Isso é tudo. Queira aceitar meus votos de elevada estima

Calvino

2*

Cher FMR, voici le curriculum. Je suis né em 1923 sous un ciel où le Soleil rayonnant et Saturne le sombre étaient hébergés par l'harmonieuse Balance. J'ai passé les vingt-cinq premiers années de ma vie dans l'encore verdoyante San Remo, où deux mondes se côtoyaient, l'un cosmopolite et excentrique, l'autre rustique et renfermé; par l'un e par l'autre je restai marqué pour la vie. Puis me retint Turin, ville active et rationelle, où le risque de devenir fou n'est pas moindre qu'ailleurs. J'y arrivai dans des années où les voitures étaient rares; les rues rectilignes s'ouvraient désertes et interminables au piéton qui j'étais; pour abréger mes parcours tous à angles droits, je traçais des hypoténuses invisibles en traversant les rues grises en oblique; une façon de marcher qui depuis lors devint impossible, voire impensable. Au fil du hasard, j'ai traversé d'autres métropoles illustres, sur-mer et sur-rivière, sur-océan et sur-chenaux, sur-lac et sur-fiord,

---

(*) Do livro *Tarots*, de F. M. Ricci, Parma, 1974. Texto escrito em francês, inédito em italiano. Solicitado por Franco Maria Ricci a partir de um original de minha carta biográfica, preferi reescrever o texto completamente. (N. A.)

de toutes tombant amoureux au premier regard, croyant d'en avoir vraiment connues et possédées certaines, d'autres me demeurant insaisissables et étrangères. De longues années je souffris d'une névrose géographique: je ne réussissais pas à rester plus de trois jours de suite dans aucune ville. Cela dit, je ne pouvais épouser qu'une étrangère: étrangère en tout lieu, aboutie naturellement à la seule ville qui ne fut jamais étrangère à personne. C'est pour cela, cher FMR, qu'on se rencontre souvant à l'aéroport d'Orly.

Quant à mes livres, je regrette de ne les avoir publiés chacun sous un nom-de-plume différent: je me sentirais plus libre de tout recommencer à chaque fois. Comme, néanmoins, je cherche toujours de faire.

Bien amicalement,

Italo Calvino

*NOTA BIOGRÁFICA OBJETIVA**

O pai de Italo Calvino, um agrônomo de San Remo, viveu muitos anos no México e em outros países dos trópicos; casou com uma assistente de botânica da Universidade de Pavia, de família sarda, que o seguiu em suas viagens: o filho primogênito nasceu em 15 de outubro de 1923, num subúrbio de Havana, às vésperas do definitivo regresso dos pais à pátria.

Italo Calvino passou os primeiros vinte e cinco anos de sua vida quase ininterruptamente em San Remo, na Villa Meridiana, que àquela época hospedava a direção da Estação Experimental de Floricultura, e nas terras avoengas de San Giovanni Battista, onde seu pai cultivava o *grape-fruit* e o *avocado*. Os pais, livres-pensadores, não deram aos filhos educação religiosa. Italo Calvino seguiu os estudos regulares em San Remo: maternal na St. George School, primário nas Escolas Valdenses, secundário no R. Ginnasio-Liceo G. D. Cassini. Após o exame final do clássico, matriculou-se na faculdade de agronomia da Universidade de Turim (onde seu pai era professor contratado de agricultura tropical), mas não foi além dos primeiros exames.

Durante os vinte meses da ocupação alemã, Italo Calvino

(*) Escrita em 1970 para um volume [*Os amores difíceis*] da coleção Gli Struzzi, da Einaudi, de acordo com o padrão das notas biográficas da coletânea. (N. A.)

passou pelas vicissitudes comuns aos jovens de sua idade renitentes ao serviço militar da República Social Italiana [República de Saló] e desempenhou atividades conspirativas e *partigiane*, por alguns meses lutou nas Brigadas Garibaldi, na duríssima região dos Alpes marítimos, com o irmão de dezesseis anos. O pai e a mãe ficaram nas mãos dos alemães por alguns meses, como reféns.

No período imediatamente seguinte à Libertação, Calvino desempenha atividades políticas no Partido Comunista (ao qual se filiara durante a Resistência), na província de Impéria e entre os estudantes de Turim. No mesmo período, começa a escrever contos inspirados na vida da guerrilha e estabelece seus primeiros contatos com os ambientes culturais de Milão (o semanal de Elio Vittorini, *Il Politecnico*) e de Turim (a editora Einaudi).

O primeiro conto escrito por ele foi lido por Cesare Pavese, que o passa para a revista que Carlo Muscetta dirige em Roma (*Aretusa*, dezembro de 1945). Na mesma época, Vittorini publica outro conto no *Il Politecnico* (com o qual Italo Calvino colabora também com artigos sobre os problemas sociais da Ligúria). Giansiro Ferrata lhe pede outros contos para o *l'Unità* de Milão. Os jornais naquele tempo eram publicados em uma só folha, mas umas duas vezes por semana começavam a sair com quatro páginas: Calvino colabora também com a terceira página do *l'Unità* de Gênova (ganhando um prêmio, *ex aequo* com Marcello Venturi) e de Turim (que por algum tempo tem, entre seus redatores, Alfonso Gatto).

Entrementes, o estudante mudou de faculdade: passa para letras, na Universidade de Turim, matriculando-se — devido às facilitações para os veteranos — diretamente no terceiro ano. Em Turim ele vive num sótão sem aquecimento: escreve contos e, assim que termina um, leva-o para ser lido por Natalia Ginzburg e Cesare Pavese, que estão reorganizando a editora Einaudi. Para não tê-lo sempre por lá, Pavese o incentiva a escrever um romance; Calvino recebe o mesmo conselho em Milão, de Giansiro Ferrata, que está no júri de um concurso para um

177

romance inédito, organizado pela editora Mondadori como primeiro levantamento dos novos escritores do pós-guerra. O romance que Calvino termina em cima da hora, para o prazo final de 31 de dezembro de 1946 (*A trilha dos ninhos de aranha*), não teria o apreço nem de Ferrata nem de Vittorini, e não entraria para a seleção dos vencedores (Milena Milani, Oreste del Buono, Luigi Santucci). Calvino o entrega a Pavese, para que o leia, e ele, mesmo com restrições, propõe o texto a Giulio Einaudi. O editor turinês se entusiasma com o livro e o lança mandando até divulgá-lo com cartazes. Vende seis mil exemplares: um sucesso razoável para aquela época.

No mesmo novembro de 1947 em que sai seu primeiro livro, Calvino consegue um diploma em letras, com uma tese de literatura inglesa (sobre Joseph Conrad). Podemos dizer, no entanto, que sua formação se deu inteiramente fora das salas da universidade, naqueles anos entre a Libertação e 1950, discutindo, descobrindo novos amigos e mestres, aceitando encargos de trabalho precários e ocasionais, no clima de pobreza e de iniciativas febris daquele momento. Começara a colaborar na editora Einaudi, executando tarefas publicitárias e de assessoria de imprensa, um trabalho que continuaria a desempenhar nos anos seguintes, com emprego estável.

O ambiente da editora turinesa, caracterizado pela preponderância de historiadores e filósofos sobre literatos e escritores, e pela contínua discussão entre os partidários de diversas tendências políticas e ideológicas, foi fundamental para a formação do jovem Calvino: ele se viu, aos poucos, assimilando a experiência de uma geração um pouco mais velha que a sua, de homens que havia dez ou quinze anos se movimentavam no mundo da cultura e do debate político, que tinham militado na conspiração antifascista nas fileiras do Partito d'Azione ou da Esquerda Cristã ou do Partido Comunista. Contou muito (até pelo contraste com o horizonte não religioso de Calvino) a amizade, a ascendência moral e a comunicabilidade vital do filósofo católico Felice Balbo, que naquela época militava no Partido Comunista.

Após uma experiência de cerca de um ano como redator da terceira página do *l'Unità* de Turim (1948-9), Calvino compreendeu que não tinha os dotes do bom jornalista, nem do político profissional. Continuou a colaborar com o jornal *l'Unità* descontinuamente por alguns anos, com textos literários e sobretudo com pesquisas sindicais, matérias sobre greves industriais e agrícolas e sobre a ocupação de fábricas. O vínculo com a prática da organização política e sindical (e até amizades pessoais entre os companheiros de sua geração) o empenhava mais do que o debate ideológico e cultural, e o fazia superar a crise da condenação e do afastamento do partido de amigos e de grupos intelectuais dos quais estivera próximo (Vittorini e *Il Politecnico*, em 1947; Felice Balbo e *Cultura e Realtà*, em 1950).

O que ainda permanecia mais incerto para ele era a vocação literária: após ter o primeiro romance publicado, durante anos Italo Calvino tentou escrever outros na mesma linha realista-social-picaresca, que eram arrasados e jogados fora sem misericórdia por seus mestres e conselheiros. Cansado desses trabalhosos fracassos, Calvino abandonou-se à sua veia mais espontânea de fabulador e escreveu de uma só vez *O visconde partido ao meio*. Pensava que iria conseguir publicá-lo em alguma revista, e não em livro, para não dar excessiva importância a um simples "divertimento", mas Vittorini insistiu para transformá-lo em um livrinho de sua coleção Gettoni. Entre os críticos, houve inesperada unanimidade de consensos; saiu até um belo artigo de Emilio Cecchi, o que na época significava a consagração (ou cooptação) do escritor na literatura italiana "oficial". Do lado comunista, eclodiu uma pequena polêmica sobre o realismo, mas não faltaram os autorizados consensos de contrapeso.

A partir dessa afirmação, tomou impulso a produção do Calvino "fabulista" (definição que, porém, já era corrente na crítica desde seu primeiro romance) e aquela de uma representação de experiências contemporâneas na chave de um irônico stendhalismo. Para definir essas alternâncias, Vittorini cunhou a fórmula afortunada de "realismo com carga fabular" e de "fábula com carga realista". Calvino procurava também, teoricamente, manter unidas suas diversas componentes intelectuais e poéticas: em Florença, em 1955, numa conferência, expôs de forma mais orgânica seu programa ("Il midollo del leone", *Paragone*, ano 6, n º 66).

Italo Calvino tinha assim conquistado seu lugar na literatura italiana dos anos 50, numa atmosfera já muito diferente daquela dos últimos anos 40, aos quais ele continuava se sentindo idealmente ligado. A capital literária da Itália na década de 50 era Roma, e Calvino, embora permanecesse declaradamente "turinês", já passava muito de seu tempo em Roma, desfrutando da cidade festeira e do grande número de amigos e comensais, entre os quais dominava a serena figura de Carlo Levi.

Nesses anos Giulio Einaudi encomendou a seu autor fabulista o volume das *Fábulas italianas* da tradição popular, que Calvino escolheu e traduziu a partir dos dialetos das coletâneas folcloristas do século XIX, publicadas e inéditas. Um trabalho também erudito (na pesquisa, na introdução e nas notas), que despertou momentaneamente nele uma sopitada vocação de estudioso.

Enquanto isso, amadureciam os tempos das grandes discussões políticas que abalariam o aparente monolitismo do mundo comunista. Em 1954-5, em um clima quase de trégua das lutas entre as tendências dos intelectuais comunistas italianos, Calvino colaborou assiduamente para a revista semanal romana *Il Contemporaneo*, de Salinari e Trombadori. No mesmo período, contaram muito para ele as discussões com os hegelianos-marxistas milaneses, Cesare Cases e sobretudo Renato Solmi e, depois deles, Franco Fortini, que tinha sido e será para Calvino o implacável interlocutor antitético. Tendo se empenhado nas batalhas internas do Partido Comunista de 1956, Calvino (que, aliás, colaborava com a revistinha romana *Città Aperta*) se desligou do partido em 1957. Por algum tempo (1958-9) participou do debate por uma nova esquerda socialista e colaborou com a revista de Antonio Giolitti, *Passato e Presente*, e com o semanal *Italia Domani*.

Em 1959 Vittorini começou a publicação de uma série de cadernos de textos e de crítica (*Il Menabò*), em polêmica com o clima literário dominante, e quis que o nome de Calvino estivesse ao lado do seu, como co-diretor. No *Menabò* Calvino publicou alguns ensaios, procurando fazer um levantamento da situação literária internacional: "Il mare dell'oggettività" (*Il Menabò* 2, 1959), "La sfida al labirinto" (*Il Menabò* 5, 1962), e também uma tentativa de traçar um mapa ideológico geral: "L'antitesi operaia" (*Il Menabò* 7, 1964). As críticas dos amigos a este último texto o convenceram a abandonar definitivamente o campo da especulação teórica.

Em 1959-60, Calvino passa seis meses nos Estados Unidos. Nos dez anos seguintes, suas temporadas no exterior se tornam cada vez mais freqüentes. Em 1964 se casa; sua mulher é argentina, de origem russa, tradutora de inglês, e mora em Paris. Em 1965 têm uma filha.

Os documentos para estabelecer uma biografia de Calvino têm se tornado mais raros nos últimos tempos: suas intervenções públicas diminuem, sua presença se faz perceber menos, não colabora com jornais, não enche os jovens se colocando com eles ou contra eles. De suas viagens, sabe-se pouco porque é um dos raros escritores italianos que não escrevem livros de viagem nem reportagens. Seu afastamento da vida literária oficial é definitivamente ratificado em 1968 ao se recusar a receber um prêmio de três milhões [de liras].

O autor de *O barão nas árvores* parece mais do que nunca disposto a guardar distância do mundo. Alcançou uma condição de distanciamento indiferente? Conhecendo-o, há que se acreditar que seja, antes, um aumento da consciência de quanto o mundo é complicado, o que o leva a sufocar em si mesmo tanto os movimentos da esperança como os da angústia.

*EREMITA EM PARIS**

Há alguns anos tenho uma casa em Paris, e passo aqui uma parte do ano, mas até agora esta cidade nunca apareceu nos textos que escrevo. Para poder escrever sobre Paris talvez tivesse que me afastar dela, estar distante: se for verdade que sempre escrevemos partindo de uma falta, de uma ausência. Ou então estar mais dentro dela, mas para isso eu teria de ter vivido ali desde a juventude: se for verdade que são os cenários dos primeiros anos de nossa vida que dão forma a nosso mundo imaginário, e não os lugares da maturidade. Direi melhor: é preciso que um lugar se torne uma paisagem interior, para que a imaginação comece a habitar aquele lugar, a fazer dele seu palco. Ora, Paris já foi a paisagem interior de tanta parte da literatura mundial, de tantos livros que todos lemos, que contaram em nossa vida. Antes de ser uma cidade do mundo real, Paris, para mim, assim como para milhões de outras pessoas de todos os países, foi uma cidade imaginada através dos livros, uma cidade da qual nos apropriamos lendo. Começamos quando garotos, com *Os três mosqueteiros*, depois com *Os miseráveis*; concomitantemente, ou logo depois, Paris

---

(*) Texto extraído de entrevista concedida a Valerio Riva para a televisão da Suíça italiana, em 1974. Publicado no mesmo ano em tiragem limitada pela editora Pantarei, em Lugano, com quatro ilustrações de Giuseppe Ajmone. (N. A.)

se torna a cidade da história, da Revolução Francesa; mais tarde, ao prosseguirmos nas leituras juvenis, ela se torna a cidade de Baudelaire, da grande poesia há mais de cem anos até hoje, a cidade da pintura, a cidade dos grandes ciclos romanescos, Balzac, Zola, Proust...

Quando eu vinha para cá como turista, ainda era aquela Paris que visitava, era uma imagem já conhecida que eu reconhecia, uma imagem à qual eu não podia acrescentar nada. Agora os acasos da vida me trouxeram a Paris com uma casa, uma família; se quisermos, ainda sou um turista, porque minha atividade, meus interesses de trabalho estão sempre na Itália, mas enfim o modo de estar na cidade é diferente, determinado pelos cem pequenos problemas práticos da vida familiar. Talvez, ao se identificar com minha história pessoal, com a vida diária, perdendo aquela aura que é o reflexo cultural, literário de sua imagem, Paris poderia tornar a ser uma cidade interior, e me seria possível escrever sobre ela. Não seria mais a cidade da qual tudo já foi dito, mas uma cidade qualquer em que por acaso vivo, uma cidade sem nome.

Algumas vezes vi-me ambientar espontaneamente contos totalmente imaginários em Nova York, cidade em que só vivi alguns poucos meses de minha vida: quem sabe, talvez isso tenha ocorrido por Nova York ser a cidade mais simples, ao menos para mim, mais sintética, uma espécie de protótipo de cidade: como topografia, como aspecto visual, como sociedade. Ao passo que Paris, ao contrário, tem uma grande espessura, tem tantas coisas por trás, tantos significados. Talvez me deixe um pouco constrangido: a imagem de Paris, digo, não a cidade em si, que aliás é uma cidade que basta colocar o pé para logo se sentir familiarizado.

Pensando bem, nunca me aconteceu de ambientar alguma narrativa minha em Roma, e pensar que em Roma vivi mais tempo do que em Nova York, talvez até mais do que em Paris. Mais uma cidade da qual não sou capaz de falar, Roma; mais uma cidade sobre a qual se escreveu demais. Porém, nada do que foi escrito sobre Roma pode ser comparado ao que se escreveu sobre Paris: o único aspecto comum é esse, tanto Roma como Paris são cidades sobre as quais é difícil dizer alguma coisa que já não tenha sido dita; e, mesmo quanto aos aspectos novos, toda mudança que acontece de imediato tem um coro de comentaristas pronto a anotá-la.

Mas talvez eu não tenha o dote de estabelecer relações pessoais com os lugares, sempre fico meio suspenso no ar, estou nas cidades com um pé só. Minha escrivaninha é meio como uma ilha: poderia estar aqui como em outro país. E, por outro lado, as cidades estão se transformando numa única cidade, numa cidade ininterrupta na qual se perdem as diferenças que outrora caracterizavam cada uma delas. Essa idéia, que percorre todo meu livro *As cidades invisíveis*, me ocorre a partir do modo de viver que já é próprio a muitos de nós: um contínuo passar de um aeroporto a outro, para levar uma vida praticamente igual em qualquer cidade que estejamos. Costumo dizer, e já repeti tantas vezes que está se tornando meio maçante para mim, que em Paris tenho minha casa de campo, no sentido de que, sendo eu escritor, parte de meu trabalho pode ser feita em solidão, não importa onde, numa casa isolada no meio do campo ou numa ilha; e essa casa de campo, eu a tenho bem no meio de Paris. E assim, enquanto a vida de relação vinculada ao meu trabalho se desdobra totalmente na Itália, venho para cá quando posso ou tenho de estar sozinho, o que em Paris é mais fácil para mim.

A Itália, ou ao menos Turim e Milão, ficam a uma hora de distância daqui; moro num bairro do qual se alcança facilmente a rodovia e, portanto, o aeroporto de Orly. Podemos dizer que, nas horas em que as ruas da cidade estão impossíveis devido ao trânsito, chego antes à Itália do que, por exemplo, aos Champs-Elysées. Quase poderia ser como uma ponte aérea; já estamos próximos da época em que poderemos viver na Europa como numa única cidade.

Ao mesmo tempo, estamos próximos da época em que nenhuma cidade poderá ser usada como uma cidade: para os pequenos deslocamentos perdemos mais tempo do que para as viagens. Quando estou em Paris, podemos dizer que nunca saio deste escritório; devido a um velho hábito, todas as manhãs vou até St. Germain-des-Près comprar os jornais italianos; vou e volto de metrô. Portanto, não é que eu banque muito o *flâneur*, o passeador pelas ruas de Paris, essa tradicional personagem consagrada por Baudelaire. É isso: tanto as viagens internacionais como os percursos urbanos não são mais uma exploração através de uma série de lugares diferentes: são simplesmente deslocamentos de um ponto a outro, entre os quais há um intervalo vazio, uma descontinuidade, um parênteses sobre as nuvens para as viagens aéreas e um parênteses embaixo da terra para os percursos na cidade.

Com o metrô, sempre tive familiaridade, desde quando, em minha juventude, cheguei a Paris pela primeira vez e descobri que esse meio de transporte tão simples de usar punha a cidade toda à disposição. E talvez nessa minha relação com o metrô também entre o fascínio pelo mundo subterrâneo: os romances de Verne de que gosto mais são *As Índias negras* e *Viagem ao centro da Terra*. Ou então é o anonimato que me atrai: a multidão na qual posso observar todos um a um e ao mesmo tempo desaparecer completamente.

Ontem no metrô havia um homem de pés descalços: não um cigano nem um hippie, um homem de óculos, como eu e como tantos outros, que lia o jornal, com um aspecto de professor, o típico professor distraído que esquece de colocar as meias e os sapatos. Era um dia de chuva, e ele caminhava com os pés descalços, e ninguém olhava para ele, ninguém parecia estar curioso. O sonho de ser invisível... Quando dou por mim num ambiente em que posso ter a ilusão de ser invisível, eu me sinto muito bem.

Precisamente o contrário de como me sinto quando tenho de falar na televisão, e sinto a câmara apontada para mim, pregando-me à minha visibilidade, a meu rosto. Creio que os escritores perdem muito quando vistos em pessoa. Outrora, ninguém conhecia em pessoa os escritores realmente populares, eram apenas um nome na capa, e isso lhes proporcionava um fascínio extraordinário. Gaston Leroux, Maurice Leblanc (só para ficar entre os que divulgaram o mito de Paris para milhões de pessoas) eram escritores extremamente populares dos quais nada se sabia; houve escritores ainda mais populares dos quais não se sabia sequer o nome de batismo, apenas uma inicial. Creio que a condição ideal do escritor seja essa, próxima do anonimato: é então que a máxima autoridade do escritor se desenvolve, quando o escritor não tem um rosto, uma presença, mas o mundo que ele representa ocupa o quadro todo. Como Shakespeare, do qual não nos resta nenhum retrato que possa ser útil para compreendermos como era, nem alguma notícia que explique realmente alguma coisa dele. Hoje, porém, quanto mais a figura do autor invade o campo, tanto mais o mundo representado se esvazia; em seguida o autor também se esvazia, resta o vazio por todos os lados.

Há um ponto invisível, anônimo, que é aquele do qual se escreve, e é por isso que definir a relação entre o lugar em que escrevo e a cidade que o cerca me é difícil. Posso escrever muito bem nos quartos de hotel, naquela espécie de espaço abstrato, anônimo, que são os quartos de hotel, nos quais encontro diante de mim a folha branca, sem alternativa, sem saída. Ou talvez essa seja uma condição ideal que tinha validade sobretudo quando eu era mais jovem, e o mundo estava ali, logo depois da porta, densíssimo de sinais, acompanhando-me por toda parte, era de tal forma encorpado que bastava eu me afastar dele um passo para poder escrever sobre ele. Agora, alguma coisa há de ter mudado, escrevo bem somente num lugar que seja meu, com os livros ao alcance da mão, como se sempre tivesse precisão de consultar não sei bem o quê. Talvez não seja pelos livros em si, mas por uma espécie de espaço interior que eles formam, como se eu me identificasse com uma biblioteca ideal minha.

No entanto, nunca consegui reunir uma biblioteca minha:

meus livros sempre estão um pouco cá e um pouco lá; quando preciso consultar um livro em Paris, é sempre um livro que está na Itália, quando na Itália tenho de consultar um livro é sempre um livro que tenho em Paris. Essa necessidade de consultar livros ao escrever é um hábito que criei há uns dez anos; antes não era assim: tudo tinha de vir da memória, tudo era parte do vivido naquilo que eu escrevia. Também toda referência cultural tinha de ser alguma coisa que eu carregasse dentro de mim, que fizesse parte de mim, senão não entrava nas regras do jogo, não era um material que eu pudesse levar à página. Mas agora é completamente diferente: até o mundo se tornou algo que eu consulto de vez em quando, eis que entre essa prateleira e o mundo de fora já não há aquele salto que parece haver.

Poderia dizer então que Paris, eis o que é Paris, é uma gigantesca obra de consulta, uma cidade que se consulta como uma enciclopédia: na abertura da página, ela lhe dá toda uma série de informações, de uma riqueza como nenhuma outra cidade. Vejamos as lojas, que constituem o discurso mais aberto, mais comunicativo expresso por uma cidade: todos nós lemos uma cidade, uma rua, um trecho de calçada acompanhando a fileira das lojas. Há lojas que são capítulos de um tratado, lojas que são verbetes de uma enciclopédia, lojas que são páginas de jornal. Em Paris há lojas de queijos em que são expostas centenas de queijos, todos diferentes, cada qual etiquetado com seu nome, queijos envoltos nas cinzas, queijos com nozes: uma espécie de museu, o Louvre dos queijos. São aspectos de uma civilização que permitiu a sobrevivência de formas diferenciadas numa escala bastante ampla para tornar sua produção economicamente rentável, ainda que mantenha sempre sua razão de ser na pressuposição de uma escolha, de um sistema do qual fazem parte, uma linguagem dos queijos. Mas também é, sobretudo, o triunfo do espírito da classificação, da nomenclatura. Então, se amanhã eu começar a escrever sobre queijos, poderei sair para consultar Paris como a grande enciclopédia dos queijos. Ou então consultar certas mercearias nas quais ainda se reconhece o que era o exotismo do século passado, um exotismo mercantil do início do colonialismo, um espírito, digamos, de exposição universal.

Há um tipo de loja em que percebemos que esta é a cidade que deu forma àquela maneira peculiar de considerar a civilização que é o museu, e o museu por sua vez deu sua forma às mais diversificadas atividades da vida diária, de modo que não há solução de continuidade entre as salas do Louvre e as vitrines das lojas. Digamos que na rua tudo está pronto para passar ao museu, ou que o museu está pronto para englobar a rua. Não por acaso, o museu de que mais gosto é aquele dedicado à vida e à história de Paris, o Musée Carnavalet.

Essa idéia da cidade como discurso enciclopédico, como memória coletiva, tem uma tradição inteira: basta pensar nas catedrais góticas, nas quais todo detalhe arquitetônico e ornamental, todo lugar e elemento remetia a noções de um conhecimento global, era um sinal que encontrava correspondência em outros contextos. Da mesma maneira, podemos "ler" a cidade como uma obra de referência, como "lemos" Notre-Dame (ainda que mediante as restaurações de Viollet-Le-Duc), capitel por capitel, condutor por condutor. E ao mesmo tempo podemos ler a cidade como inconsciente coletivo: o inconsciente coletivo é um grande catálogo, um grande bestiário; podemos interpretar Paris como um livro dos sonhos, como um álbum de nosso inconsciente, como um catálogo de monstros. Assim, em meus itinerários de pai, de acompanhante de minha filha criança, Paris se abre a minhas consultas com os bestiários do Jardin des Plantes, os serpentários e os viveiros de répteis nos quais lagarteiam iguanas e camaleões, uma fauna de eras pré-históricas, e ao mesmo tempo a gruta dos dragões que nossa civilização carrega consigo.

Os monstros e os fantasmas do inconsciente visíveis fora de nós são uma velha especialidade desta cidade, que não foi à toa a capital do surrealismo. Porque Paris, mesmo antes de Breton, continha tudo o que afinal se tornou a matéria-prima da visão surrealista; e o surrealismo depois deixou sua marca, seu rastro, que se reconhece através de toda cidade, ao menos por certo modo de valorizar a sugestão das imagens, como nas livrarias de gosto surrealista, ou em certos pequenos cinemas, como Le Styx, especializado em filmes de terror.

Também o cinema em Paris é museu, ou enciclopédia a ser consultada, não só pela quantidade de filmes da Cinémathèque, mas por toda rede dos Studios do Quartier Latin; essas salas apertadinhas, fedorentas, onde podemos assistir ao último filme do novo cineasta brasileiro ou polonês, assim como os velhos filmes da época do cinema mudo ou da Segunda Guerra Mundial. Sendo um pouco atento e tendo um pouco de sorte, todo espectador pode reconstituir a história do cinema peça por peça: eu, por exemplo, tenho uma fraqueza pelos filmes da década de 30, porque são os anos em que o cinema, para mim, era o mundo todo. Nesse campo, posso obter belas satisfações, digamos, no sentido da busca do tempo perdido, posso rever filmes de minha meninice ou recuperar filmes que na minha meninice perdi, e que acreditava estarem perdidos para sempre, ao passo que em Paris sempre podemos esperar encontrar o que se acreditava perdido, o passado próprio ou alheio. Portanto, mais uma maneira de ver esta cidade: como uma gigantesca seção de objetos perdidos, meio como a Lua, em *Orlando furioso*, onde se junta tudo o que foi perdido no mundo.

Eis então que entramos na imensa Paris dos colecionadores, esta cidade que convida a colecionar de tudo, porque acumula e classifica e redistribui, na qual podemos fazer uma busca como em um sítio de escavação arqueológica. A aventura do colecionador pode ser, ainda, existencial, uma busca de si próprio mediante os objetos, uma exploração do mundo que também é realização de si. Mas eu não posso dizer que tenha o espírito do colecionador, ou seja, em mim esse espírito só desperta por meio de coisas impalpáveis, como as imagens de velhos filmes, coleção de lembranças, de sombras brancas e pretas.

Assim, tenho de concluir que minha Paris é a cidade da

maturidade: no sentido de que já não a vejo com o espírito de descoberta do mundo, que é a aventura da juventude. Passei, em minhas relações com o mundo, da exploração à consulta, isto é, o mundo é um conjunto de dados que estão lá, independentemente de mim, dados que posso comparar, combinar, transmitir, talvez de vez em quando, moderadamente, desfrutar, mas sempre meio do lado de fora. Perto de casa há uma velha linha ferroviária perimetral urbana, a Paris—Ceinture, quase fora de uso, mas duas vezes por dia ainda passa um trenzinho, então recordo uns versos de Laforgue, que dizem:

Je n'aurai jamais d'aventures;
Qu'il est petit, dans la Nature,
Le chemin d'fer Paris—Ceinture!*

(*) Jamais terei aventuras;/ Pois é pequeno, na Natureza,/ O caminho de ferro Paris—Ceinture! (N. T.)

*O MEU 25 DE ABRIL DE 1945**

Houvera um incêndio em um bosque: lembro-me da longa fila dos *partigiani* descendo entre os pinheiros queimados, as cinzas quentes sob a sola dos sapatos, os cepos ainda em brasa na noite.

Era uma marcha diferente das outras em nossa vida de contínuos deslocamentos noturnos naqueles bosques. Tínhamos finalmente recebido a ordem de descer sobre nossa cidade, San Remo; sabíamos que os alemães estavam se retirando da orla; mas não sabíamos que pontos de apoio ainda estavam nas mãos deles. Eram dias em que tudo estava se movendo, e certamente nossos comandos estavam sendo informados de hora em hora; mas aqui procuro me ater apenas a minhas recordações de simples garibaldino** que seguia seu destacamento mancando por causa de um abscesso no pé (desde que o gelo endurecera e encarquilhara o couro de meus sapatos, meus pés

---

(*) *Domenica del Corriere*, abr. 1975. Suplemento comemorativo do trigésimo aniversário da Libertação, com vinte e oito testemunhos sobre "Aquele dia, 25 de abril de 1945". (N. A.)

(**) Neste caso, significa "homem das Brigadas Garibaldi, agrupamentos da Resistência italiana constituídos por iniciativa do Partido Comunista. Fizeram parte da Resistência grupos organizados e espontâneos de diversas facções políticas, unidos no objetivo comum de oposição militar e política ao governo da República Social Italiana (RSI) e dos ocupantes nazistas. (N. T.)

ficavam mais e mais em chagas). Que a Alemanha estivesse perdida daquela vez parecia certo, mas naqueles anos tínhamos tecido tantas e tantas ilusões para ficarmos depois decepcionados, que preferíamos não fazer mais nenhum prognóstico.

O front mais próximo de nosso grupo — aquele na fronteira francesa — não esboçava um movimento sequer havia oito meses, isto é, desde que a França fora libertada, ouvíamos estrondear a oeste os canhões do front; havia oito meses a liberdade estava a poucos quilômetros de distância, mas entrementes a vida dos *partigiani* nos Alpes marítimos tinha se tornado cada vez mais dura porque, como retaguarda do front, nossa zona era de importância vital para os alemães, que tinham de manter a todo custo as estradas desimpedidas; por isso, nunca nos deram trégua, nem nós a eles; e por isso nossa zona teve uma porcentagem de baixas das mais altas.

Mesmo naquelas semanas em que a primavera estava no ar (era, no entanto, um abril muito frio) e havia a sensação da vitória iminente, permanecia aquela incerteza característica de nossa vida havia tantos meses. Ainda nos últimos dias, os alemães chegaram de surpresa e tivéramos mortos. Precisamente poucos dias antes, durante o patrulhamento, por pouco eu não caíra nas mãos deles.

O último acampamento de nossa divisão, se bem me lembro, ficava entre Montalto e Badalucco: já o fato de termos descido para a zona das oliveiras era sinal de uma nova estação, depois de um inverno na zona das castanheiras, que significava passar fome. Já não sabíamos raciocinar senão nos termos do que era mau ou bom para nossa sobrevivência de *partigiani*, como se aquela vida tivesse de durar ainda sabe-se lá quanto tempo. Os vales tornavam a se cobrir de folhas e de moitas, isso significava maiores possibilidades de nos mantermos cobertos sob o fogo inimigo, como naquela mata de aveleiras que havia salvado nossa vida, a minha e a de meu irmão, uns vinte dias antes, depois de uma ação na estrada de Ceriana. Mesmo a idéia de que estivesse para se abrir uma vida sem mais rajadas nem rastreamentos, nem medo de sermos apanhados e torturados, era inútil fazê-la aflorar à mente enquanto nossas existências continuassem penduradas por um fio. E mesmo depois, uma vez chegada a paz, reacostumar a mente a funcionar de outro modo haveria de tomar seu tempo. Acho que naquela noite dormimos apenas algumas horas, pela última vez deitados no chão. Eu pensava que no dia seguinte haveria luta para tomarmos posse da via Aurelia, meus pensamentos eram os da véspera de um combate, mais do que os da libertação iminente. Só na manhã seguinte, ao ver que nossa descida prosseguia sem paradas, compreendemos que o litoral já estava livre e que marchávamos diretamente em direção a San Remo (de fato, depois de alguns choques da retaguarda com as formações gapistas* da cidade, os alemães e os fascistas haviam se retirado em direção a Gênova).

Mas, também naquela manhã, a Marinha aliada aparecera ao largo de San Remo e dera início ao cotidiano bombardeamento naval da cidade. O CLN** da cidade tinha tomado o poder

(*) Gapista: membro de um Grupo de Ação Patriótica (GAP), núcleo de *partigiani* que praticava ações armadas nas grandes cidades italianas durante a Resistência. (N. T.)

(**) Comitato di Liberazione Nazionale. O CLN agrupou os bandos autônomos da Resistência italiana em brigadas e divisões pertencentes a diversas facções políticas. Especialmente no período de 8 de setembro de 1943 a 25 de abril de 1945, a Itália viveu uma verdadeira guerra civil. A ação da Resistência pretendia ser uma guerra patriótica de libertação da ocupação alemã, mas também teve o efeito de desencadear uma guerra civil contra os fascistas e os que aderiram à República de Saló, em cujas fileiras havia grupos de jovens que consideravam o armistício com os aliados anglo-americanos uma traição ao aliado alemão. Surgiu daí a luta de Libertação, concluída em 25 de abril de 1945 (que intitula este texto de Calvino), quando a insurreição armada *partigiana*, proclamada pelo Comitato di Liberazione Nazionale per l'Alta Italia [Comitê de Libertação Nacional do Norte da Itália], conseguiu obter o controle de quase todas as cidades do Norte do país. O Norte era a última parte do território italiano ainda ocupado pelas tropas alemãs, em retirada rumo à Alemanha, e sujeita à ação repressiva das formações *repubblichine* da RSI, ao qual o movimento *partigiano* opunha resistência. A rendição incondicional do exército alemão se deu em 29 de abril. (N. T.)

sob tiros de canhão e, como primeiro ato de governo, mandara escrever em letras enormes com tinta branca "zona libertada" nos muros de corso Imperatrice, para que a expressão fosse vista dos navios de guerra. Pelos lados de Poggio, começamos a encontrar, às margens da estrada, a população que vinha ver os *partigiani* e festejar nossa passagem. Lembro que primeiramente vi dois homens idosos de chapéu na cabeça, que caminhavam adiante tagarelando sobre suas coisas, como num dia de festa qualquer; mas havia um detalhe que até o dia anterior teria sido inimaginável: tinham cravos vermelhos na lapela. Nos dias seguintes, haveria de ver milhares de pessoas com o cravo vermelho na lapela, mas aqueles foram os primeiros.

Posso dizer, sem dúvida, que aquela foi para mim a primeira imagem da liberdade na vida civil, da liberdade sem mais o risco de vida, que se apresentava assim, com descaso, como se fosse a coisa mais natural do mundo.

À medida que íamos nos aproximando da cidade, aumentava o número de pessoas, rosetas, flores, moças, mas me reaproximar de casa levava meu pensamento de volta a meus pais, que haviam sido reféns dos ss e que eu não sabia se estavam vivos ou mortos, assim como eles não sabiam se seus filhos estavam vivos ou mortos.

Vejo que essas recordações do dia da Libertação estão voltadas mais para o "antes" do que para o "depois". Mas assim ficaram na memória, porque estávamos todos tomados pelo que havíamos vivido, ao passo que o futuro ainda não tinha um vulto, e nunca teríamos imaginado um futuro que lentamente teria descolorido essas lembranças, como aconteceu nestes trinta anos.

*O DIALETO**

1/2/3) A cultura dialetal tem sua força plena até que se defina como cultura municipal, estritamente local, que garanta a identidade de uma cidade, de um condado, de um vale, e os diferencie de outras cidades, condados, vales limítrofes. Quando o dialeto começa a ser regional, isto é, uma espécie de interdialeto, já entrou para a fase puramente defensiva, isto é, em sua decadência. O "piemontês", o "lombardo", o "vêneto" são criações relativamente recentes e espúrias, e hoje devem ser enquadrados no contexto das migrações de massa, devem ser vistos em função do drama que, tanto para os imigrados como para os autóctones, é representado pelo contraste forçado de culturas que já não são as culturas locais de antes e ainda não constituem uma nova cultura que as transcenda.

Diferente era a situação do dialeto na Itália, que durou até um quarto de século atrás, na qual a identidade municipal era bem marcante e auto-suficiente. Ainda quando eu era estudan-

---

(*) Resposta a uma enquete feita por Walter della Monica. Alguns trechos foram publicados em *Fiera Letteraria*, 9 maio 1976. As perguntas: 1) Que peso podem ter o conhecimento e o uso dos dialetos em nossa cultura contemporânea? Um renovado interesse pelos dialetos poderia caracterizar uma nova cultura? 2) Os dialetos ainda têm algo a oferecer à língua italiana? 3) Você tem um dialeto? Ele incidiu na qualidade lingüística de sua obra? (N. A.)

te, isto é, já numa sociedade que falava correntemente em língua italiana, o dialeto era o que distinguia — por exemplo — nós, de San Remo, de nossos coetâneos, por exemplo, de Ventimiglia ou de Porto Maurizio, e dava motivo a freqüentes motejos entre nós; para não falar do contraste mais forte dos dialetos nos lugarejos montanhosos, como em Baiardo e Triora, que pertenciam a um contexto sociológico completamente diferente e que tão facilmente se prestavam a ser caricaturizados por nós, citadinos da costa. Nesse mundo (na verdade bastante limitado), o dialeto era uma maneira de se definir como seres falantes, de dar forma a um *genius loci*, enfim, de existir. Não é minha intenção mitigar nostalgicamente aquele horizonte cultural tão restrito, nada disso, mas apenas constatar que então perdurava uma vitalidade expressiva, isto é, o senso da peculiaridade e da precisão, que passa a faltar quando o dialeto se torna genérico e preguiçoso, isto é, durante a época "pasoliniana" do dialeto como resíduo de vitalidade popular.

A riqueza lexical (além de expressiva) é (ou seja, era) uma das grandes forças do dialeto. O dialeto tem maior prestígio do que a língua quando inclui verbetes para os quais a língua não tem correspondentes. Mas isso dura o tempo que duram as técnicas (agrícolas, artesãs, culinárias, domésticas) cuja terminologia se criou ou se depositou no dialeto mais do que na língua. Hoje, lexicalmente o dialeto é tributário da língua: só possibilita desinências dialetais a nomes originados na linguagem técnica. E também fora da terminologia dos ofícios, os verbetes mais raros se tornam obsoletos e se perdem.

Lembro-me de que os velhos de San Remo conheciam verbetes dialetais que constituíam um patrimônio lexical insubstituível. Por exemplo: *chintagna*, que significa tanto o espaço vazio por trás de uma casa construída — como sempre ocorre na Ligúria — ao abrigo de um terreno em socalcos como o espaço vazio entre a cama e a parede. Acho que em italiano não há uma palavra correspondente; mas hoje a palavra não existe mais nem sequer em dialeto; quem ainda a conhece, quem ainda a usa, hoje? O empobrecimento e achatamento lexical é o primeiro sinal da morte de uma linguagem.

4 O meu dialeto é o de San Remo (agora chamado *sanremese*, mas antigamente *sanremasco*), que é um dos muitos dialetos ligurianos do Ponente, isto é, de uma área bem distinta, como cadência e fonética, da área genovesa (que inclui Savona). Vivi quase ininterruptamente em San Remo os primeiros vinte e cinco anos de minha vida, numa época em que a população autóctone ainda era maioria. Vivia num ambiente agrícola em que se usava predominantemente o dialeto, e meu pai (mais velho do que eu quase meio século, tendo nascido em 1875 de uma velha família sanremasca) falava um dialeto muito mais rico e preciso e expressivo do que aquele de meus coetâneos. Cresci, portanto, embebido de dialeto, mas sem nunca aprender a falá-lo, porque a autoridade mais forte que influía em minha educação era a de minha mãe, inimiga do dialeto e defensora muito severa da pureza da língua italiana. (Tenho de dizer que nunca aprendi a falar fluentemente em nenhum idioma, até porque sempre fui de poucas palavras: e muito cedo minhas necessidades expressivas e comunicativas se polarizaram na língua escrita.)

Quando comecei a escrever utilmente, eu era meticuloso e queria, por trás do italiano, a estampa dialetal, pois, ao ouvir a falsidade da língua usada pela maior parte dos que escrevem, a única garantia de autenticidade que me parecia poder ter era essa proximidade do uso do falado popular. Essa elaboração pode ser percebida em meus primeiros livros, enquanto vai se rarefazendo em seguida. Um fino leitor sanremasco e velho conhecedor do dialeto (um advogado depois transformado por Soldati em personagem de um romance) reconhecia e apreciava os usos dialetais em meus livros mesmo mais tarde: ele já morreu, e acho que não existe mais ninguém que saiba fazer isso.

O impacto do dialeto não demora muito a se tornar espúrio em quem se afasta dos lugares e da conversa diária. No pós-guerra, eu me mudei para Turim, naquela época ainda muito dialetal em todas as camadas sociais, e mesmo resistindo à desnaturação, a atmosfera lingüística diferente não poderia deixar de desbotar, dada a cepa comum galo-itálica.

Hoje, em casa, minha mulher fala comigo no espanhol de Río de la Plata, e minha filha no francês de uma estudante popular parisiense: a língua em que escrevo não tem mais nada a ver com alguma língua falada, a não ser por meio da memória.

*SITUAÇÃO 1978**

*"O grande segredo é ocultar-se, eludir, confundir os rastros."
Essa é uma frase sua para Arbasino, no início da belle époque,
que foi como você chamou os anos 60. Você conseguiu. A ponto
de hoje nos perguntarmos: Calvino, como o Amargo, está na
Lua?*

A Lua seria um bom ponto de observação para olhar a Terra de certa distância. Encontrar a distância certa para estar presente e ao mesmo tempo distanciado: era esse o problema de *O barão nas árvores*. Mas se passaram vinte anos, para mim está cada vez mais difícil me situar no mapa das posturas mentais dominantes. E todo alhures é insatisfatório, não se encontra um único que seja. De todo modo, recuso o papel daquele que corre atrás dos eventos. Prefiro o de quem continua um discurso próprio, à espera de que ele volte a ser atual, como todas as coisas que têm fundamento.

"Discurso", foi você quem disse. Agora vai ter que explicar.

(*) *Paese Sera*, 7 jan. 1978. De uma entrevista a Daniele del Giudice. (N. A.) Calvino anotou no original: "falta editar".

Talvez fosse somente certo número de *sim* e de *não* e um grande número de *mas*. Claro, pertenço à última geração que acreditou num projeto de literatura inserido num projeto de sociedade. E tanto um como o outro foram pelos ares. Toda minha vida foi um reconhecer validade a coisas a que havia dito *não*. Mas as atribuições de valor fundamental permanecem quanto mais as ouvimos serem negadas.

Aquele projeto de sociedade, projeto comunista de sua geração, foi deflagrado. Fizeram-se novos planos, pela mesma mão. Você se reconhece neles?

O movimento operário para mim significava uma ética do trabalho e da produção, que na última década foi posta à sombra. Em primeiro plano hoje estão as motivações existenciais: todos têm direito a desfrutar pelo único fato de estarem no mundo. É um criaturalismo que não compartilho, não gosto das pessoas pelo simples fato de estarem no mundo. É preciso conquistar o direito a existir, e justificá-lo com o que se dá aos outros. Por isso me é estranho o "fundo" que hoje unifica o assistencialismo da democracia cristã e os movimentos de protesto juvenil.

Todo alhures, você disse, é insuficiente. Qual seria, para você, um alhures como deve ser?

Para muitos escritores, a subjetividade é suficiente. É ali que acontece o que conta. Não é nem sequer um alhures, simplesmente o que se vive é a totalidade do mundo. Pense em Henry Miller. Mas, como odeio os desperdícios, invejo os escritores para quem nada deve ser desperdiçado, que utilizam tudo. Saul Bellow, Max Frisch, a vida diária como alimento contínuo da escrita. A mim parece, ao contrário, que minhas coisas não podem interessar aos outros. O que eu escrevo, tenho de justificá-lo até para mim mesmo, com alguma coisa não apenas individual. Talvez isso aconteça por eu vir de uma família de credo laico e científico intransigente, cuja imagem de civilização era a de uma simbiose humano-vegetal. Subtrair-me dessa moral, dos deveres do pequeno proprietário agrícola, fez com que eu me sentisse culpado. Meu mundo fantástico não me parecia importante o bastante para se justificar em si. Era necessário um quadro geral. Não foi à toa que passei muitos anos da minha juventude roendo meu fígado naquela quadratura do círculo que era viver as razões da literatura e do comunismo ao mesmo tempo. Um falso problema. Mas sempre melhor do que nenhum problema, porque escrever só tem sentido se tivermos um problema a ser resolvido.

Gostaria de ter alguma coisa que lhe permitisse novamente dizer os sins e os nãos? Voltar ao começo, você ia querer esse projeto?

Toda vez que tento um livro tenho de justificá-lo com um projeto, um programa. Cujas limitações eu vejo de imediato. Então coloco outro projeto ao lado, muitos projetos, e no fim fico travado. Toda vez, com o livro a escrever, tenho que inventar o autor que o escreve, um tipo de escritor diferente de mim e de todos os outros cujos limites vejo bem...

E se, entre as vítimas da época, estivesse justamente o conceito de projeto? Se não fosse a transição de um projeto usado para um novo, mas a morte de uma categoria?

Sua hipótese é plausível, pode ser que o que falte seja a necessidade de prefigurar, e que estejamos entrando no modo de vida de outras civilizações, que não têm os prazos do projeto. Mas o bom de escrever é a felicidade do fazer, a satisfação da coisa concluída. Se essa felicidade substituísse o voluntarismo dos projetos, caramba! Eu assinaria embaixo.

Nos primeiros anos de sua narrativa há um tiro de canhão, você divide Medardo em bom e mesquinho. Para você, na época (1951) havia muitas divisões possíveis: sujeito/objeto, razão/imaginação, "a via de fora" como Vittorini chamava a política, e a de dentro; o Calvino articulista no l'Unità *de Turim e o que já caminhava pelas imagens da Idade Média. A harmonia para você estava perdida já no início. Chegou a reencontrá-la alguma vez?*

É verdade, a dilaceração está em O visconde partido ao meio e talvez em tudo o que escrevi. E a consciência da dilaceração traz o desejo de harmonia. Mas toda ilusão de harmonia nas coisas contingentes é mistificadora, por isso é preciso procurá-la noutros planos. Assim cheguei ao cosmo. Mas o cosmo não existe, nem sequer para a ciência, é apenas o horizonte de uma consciência extra-individual, na qual superar todos os chauvinismos de uma idéia particularista do homem e alcançar, quem sabe, uma ótica não antropomórfica. Nessa *ascensão*, nunca tive nem condescência panteísta nem contemplação. Antes, consciência de responsabilidade para com o universo. Somos o anel de uma cadeia que começa em escala subatômica ou pré-galática: dar a nossos gestos, a nossos pensamentos, a continuidade do antes de nós e do depois de nós é algo em que acredito. E gostaria que isso se colhesse pelo conjunto de fragmentos que é minha obra.

Procurando a harmonia, você apostou na grande racionalidade. É a matemática das metáforas geométricas (no ciclo de Os nossos antepassados), *o cálculo combinatório das estruturas (em* O castelo dos destinos cruzados, *em* As cidades invisíveis).

Sempre perfeito e mais refinado, sempre mais "acima". No auge, não haverá o silêncio?

Sim, e já vivo há anos nesse apuro, nem sei se encontrarei como sair disso. Mesmo o cálculo e a geometria são a necessidade de alguma coisa não individual. Já disse que o fato de existir, minha biografia, o que me passa pela cabeça, não autoriza meu escrever. Porém, o fantástico para mim é o oposto do arbitrário: um caminho para alcançar o universal da representação mítica. Tenho de construir objetos que existam por si, coisas como cristais, que respondem a uma racionalidade impessoal. E, para que o resultado seja "natural", tenho de recorrer ao artifício extremo. Com a derrota que isso implica, pois na obra acabada sempre há algo de arbitrário e de impreciso, que me deixa insatisfeito.

Dos anos 50, sua época de militante, você disse: "serviço permanente efetivo" (na política); dos 60, "belle époque". Que nome você dá, em seu calendário, à terceira década, que está quase terminando?

Diria: não-identificação. Houve muitas coisas em jogo, ao vivê-las estive aberto aos desdobramentos, mas sempre com reserva. No capítulo final de *O castelo dos destinos cruzados*, confronto a figura do eremita com a do cavalheiro matador de dragões. Pois é, nos anos 60 fui sobretudo o eremita. Apartado, mas não muito distante. Nos quadros de são Jerônimo ou de santo Antônio, a cidade aparece como pano de fundo. Uma imagem em que me reconheci. Mas nesse mesmo capítulo de *O castelo* há uma guinada repentina, uma revolta: eu me desloco em direção ao ilusionista, ou seja, em direção ao mago do tarô. E o dou como extrema solução. Esse prestidigitador e charlatão, que se apresenta abertamente como alguém que faz jogos de ilusionismo, no fundo é aquele que mistifica menos.

O mago, o prestidigitador: é a única carta do intelectual hoje?

Sabe que meu mecanismo nunca me leva a apostar numa única carta. Por isso estou distante das figuras heróicas da cultura deste século. As três cartas finais em *O castelo* são três alternativas possíveis, unidas na combinação. Mas, se o mago ganha, nasce em mim a necessidade de lhe desarranjar os truques.

Paris, "a metrópole para onde minha longa fuga me levou". Do que você fugiu, Calvino? E Paris basta para uma fuga?

O eremita tem a cidade ao fundo, para mim a cidade permanece a Itália. Paris é mais símbolo de um alhures do que um alhures. E, depois, será mesmo verdade que moro em Paris? Nunca consegui fazer um discurso sobre mim em Paris, sempre disse que, em lugar de uma casa no campo, dispunha de uma casa numa cidade estranha, onde não preciso ter função nem papel.

Para estar em um lugar, você fica longe dele. Em Paris, olha para a Itália. Que prestidigitação é essa?

Entre *As cidades invisíveis* há uma sobre palafitas, e os moradores observam do alto a própria ausência. Talvez, para compreender quem sou, eu tenha que observar um ponto no qual poderia estar, e não estou. Como um velho fotógrafo que faz pose diante da objetiva e depois corre para acionar o botão do disparador à distância, fotografando o ponto em que poderia estar, mas não está. Talvez esse seja o modo de os mortos olharem os vivos, misturando interesse e incompreensão. Mas isso eu só penso quando estou deprimido. Nos momentos de euforia, penso que aquele vazio que não ocupo pode ser preenchido por outro eu mesmo, que faz as coisas que eu deveria ter feito, e não soube fazer. Um eu mesmo que só pode brotar desse vazio.

Grande ausência ou grande presença, uma personagem pública sempre se aventura numa dessas possibilidades. Tommaso Landolfi, por exemplo, ganhou com o mistério. Você ganhou com a ausência?

Não posso decerto competir com a coerência de Landolfi. Se nos últimos anos escrevi até crônicas para o *Corriere della Sera*, isso significa que uma parte de mim, depositária de uma voz de tom grave e definida por Fortini como "o pai nobre", sempre se mantém presente. Não é que eu esteja muito satisfeito com isso. Preferiria aposentar esse pai nobre e utilizar outras imagens de mim. Talvez, para ficar nas definições fortinianas, utilizar o "menino cínico" de um antigo epigrama dele.

Entre dilaceração e harmonia existe precisamente ele, o menino cínico, quero dizer, a ironia. Que papel tem para você: defesa, ofensa, tornar possível o impossível?

A ironia adverte que o que escrevo deve ser lido com um ar um tanto suspenso, de leveza razoável. E, como por vezes acontece de eu usar outros tons de voz, as coisas que contam são sobretudo as que digo com ironia.

Essa é uma ironia para uso externo. Vejamos dentro.

Com respeito à dilaceração, a ironia é o anúncio de uma harmonia possível; e, com respeito à harmonia, é a consciência da dilaceração real. A ironia sempre avisa sobre o reverso da moeda.

Somos o que não jogamos fora. Você quis também dizer isso em seu último conto, "La poubelle agréee"?* O que representou parar ou não na poubelle *de sua viagem intelectual?*

Às vezes me parece que nunca joguei nada fora, outras vezes que tudo o que fiz foi descartar. Em toda experiência é preciso buscar a essência, que afinal é o que resta. Eis um "valor": jogar fora muito, para poder guardar o essencial.

Com o tempo, a mão enrijece ou se torna mais leve. Como é para você escrever hoje em comparação a quinze anos atrás?

Aprendi a apreciar as delícias do escrever por encomenda, quando me pedem alguma coisa para um destino definido, mesmo modesto. Ao menos sei com certeza que há alguém para quem o que escrevo tem utilidade. Sinto-me mais livre, não há a sensação de impor aos outros uma subjetividade da qual nem eu mesmo tenho certeza. Acredito no absoluto e necessário individualismo do ato de escrever, mas para funcionar tem de ser disfarçado em alguma coisa que o negue, ou ao menos o conteste.

Calvino, não vou perguntar o que você está escrevendo. Pergunto o que você não vai mais escrever.

Se quer dizer não mais, o que eu já escrevi; no fundo de minha obra não há nada que eu renegue. Evidentemente, alguns caminhos se fecham. Deixo aberta a narrativa de fabulação, movimentada e inventiva, e a mais reflexiva, na qual conto e ensaio se tornam uma coisa só.

(*) Publicado postumamente em *O caminho de San Giovanni*, reunião de cinco textos chamados pelo autor de "exercícios de memória".

*EU TAMBÉM FUI STALINISTA?**

Eu sou um daqueles que deixaram o Partido Comunista em 1956-7 porque demorava a se destalinizar. Mas o que eu dizia quando Stálin estava vivo e o stalinismo era aceito sem discussões dentro dos partidos comunistas? Eu também era stalinista? Gostaria de poder dizer: "Não, não era", ou então: "Era, mas não sabia o que isso significava", ou então "Pensava que era, mas não era mesmo". Sinto que nenhuma dessas respostas corresponde inteiramente à verdade, por mais que em todas elas haja uma parte da verdade. Se quero conseguir compreender e fazer compreender o que pensava então (coisa nada fácil porque, em tantos anos, a gente muda e acabam mudando também nossas lembranças, as lembranças de como éramos), é melhor começar dizendo "Sim, fui stalinista", e depois procurar ver mais claramente o que isso podia significar.

Evito assim enquadrar o problema em suas premissas quer subjetivas (o modo como, na ruína da guerra, um jovem italiano sem experiência ou informação política se descobria, de repente, comunista), quer objetivas (Stálin que queria dizer Stalingrado, a Rússia que detinha a marcha triunfal de Hitler e descia como uma avalanche de ferro e fogo sobre Berlim), não

(*) *La Repubblica*, 16 dez. 1979. Contribuição para um caderno especial dedicado a Stálin no centenário de seu nascimento. (N. A.)

porque não sejam importantes, mas porque podemos considerá-las subentendidas. E vamos ao ponto crucial: quem era Stálin para nós, para mim? (É melhor que eu fale no singular, e veja depois se dessa exploração de minha memória individual se pode tirar alguma consideração geral.) Quem era Stálin entre 1945 e 1953, aqui neste Ocidente que tinha se concretizado a partir da vitória aliada e da Guerra Fria? Que imagem podíamos reconstituir pelos retratos oficiais sempre iguais e pela invisibilidade quase absoluta da pessoa, pelas páginas escritas que desciam de vez em quando no mundo como oráculos e pelo grande silêncio que respondia ao coro incessante dos hosanas?

A essa distância (afortunada distância, mas nem todos sabiam disso), podíamos ter mais de uma imagem de Stálin: para muitos comunistas "da base", que haviam ficado à espera da hora H da revolução, Stálin era a garantia viva de que essa revolução aconteceria. (E era verdade exatamente o contrário, já que Stálin tendia a excluir toda revolução que pudesse se dar fora da esfera de influência direta da União Soviética.) Havia depois o Stálin que dizia que o proletariado deveria recolher a bandeira das liberdades democráticas que a burguesia deixara cair, e esse era o Stálin cuja estratégia servia de apoio à linha do partido de Togliatti, e parecia corresponder a uma perspectiva de continuidade histórica entre a revolução burguesa e a proletária, continuidade que a aliança dos Três (ou Cinco) Grandes contra o Eixo havia selado... Stálin, para mim, era isso? Mas como manter essa imagem com todos os aspectos que a contradiziam de maneira gritante? Tentemos uma aproximação inicial: *o stalinismo, mesmo sendo muito compacto, continha para os comunistas ocidentais um — mesmo que limitado — leque de possibilidades políticas e culturais e comportamentais em certa medida divergentes. Havia modos diferentes de ser stalinista, mas a regra do jogo era que quem apoiava uma linha era obrigado a não apresentá-la como alternativa às outras.*

No que me diz respeito, Stálin se tornara uma personagem em minha vida apenas ao se deixar fotografar com Roosevelt e

Churchill nas poltroninhas de vime de Yalta. O que acontecera antes, a luta com Trotski, as grandes purgas, eram coisas que haviam acontecido "antes", nas quais não me sentia diretamente envolvido. Claro, o mistério das incríveis auto-acusações nos processos de Moscou continuava lançando uma sombra gélida (ainda mais quando o mesmo cenário se repetiu nos processos de Budapeste e de Praga), mas as gigantescas fogueiras da guerra pareciam ter encolhido todas as demais fogueiras e tê-las absorvido numa única fornalha, no clima da tragédia iminente. Mesmo o grande trauma dos que haviam entrado para a luta política antes de nós — o Pacto Germano-Soviético de 1939 — se reequilibrava na história dos anos seguintes (contanto que não fosse observado nos detalhes, aliás pouco conhecidos na Itália). Era a história que começava a partir da revanche contra o nazifascismo dono da Europa, aquela com que eu queria me identificar, e em tudo aquilo que no passado a antecipava. Stálin parecia representar o momento em que o comunismo se tornara um grande rio, já distante do curso precipitoso e acidentado de suas origens, um rio em que confluíam as correntes da história. Poderia então situar assim minha posição: *tanto meu stalinismo como meu anti-stalinismo tiveram origem no mesmo núcleo de valores*. Por isso, para mim, assim como para muitos outros, a tomada de consciência anti-staliniana não foi sentida como uma mudança, mas como uma concretização das próprias convicções.

Não que não existisse para mim uma *outra* história, inadmissível com aquela imagem. Seria preferível passar por partidário do maquiavelismo mais cínico a passar por um dos que dizem: "Os crimes de Stálin? E quem é que sabia? Eu nem desconfiava". Claro, ninguém desconfiava da extensão dos massacres (e ainda hoje cada nova avaliação do número de milhões de vítimas desmente a anterior como excessivamente otimista), tampouco se conhecia o mecanismo das grotescas confissões nos processos políticos (buscavam-se explicações refinadas de psicologia revolucionária, de modo que os chefes caídos em desgraça e sem esperanças se autocaluniavam para poder colaborar com o desenvolvimento do socialismo, até mesmo Koestler, que tinha escrito o livro mais impressionante sobre o tema, pecava por otimismo), mas os elementos para compreender alguma coisa — ao menos para compreender que havia muitas zonas nebulosas — não faltavam. Podia-se considerá-los ou não: o que é diferente de acreditar ou não. Por exemplo, eu era amigo de Franco Venturi, que sabia muitas coisas que aconteciam lá e me contava com todo seu sarcasmo iluminista. Não acreditava nele? Claro que acreditava. Só que eu pensava que, por ser comunista, eu deveria ver esses fatos sob outra perspectiva que não a dele, num outro balanço do positivo e do negativo. Ademais, tirar as conseqüências daquilo tudo significaria me separar do movimento, da organização, das massas etc. etc., perder a possibilidade de participar de alguma coisa que naquele momento, para mim, contava mais... Essa não-transmissibilidade da experiência, ou, digamos, escassa eficácia da transmissibilidade da experiência, continua sendo uma das realidades mais desanimadoras do mecanismo histórico e social. Não há como impedir uma geração de tapar os próprios olhos, a história continua a ser movida por impulsos não completamente dominados, por convicções parciais e não claras, por escolhas que não são escolhas e por necessidades que não são necessidades.

A esta altura posso tentar especificar minha definição: *o stalinismo se tornava forte com a necessidade, as coisas não poderiam ter seguido outro rumo*, embora o vulto da história não tivesse nada de agradável. Só quando cheguei a compreender que, mesmo no interior da necessidade mais férrea, há um momento em que as escolhas são possíveis, e aquelas escolhas de Stálin haviam sido em grande parte escolhas desastrosas, qualquer justificativa para o stalinismo se tornava impensável.

Evidentemente, havia um campo em que a negatividade do stalinismo não poderia se esconder de mim de modo nenhum, era o meu campo direto de trabalho. A literatura e a arte soviética — desde que o período revolucionário havia se esgotado

— eram de uma esqualidez tétrica, a estética oficial consistia em rudes diretrizes autoritárias. Não tendo idéias claras sobre como funcionava o sistema de direção soviética, eu não estava inclinado a responsabilizar diretamente Stálin (que, em suas intervenções "assinadas", parecia ser mais aberto que seus seguidores). Explicava-me a situação assim: nos anos em que na URSS a direção comunista havia se imposto nos diversos setores da cultura e da vida associada, alguns campos puderam aproveitar a liderança de personalidades criativas em sentido verdadeiramente comunista, ao passo que outros campos — como precisamente a literatura e a arte, após as diversas mortes e os suicídios bem conhecidos — haviam caído nas mãos de canalhas e oportunistas. Alguma coisa, em suma, eu tinha entendido, mas não o mais importante: que o sistema staliniano impunha necessariamente na cultura o predomínio dos canalhas, e que esse sistema era uma monarquia absoluta, e não uma direção colegiada.

Para barrar o caminho dos desonestos ao poder cultural, eu pensava ser necessário realizar, no próprio campo, um trabalho prático e teórico que fosse inatacável do ponto de vista político e que servisse como modelo de valores para a nova sociedade. Por isso, era necessário excluir muitíssimas coisas do próprio horizonte: o comunismo era um funil estreito, que era preciso atravessar para encontrar, do outro lado, um universo ilimitado. Posso então acrescentar este corolário ao "postulado da necessidade" que enunciei anteriormente: *o stalinismo tinha a força e os limites das grandes simplificações. A visão de mundo considerada era muito reduzida e esquemática, mas dentro dela eram novamente propostas escolhas e lutas para fazer com que prevalecessem as próprias escolhas, por meio das quais muitos valores que se presumiam excluídos voltavam a fazer parte do jogo.*

Por trás disso tudo, eu ainda via como modelo operacional aquela extraordinária convergência entre intelectuais animados por um espírito prático e inventivo e o proletariado com sua exigência renovadora, que fora o milagre da Revolução Russa. Que essa convergência (talvez herança natural da tradição revolucionária russa e socialista, mais do que resultado de uma intenção consciente de Lênin e dos bolcheviques) tivesse durado poucos anos e tivesse sido depois dispersa por Stálin, tirando dos operários toda força reivindicadora e dizimando os intelectuais com o terror, eu só compreendi depois. Eis então que posso introduzir um postulado de alcance mais geral: *o stalinismo se apresentava como o ponto de chegada do projeto iluminista de submeter todo o mecanismo da sociedade ao domínio do intelecto. Era, ao contrário, a derrota mais absoluta (e talvez inelutável) desse projeto.*

A esse quadro tenho de acrescentar um detalhe mais pessoal: minha utopia de chegar a um conceito do mundo que não fosse ideológico. A atmosfera intelectual daqueles anos era decerto menos ideológica que a de agora, mas o mundo no qual me movia era saturado de ideologia. Eu tinha para mim que, toda vez que Stálin falava, os ideólogos engasgavam. E isso me dava uma grande satisfação. Parecia-me que Stálin sempre estava mais do lado do senso comum do que da ideologia. Essa minha postura foi muito censurada por meus amigos, na época e depois, mas correspondia à necessidade de me situar em relação a meus interlocutores habituais muito ideologizados. Eu estava errado, ao menos no que concerne a Stálin. Porque Stálin não era a superação da ideologia, porque minha superficialidade me levava a me identificar com o pior ideologismo, porque os exemplos de ousadia de pensamento, quando provêm de um monarca, não contam, a não ser pelo fato de que só ele pode se dar a esse luxo porque é o rei. Acrescento então à minha série de conclusões esta outra: *o stalinismo parecia estabelecer a primazia da prática sobre os princípios ideológicos, de fato ele forçava a ideologia por ideologizar o que só se sustentava na força.*

Só agora começo a compreender como eram as coisas. Digo as coisas entre Stálin e mim, entre o comunismo e mim. O *páthos* revolucionário, o Outubro Vermelho, Lênin, sempre foram para mim fantasmas distantes, fatos acontecidos outrora, tão irrevogáveis quanto irrepetíveis. Eu havia entrado na problemática do comunismo na época de Stálin, mas devido à história italiana, e precisava fazer um esforço contínuo para que a União Soviética entrasse no meu quadro. Bem cedo eu concluíra que as democracias populares eram uma passagem a mais forçada e artificial e imposta de fora e do alto. No caso da URSS, pensava que fosse diferente, que o comunismo, passados os anos das provas mais duras, tivesse se tornado uma espécie de Estado natural, tivesse alcançado espontaneidade, serenidade, sabedoria madura. Projetava na realidade a simplificação rudimentar de minha concepção política, cujo objetivo final era reencontrar, após ter atravessado todas as deformações e as injustiças e os massacres, um equilíbrio natural para além da história, para além da luta de classes, para além da ideologia, para além do socialismo e do comunismo.

Por isso, no "Diario di un viaggio in Urss", que publiquei em 1952 no *l'Unità*, eu anotava quase exclusivamente observações mínimas da vida diária, aspectos serenadores, tranqüilizadores, atemporais, apolíticos. Essa maneira não monumental de apresentar a URSS me parecia a menos conformista. Ao passo que minha verdadeira culpa quanto ao stalinismo foi precisamente esta: para me defender de uma realidade que não conhecia, mas que de algum modo pressentia e à qual não queria dar um nome, colaborava com minha linguagem não oficial, que, à hipocrisia oficial, apresentava como sereno e sorridente o que era drama e tensão e tormento. *O stalinismo era também a máscara melíflua e bondosa que escondia a tragédia histórica em curso.*

Os estrondos de trovão de 1956 dissolveram todas as máscaras e proteções. Muitos dos que se reconheceram naquela hora da verdade se religaram depois às matrizes revolucionárias do comunismo (e quase todos aceitaram uma nova imagem mítica, com aspectos diferentes mas não menos passíveis de mistificação: Mao Tsé-tung). Outros tomaram o caminho mais prático do reconhecimento do existente para tentar reformá-lo, alguns com otimismo racionalista, alguns com senso de limite, do pior a evitar, da relatividade dos resultados. Não segui nem os primeiros nem os segundos: para ser um revolucionário me faltava o temperamento e a convicção, e a modéstia do horizonte reformador (do mundo socialista ou do capitalista) me parecia que não poderia me curar das vertigens dos abismos que havia renteado. Assim, mesmo continuando amigo de muitos dos primeiros e dos segundos, fui aos poucos encolhendo o lugar da política em meu espaço interior. (Ao passo que a política ia ocupando cada vez mais espaço no mundo externo.)

Talvez em minha experiência a política permaneça ligada àquela situação extrema: um senso de necessidade inflexível e uma busca do diferente e do múltiplo num mundo de ferro. Então acabarei dizendo: se fui (mesmo a meu modo) stalinista, não foi por acaso. Há componentes de características próprias àquela época que fazem parte de mim mesmo: não acredito em nada que seja fácil, rápido, espontâneo, improvisado, aproximativo. Creio na força do que é lento, calmo, obstinado, sem fanatismos nem entusiasmos. Não creio em nenhuma libertação individual ou coletiva que seja obtida sem o custo de uma autodisciplina, de uma autoconstrução, de um esforço. Se a alguém esse meu modo de pensar pareça stalinista, pois bem, então não terei dificuldades em admitir que nesse sentido ainda sou um pouco stalinista.

*O VERÃO DE 1956**

O verão de 1956 foi cheio de tensão e de esperanças. Acontecera o XX Congresso de Moscou, Kruchióv parecia o campeão de uma nova fase do comunismo mundial, percebiam-se os primeiros sinais de degelo. Nós, comunistas militantes, tínhamos certeza de que esse processo seria irreversível e bastante rápido. Ao repensar isso hoje, após vinte e quatro anos e tantas vicissitudes, tenho a confirmação de que a história não é uma opereta fácil e de final feliz, mas um percurso duro, fatigante e lento, muitas vezes sem uma direção perceptível ou um significado.

Naqueles dias, de todo modo, não era isso que eu sentia. Quando soube do relatório Kruchióv denunciando os crimes de Stálin, senti-me como liberado após um primeiro momento de espanto. Essa foi a reação de todos os meus companheiros de então. Você me pergunta se houve em nós, no partido, um senso de derrota ou de humilhação: não, pelo que eu sei, não houve. Tento descrever exatamente minha reação, muito parecida com a dos outros: para mim, a destalinização e o testemunho de verdade vindos de Moscou representavam a concretização do socialismo. Por anos o país do socialismo, a URSS, a nós

(*) Entrevista a Eugenio Scalfari ("Calvino e a história de seu tempo"), *La Repubblica*, 13 dez. 1980.

215

também parecerá um lugar sombrio, regido por regras férreas, por uma austeridade inflexível, por castigos tremendos e uma lógica desapiedada. Colocávamos tudo isso na conta do "cerco", da luta revolucionária. Mas, quando Kruchióv denunciou Stálin diante do Comitê Central e depois diante do congresso do partido, pensamos: pronto, a paz floresce, agora os frutos do socialismo chegarão, aquela opressão, aquela angústia secreta que sentíamos vai desaparecer.

Na Polônia, o grupo stalinista fora substituído, Gomulka fora posto em liberdade. Na Hungria, a renovação do partido fora ainda mais completa e radical. No lugar dos velhos stalinistas, estavam os comunistas que tinham passado pela cadeia e pelo acantoamento de qualquer função. Víamos em tudo isso a confirmação de nossas esperanças, uma renovação concreta, uma virada de dimensões históricas.

Minha idéia era que, após essa regeneração e refundação, a causa do socialismo se fortaleceria enormemente, em toda parte. Na Itália, pensava eu, muitas pessoas que haviam ficado distantes do Partido Comunista justamente por causa da natureza trágica e feroz de um sistema do qual fazíamos parte integrante agora se aproximariam, combateriam as mesmas lutas que nós, compartilhariam nossos ideais de humanidade e de igualdade.

Eu fazia parte do Comitê Federal de Turim, trabalhava na editora Einaudi, freqüentava o quadro intelectual comunista em Turim, em Milão, em Roma. Mas, naqueles meses de grande fervor criativo, o grupo dirigente e os intelectuais se encontraram com a base dos militantes como talvez nunca mais tenha acontecido, com tamanha intensidade, após a época da Resistência e da Libertação. Discussões longuíssimas, noites inteiras de assembléias, debates, enfim, uma grande paixão política.

Naquele verão Lukács esteve na Itália. Na Hungria era novamente uma bandeira, além de uma glória nacional. Encontrei-o com Cesare Cases, que o acompanhava durante aquela viagem italiana. Lukács confirmava nossas esperanças de um comunismo regenerado. Quase nos mesmos dias foi publicada outra confirmação, para nós do PCI, ainda mais importante: a entrevista de Togliatti para a *Nuovi Argomenti*. Lembro-me muito bem do efeito que teve sobre mim lê-la na primeira página do *l'Unità*. Ele dizia, com densidade intelectual, fineza diplomática, mas também e finalmente com sinceridade, o que eu esperava que fosse dito. Naquela manhã eu estava em Roma. Tinha um encontro com Paolo Spriano em Villa Borghese. Passeamos demoradamente pelas alamedas do parque até que, perto do tanque que fica ao lado do vale das Magnólias, encontramos Longo. Dava linha à lancha de madeira de uma criança que estava com ele. Falamos os três muito calorosamente sobre o que estava acontecendo. Lembro-me que Longo nos contou de quando estivera em Moscou, muitos anos antes, quando era presidente da Juventude Comunista. Contou-nos do ar sombrio que estava em toda parte, da nenhuma liberdade não só para os cidadãos, mas para os militantes do partido. Enfim, a ele também parecia que lhe haviam tirado um grande peso do peito.

Você me pergunta: mas se todos, intelectuais, dirigentes, militantes, tinham esse peso no peito, por que nunca pensaram em tirá-lo antes? Por que precisaram esperar o sinal de Moscou, de Kruchióv, do Comitê Central? E por que depois, apesar de tudo, logo então, em 1956, as coisas terminaram do jeito que terminaram? Bem. Essa resposta foi dada, exatamente a você, se bem me recordo, por Giancarlo Pajetta, numa coletiva de imprensa depois do XXII Congresso do PCUS. Você lhe dirigiu mais ou menos a pergunta que está fazendo agora a mim, e ele respondeu que entre a revolução e a verdade um revolucionário escolhe antes a revolução. Pessoalmente não acredito que as coisas sejam assim e não me parece que essa resposta tenha sido aceitável. Mas então, vinte e quatro anos atrás, nossa ótica era mais ou menos essa. Nós, comunistas italianos, éramos esquizofrênicos. Sim, acredito mesmo que esse seja o termo exato. Com uma parte de nós, éramos e queríamos ser as testemunhas da verdade, os vingadores das injustiças sofridas pelos fracos e pelos oprimidos, os defensores da justiça contra toda prepotência. Com outra parte de nós, justificávamos as injustiças, as prepotências, as tiranias do partido, Stálin, em nome da Causa. Esquizofrênicos. Dissociados. Lembro-me muito bem que, quando viajava para algum país socialista, sentia um profundo mal-estar, eu me sentia estranho, hostil. Mas, quando o trem me levava de volta à Itália, quando tornava a cruzar a fronteira, eu me perguntava: mas aqui, na Itália, nesta Itália, o que mais eu poderia ser senão comunista? Por isso o degelo, o fim do stalinismo tirava um peso terrível de nosso peito: porque nossa figura moral, nossa personalidade dissociada, finalmente poderia se recompor, finalmente revolução e verdade tornavam a coincidir. Esse era, naqueles dias, o sonho e a esperança de muitos de nós.

Vittorini, naqueles dias, reaproximou-se do partido. Deixara-o muito tempo antes, e simpatizava com posições radicais, liberal-socialistas; mas naqueles dias ele se reaproximou. Queria viajar para Budapeste. Queria contribuir para a revisão, a renovação. Em Turim, o homem da renovação, Celeste Negarville, havia tempo tinha sido posto de lado, e a federação era dirigida por um velho stalinista, Antonio Roasio. Mas pensávamos que para ele também tinha chegado a hora de se afastar. As novidades estavam no ar. Esperávamos, dia após dia, que as cem flores desabrochassem.

Naqueles meses escrevi para *Città Aperta* o conto "A grande bonança das Antilhas".* Tornei a lê-lo justamente estes dias. Parece-me que não perdeu o significado, no mínimo como testemunho de um estado de ânimo e de uma grande oportunidade perdida. Aqueles acontecimentos causaram meu estranhamento da política, no sentido de que a política ocupou dentro de mim um espaço muito menor do que antes. Não a considerei mais, desde então, uma atividade totalizante e desconfiei dela. Hoje penso que a política registra com muito atraso coisas

---

(*) Publicado posteriormente na antologia *Um general na biblioteca*.

que, por outros canais, a sociedade manifesta, e penso que amiúde ela cumpre operações abusivas e mistificadoras.

Nossas esperanças de renovação se concentravam em Giorgio Amendola, que tomara o lugar de Pietro Secchia na liderança da organização do partido. Ele afirmava que o nosso XX Congresso já ocorrera no dia em que Secchia tinha sido retirado de suas funções. Amendola era a imagem do comunista como eu pensava que deveria ser para levar adiante, inflexível e humanamente, num país como o nosso, os ideais do socialismo. Mas, ao contrário, foi uma tremenda decepção. Talvez eu não tivesse entendido direito a personalidade de Amendola. Decerto, porém, não era ele o "comunista novo" capaz de interpretar o que então tínhamos na alma. Aquela que para mim e para muitos de nós era uma dissociação íntima, portadora de sofrimento, para ele era um estado natural. Amendola era um rigorista, mas ao mesmo tempo tinha todas as espertezas do homem político. E naquela época foi esse o aspecto que prevaleceu.

Naquela noite em que chegaram as notícias da invasão da Hungria por parte da Armada Vermelha e do ingresso dos tanques russos em Budapeste, eu estava jantando com Amendola em Turim, na casa de Luciano Barca, que dirigia a edição turinesa do *l'Unità*. Amendola recordou em um de seus livros esse episódio. Ele tinha vindo a Turim para encontrar a mim e aos outros amigos da Einaudi; para nos "amansar", porque compreendíamos que as dificuldades estavam chegando e dávamos sinais de grande impaciência. Essa foi para mim uma noite decisiva. Enquanto Amendola falava, Gianni Rocca, que então era chefe de redação do *l'Unità*, telefonou para Barca. Tinha a voz embargada de pranto. Disse-nos: os tanques estão entrando em Budapeste, estão lutando pelas ruas. Olhei para Amendola. Os três, era como se tivéssemos levado uma marretada. Depois Amendola murmurou: "Togliatti diz que há momentos na história em que é preciso estar alinhado de um lado ou do outro. De resto, o comunismo é como a Igreja, leva séculos para mudar de posição. Além do mais, na Hungria estava se definindo uma situação perigosíssima...". Compreendi que o tempo das cem flores no PCI estava distante, muito distante...

Um mês depois se reuniu o VIII Congresso do PCI. Houve o discurso de Antonio Giolitti, denunciando a posição de fechamento do partido sobre a Hungria. Falou em voz baixa, num silêncio glacial. Togliatti estava sentado ao lado da tribuna e ostensivamente despachava correspondência. Giolitti saiu, e com ele muitos outros. Eu não quis deixar o partido num momento de particular dificuldade, mas minha decisão já estava tomada. Fui-me sem alardes no verão de 1957. Muitos outros companheiros fizeram o mesmo, não renovaram a filiação, outros foram expulsos. Foi expulso todo o grupo da *Città Aperta*, dirigida por Tommaso Chiaretti. Foi expulso Bruno Corbi. Saíram Furio Diaz, Fabrizio Onofri, Natalino Sapegno.

Se o PCI tivesse reagido de modo diferente em 1956, sua "legitimação" teria se dado vinte e quatro anos atrás. O quanto teria mudado a história do país? Obviamente essa é uma pergunta à qual só podemos responder com a certeza de que teria mudado muitíssimo. Mas ninguém no grupo dirigente teve ânimo para isso. Desse ponto de vista, a responsabilidade de Togliatti foi enorme. Togliatti sempre uniu, desde a virada de Salerno, duas posições: uma política essencialmente reformista do PCI e a fidelidade à URSS. Essa fidelidade lhe permitia uma política reformista. Se tivesse ocorrido então um rompimento com a URSS, a política do PCI poderia e talvez devesse ter sido (e talvez devesse ser) muito mais incisiva na política interna. Teria se levantado o problema de uma alternativa de esquerda. Evidentemente o grupo dirigente do PCI não tinha ânimo para percorrer esse caminho.

Daquela vez foi assim. Doze anos depois, diante da invasão de Praga, o posicionamento foi diferente, o PCI condenou a invasão, mas mesmo então não houve rompimento com a URSS. Hoje, diante dos riscos da situação polonesa, parece-me que o Partido Comunista Italiano deu outro passo e se posicionou de maneira correta. Francamente, não sei dizer se conseguirá retomar o trem que perdeu em novembro de 1956.

*OS RETRATOS DO DUCE**

Pode-se dizer que passei os primeiros vinte anos de minha vida com o rosto de Mussolini sempre à vista, pois seu retrato estava pendurado em todas as salas de aula, assim como em todas as repartições e locais públicos. Poderia, portanto, tentar traçar uma história da evolução da imagem mussoliniana por meio dos retratos oficiais, do modo como ficaram em minha memória.

Entrei no primeiro ano do primário em 1929, e tenho clara lembrança dos retratos de Mussolini daquela época, ainda à paisana, de colarinho duro com as pontas viradas, como era então o uso comum das pessoas de respeito (mas o uso estava para se tornar antiquado nos anos seguintes). Lembro-me dele assim na pequena litografia em cores pendurada na sala de aula (numa parede lateral; acima da cátedra ainda campeava só o retrato do Rei) e numa fotografia em branco-e-preto entre as últimas páginas do antiquado silabário (fora do texto, o que dava a impressão de ter sido acrescentada nas últimas edições).

Naqueles anos, portanto, ainda persistia a primeira imagem que Mussolini quisera dar de si logo depois da tomada de poder, para frisar certa continuidade e respeitabilidade de restaurador da ordem. O retrato não continuava além da gravata,

---

(*) Publicado em *La Repubblica*, 10-11 jul. 1983, com o título "Começou com uma cartola".

221

mas verossimilmente o casaco vestido pelo chefe de governo era um *tight* (termo com que na Itália — e só na Itália — se designa o casaco preto com abas), que ele então utilizava habitualmente nas cerimônias oficiais.

Nesses retratos, Mussolini ainda tinha cabelos pretos nas têmporas e talvez (não tenho certeza) no meio do crânio, com grandes entradas. Os trajes de homem de Estado acentuavam sua juventude, porque essa era a verdadeira novidade que a imagem deveria transmitir (mas eu, aos seis anos de idade, não podia saber), já que um primeiro-ministro de quarenta anos era coisa que nunca se vira. Tampouco se vira alguma vez, na Itália, um homem de Estado barbeado, sem barba nem bigodes, e isso era em si um sinal de modernidade. O hábito de se barbear já era muito difundido, mas os homens políticos mais representativos na época da Primeira Guerra Mundial e do pós-guerra ainda usavam, todos, ou barba ou bigodes. Isso no mundo todo, eu diria (escrevo sem consultar livros ou enciclopédias), com a única exceção dos presidentes americanos. Até os quadrúnviros da marcha sobre Roma tinham bigodes, e dois deles também tinham barba.

(Não me parece que haja historiadores que destaquem os aspectos pilíferos das diversas épocas; no entanto, esses são com certeza mensagens com significados, especialmente em épocas de transição.)

Em suma, a imagem de Mussolini queria então expressar ao mesmo tempo modernidade, eficiência, continuidade tranqüilizadora, tudo isso na severidade autoritária. Essa se contrapunha decerto a uma imagem anterior, ligada ao tempo dos golpes de cassetetes. Em minhas lembranças, há também um retrato que dataria dessa época violenta (não importa se eu o vi um pouco depois), uma fotografia de um branco-e-preto dramático, com a assinatura do M volitivo que se tornaria famosa. O rosto retratado um tanto de viés despontava do negro, que poderia ser a camisa negra, mas também um fundo de trevas como aquele evocado pelas palavras "o corvo da praça Sansepolcro", onde — como nos ensinavam — começara a nova era.

O clima de violência esquadrista também está registrado em minhas primeiríssimas memórias infantis (ao menos por um de seus últimos sobressaltos, datável de 1926), mas quando comecei a freqüentar a escola o mundo parecia tranqüilo e assentado. Sinais de uma época de guerra civil apareciam de vez em quando, dotados de pouca atração para o menino ou o rapaz em anos em que os retratos oficiais do Duce se identificavam com uma disciplina sem imprevistos.

Outra característica saliente dessas primeiras imagens oficiais do ditador era a atitude pensativa, a testa que parecia ostentar o conteúdo das idéias. Entre os afagos que se costumava fazer às crianças de um ano ou dois, havia naquela época o hábito de dizer "Faça cara de Mussolini", e a criança prontamente assumia uma expressão carrancuda e fazia um bico amuado. Enfim, os italianos de minha geração começavam a carregar o retrato de Mussolini dentro de si mesmo antes de saber reconhecê-lo pelos muros, e isso revela que nessa imagem havia (também) algo de infantil, aquele ar concentrado que podem ter as crianças pequenas e que não indica de modo algum que estejam pensando intensamente em alguma coisa.

A regra que me impus para escrever estas páginas é a de falar somente de retratos e fotografias vistos por mim durante os vinte anos de regime, excluindo a massa enorme de documentação que pude conhecer depois, nos quase quarenta anos de pós-fascismo. Portanto, falarei apenas de imagens oficiais, porque outras não circulavam: nos retratos, nas estátuas, nos filmes *Luce* (os jornais cinematográficos da época), nos jornais ilustrados. Estes eram essencialmente dois: a popularíssima *Domenica del Corriere* e *L'Illustrazione Italiana*, quinzenal em papel patinado, para um público mais influente.

A foto famosa de Mussolini com a cartola, quando vai assinar o Concordato em Laterano, lembro de vê-la então, e de que continuei a recordá-la quando, pouco tempo depois, ouvia os

223

adultos dizerem que o Regime tinha abolido os "canos de aquecedor" (assim chamavam a cartola), símbolo da nostalgia de passado burguesa. Ignorando a dialética da história, essa me parecia uma contradição inexplicável.

Não sei se essa foi a última vez que Mussolini usou cartola; bem que pode ter sido, porque então, já conquistado até o consenso da Igreja, era possível começar a pôr a Itália de farda. A virada no estilo fascista (como podia ser compreendida na periferia), eu dataria da década da Revolução Fascista, 1932. Década que, em minha memória, permanece associada aos quinze dias de férias que tive no quarto ano primário e à série de selos comemorativos.

Nessa época a iconografia mussoliniana dera um importante passo adiante na glorificação cesárea; tanto que um dos selos da série representava o monumento eqüestre ao Duce, do Estádio de Bolonha, inspirado nos Colleoni, de Verrocchio, com a palavra de ordem "Se eu avançar, sigam-me". (A frase lapidar tinha também uma continuação: "Se eu voltar para trás, matem-me", que teria, na hora certa, sua pontual realização.) É preciso dizer que esse foi um dos poucos selos (agora não saberia mencionar outros) com a efígie de Mussolini; os selos eram um dos poucos domínios nos quais ainda se manifestava a soberania do Soberano, um Vittorio Emanuele III cuja cabeça sem corpo podia parecer a de um homem altíssimo.

O Duce-monumento eqüestre aparecia de perfil; outro ponto de virada importante, esse, o da imagem frontal à de perfil, muito explorada daquele momento em diante, já que valorizava a perfeita esfericidade do crânio (sem a qual a grande operação de transformação do ditador em objeto de design não teria sido possível), a robustez maxilar (salientada também nas poses de três quartos), a continuidade nuca-pescoço e a total romanidade do conjunto.

Foi nesses últimos anos do primário que minha inscrição como *balilla* não pôde mais ser procrastinada, porque se tornara obrigatória também na escola particular em que eu estudava.

Lembro-me muito bem do cheiro de tecido mofento do depósito da Casa del Balilla, onde se compravam as fardas; lembro-me do velho almoxarife mutilado de guerra; mas o que quero lembrar agora é o medalhão em alfinete com o perfil do Duce, que servia para firmar o lenço azul (a cor significava: Dalmácia; assim nos explicavam, segundo uma lógica cujos nexos agora me escapam). Esse perfil, eu o recordo com o capacete, mas a adoção do capacete há de ser posterior em alguns anos à lembrança que estou procurando focalizar; portanto, o lenço azul num primeiro momento era amarrado sem medalhão, ou houve uma primeira versão do medalhão com o perfil de crânio nu. O ponto a que queria chegar é uma datação do momento em que o Duce se torna perfil de medalha, como um imperador romano (invadindo o campo numismático reservado sob mais de um pretexto ao Rei), mas não tenho elementos suficientes à disposição.

Estamos ainda em 1933-4. Foi então que vi um retrato (ou escultura) de Mussolini em estilo "cubista", no sentido de que era em forma de cubo com traços geométricos. Estava numa mostra de desenhos das escolas primárias da prefeitura, onde se realizavam os exames de admissão para o ginásio. O cubo, com uma inscrição do tipo "O retrato do Duce como o Duce gosta", estava exposto como modelo para os desenhos das crianças. Essa lembrança inaugura para mim a noção da existência de um "estilo fascista" marcado pela modernidade das superfícies lisas e quadradas, que irá se sobrepor, e em muitos casos se identificar, com a de um "estilo século XX", já largamente divulgado durante esses anos também pela província.

Fazia parte desse estilo a inscrição DVX, que parece um número romano, em pedestais de bustos ou colunas, amiúde em simetria com a análoga inscrição REX. (As efígies do Rei e do Duce estavam então sempre juntas, e, se uma tivesse que faltar, não seria a do Duce.) De um "estilo século XIX" mais neoclássico e flexuoso era o busto de Wildt com a coroa de louros, a toga e as olheiras vazias: imagem que se apresentava muito diferente das mais corriqueiras, mas em que ainda havia a marca da oficialidade, pois figurava na página de rosto da edição dos *Scritti e discorsi*.

Quero aqui recordar também uma figura que estava em todos os livros de leitura: a casa natal do Duce, em Predappio. Essa também era dada às crianças das escolas para copiarem; e aqui não há nada a objetar porque era uma casa muito bonita de se desenhar, um exemplo de casa rural tradicional italiana, com escada externa, rés-do-chão muito alto, paredes com poucas janelas.

A imagem clássica de Mussolini já está, então, firmada e destinada a não sofrer mudanças durante a fase de apogeu de sua ditadura (isto é, boa parte da década de 30). O rádio e o cinema são os principais veículos não só da difusão, como da formação dessa imagem. Nunca assisti às "concentrações oceânicas" na presença de Mussolini, porque quase nunca me separava de minha província, que ele não amava e não freqüentava, mas penso que no cinema a imagem do chefe era mais eficaz e próxima do que vista diretamente pela multidão debaixo daquele balcão; e a voz, de todo modo, era a que vinha dos alto-falantes. Os meios audiovisuais da época eram, afinal, um componente necessário ao culto cesário mussoliniano.

Outro componente necessário era, evidentemente, a proibição de toda crítica e de toda ironia. Um dos primeiros discursos mussolinianos de que me lembro, acho que foi aquele do "livro e mosquete, fascista perfeito"; no final o Duce puxava debaixo do peitoril um livro e um mosquete e os erguia: belo *coup de théâtre*. Lembro de ter antes ouvido contar em família, por um tio antifascista que o vira no cinema. (Se não for esse discurso, será outro dos mesmos anos, pouco depois de 1930; pode-se verificar nos que foram registrados em filme.) Lembro-me de como meu tio descrevia a mímica, os punhos nos quadris e, a certa altura, o gesto de assoar o nariz com uma das mãos. Lembro-me da exclamação de uma tia: "E querem o quê? É um pedreiro!". Poucos dias depois, também vi o filme *Luce*, com o discurso, reconheci as caretas descritas pelo tio, assim como rápido esfregão no nariz. A imagem de Mussolini chegava a mim, portanto, através do filtro das conversas sarcásticas dos adultos (de alguns adultos), que contrastavam com o coro das exaltações. Mas esse coro era expresso publicamente, ao passo que as reservas permaneciam confinadas nas conversas privadas e não arranhavam a fachada de unanimidade que o regime ostentava.

Que a filmadora frisasse desapiedada toda careta e todo automatismo dos gestos, Mussolini não tardou a aprender, e creio que, acompanhando cronologicamente os filmes de seus discursos, se pode observar como seu controle de todo gesto e de toda pausa e de toda aceleração do ritmo oratório se tornou cada vez mais funcional. Mas o estilo de suas performances permanece aquele estabelecido desde o começo. Hoje, ao verem Mussolini nos velhos filmes, os jovens o acham ridículo e não conseguem entender como podia haver multidões enormes a ovacioná-lo. Ainda assim, o modelo mussoliniano tem imitações e variantes no mundo todo até hoje, especialmente sob etiquetas populistas ou terceiro-mundistas, explorando sempre os mesmos mecanismos regressivos.

Numa época em que se abriam enormes possibilidades de manipular as massas e de utilizá-las para afirmar o próprio poder, Mussolini foi um dos primeiros a construir para si uma personagem que correspondia em todos os sentidos a esse intento. Sua imagem de chefe popular com todos os atributos para mais fácil receptividade pelas massas de seu tempo (energia, prepotência, belicosidade, poses de caudilho romano, orgulho plebeu contrastante com tudo o que até então fora a imagem de um homem de Estado), ele a comunicava mediante as características físicas de sua pessoa, os trajes militarescos, a oratória toda estruturada em pequenas frases "lapidares", a voz trovejante, a mesma pronúncia (por exemplo nas palavras ita*glia*, Ita*gli*ani, a fonética emiliano-romanhola carregada de uma vontade de afirmação). Uma vez imposta a idéia de que um chefe deve ser dotado de uma imagem fortemente marcada e inconfundível como a sua, fica subentendido que quem não tem essa imagem não pode ser chefe.

227

Para Hitler, que fisicamente era totalmente o oposto de Mussolini, esse há de ter sido um grande problema, numa época em que Mussolini era seu modelo. (Quem compreendeu esse ponto com mais fineza psicológica foi Charlie Chaplin, em *O ditador*.) Hitler soube superar as desvantagens de sua imagem apontando na direção oposta à do ditador italiano, acentuando a vibratilidade nervosa do próprio aspecto (rosto, bigodes, cachos) ou da própria voz, adotando um estilo de gesticulação e de oratória próprios, capazes de irradiar uma energia fanático-histérica. Nos trajes, o Führer evitou o que era vistoso e apostou nas fardas mais modestas (ao contrário de seu delfim Goering, que pavoneava sua pessoa corpulenta em vistosas fardas, sempre diferentes).

Ao falar dessa época, me remeto à minha memória de garoto, cuja idéia do mundo era elaborada sobretudo por meio das ilustrações dos jornais que mais impressionavam sua fantasia. Repensando as personalidades da cena mundial daquela época, quem se destacava de todos os demais em termos visuais era sobretudo Gandhi. Apesar de ser uma das personagens mais caricaturadas e sobre a qual florescia um vasto anedotário, sua imagem conseguia impor a idéia de que ali havia algo sério e verdadeiro, ainda que bem distante de nós.

Em 1934 (cito as datas com base em coordenadas de minha memória; se eu errar, será fácil me corrigir) o Régio Exército Italiano mudou suas fardas, que eram, até então, as mesmas da Primeira Guerra Mundial. Para a Itália desse período, em que as pessoas sob as armas eram muitas (além do longo serviço militar, sempre era possível voltar a "ser chamado"), essas novas fardas (com o quepe achatado, o casaco com o colarinho aberto sobre a gravata, as calças longas para os oficiais em farda de passeio) marcaram uma virada que, se até então ocorrera só no aspecto, deveria coincidir com a entrada numa década de guerras.

Com as fardas mudou também o capacete: no lugar do usado na Primeira Guerra Mundial, que evocava a lembrança dos pobres soldados de infantaria na trincheira, surgiu a grande abóbada em declive, de ar germânico, que pertencia a uma nova era do design industrial. (A linha "aerodinâmica" dos automóveis é dos mesmos anos; mas a esta altura deveria verificar datas e modelos de carros.) Para a iconografia mussoliniana, esse era um grande momento de virada: a imagem clássica do Duce se torna aquela com o capacete, como uma amplificação metálica da superfície lisa de seu crânio.

Sob o capacete, ganha destaque o maxilar, que adquire importância decisiva para o desaparecimento da parte superior da cabeça (olhos incluídos). Uma vez que os lábios são mantidos erguidos (posição inatural, mas que denota força de vontade), o maxilar se mostra saliente tanto para a frente como para as laterais. Daí em diante a cabeça do Duce se compõe essencialmente de capacetes e maxilares, cujos volumes se contrabalançam, e contrabalançam a curva do estômago que começa então a ganhar relevo. A farda é a de cabo de honra da milícia. Ao perfil, que sob o capacete poderia resultar um tanto achatado, os retratos fotográficos oficiais preferem um ligeiro três quartos, que permite captar, sob a borda do capacete, o lampejo de um olhar. O que sob o capacete se perde inevitavelmente é a valorização da testa pensativa, atributo fundamental de Mussolini na década de 20; portanto, de algum modo a personagem está mudada: ao Duce pensador sucedeu o Duce caudilho.

Esse é o retrato de Mussolini que podemos considerar canônico, e que eu tive sob os olhos durante boa parte de minha vida escolar, esportiva, pré-militar etc. Simétrica a essa efígie do Duce, havia quase sempre a do Rei, de perfil, com capacete, bigode e queixo proeminente. A cabeça do rei Vittorio era decerto muito menor do que a do Duce, mas nos retratos aparecia aumentada de modo a poder parecer, graças também ao desenvolvimento longitudinal, quase da mesma cubagem da de seu insubstituível primeiro-ministro. Tenho a impressão de que os dois usavam o Collare dell'Annunziata ao pescoço, que era uma correntona de ouro com placa na altura do nó da gravata.

Evidentemente havia também os retratos do Duce com a cabeça descoberta. Talvez inspirado em Eric von Stroheim, Mussolini soube transformar a cabeça calva de defeito físico (o "antes do tratamento" que vemos nas propagandas de loções) em símbolo de força viril. Sua genialidade foi, ainda nos anos 30, mandar raspar os cabelos supérstites nas têmporas e na nuca. Também eram muito difusos seus retratos com o fez de galão vermelho, de cabo de honra; ou com o uniforme preto do partido, com a águia de asas angulosas no barrete. Freqüentes as imagens a cavalo, entre as quais deve ser lembrada aquela com a "espada do Islã" brandida para o céu.

As raras vezes em que era retratado à paisana, mostrava ter adotado formas mais desenvoltas que outrora. Certo verão assistiu às Grandes Manobras com um quepe branco de *yachtman*, calças e botas de cavaleiro e uma casaca, acho, azul-celeste. (O que recordo provavelmente é uma ilustração colorida de Beltrame na *Domenica del Corriere*: o Duce ajudando alguns artilheiros a arrastar um canhão declive acima.) Depois havia as famosas "batalhas do trigo": o Duce de camiseta de baixo ou de busto nu na motodebulhadora, com boina e óculos de motociclista, levantando maços de espigas entre os camponeses. (Camponeses ou policiais do serviço de ordem? Circulava a piada do Duce cumprimentado: "Diligente debulhador, o que posso fazer para compensar seus esforços?". "Pode me transferir da delegacia de Roma para a de Palermo, chefe!".)

As fotos que o retratavam na vida particular eram mais raras: algumas em grupos familiares, outras enquanto ele esquiava, nadava ou pilotava avião. Elas eram divulgadas — dizia-se — porque algum jornal estrangeiro havia noticiado rumores de que Mussolini estaria doente.

Com a conquista da Etiópia, o culto do chefe ruma à apoteose. A fórmula da aclamação ritual — "Saudações ao Duce! A nós!" — transforma-se no quilométrico "Saúdem o Duce como o fundador do Império!". Nas piadas se contava que Starace era tão idiota que não conseguia decorar essa frase (que, aliás, ele próprio inventara) e que, toda vez que devia gritá-la, precisava consultar escondido o bilhetinho em que a tinha escrito.

Aquela também era a época de Starace e de sua "revolução do costume" antiburguês, que consistia sobretudo em sempre haver novas fardas para os dirigentes do partido: os casacos de lã rústica sem abas, as parcas negras, cáquis, brancas... Para não sairmos de nosso tema, lembro que essa é a época em que o aspecto do Duce se multiplica naquele de todos os dirigentes do Partido Fascista, que procuravam imitá-lo: raspavam cabeça e têmporas simulando calvícies viris, erguiam queixos, inchavam os cachaços. Outros permaneciam fieis à brilhantina, como Galeazzo Ciano, que por outro lado tentava imitar o sogro nas poses oratórias. Mas não era fotogênico, e sua impopularidade era superada apenas pela de Starace.

Estamos próximos da guerra. Eu entrei na adolescência, e é como se minha memória visual daqueles anos se tornasse menos receptiva do que a da meninice, quando as figuras eram o canal principal de meu contato com o mundo; agora, na mente começam nebulosamente a abrir caminho idéias, raciocínios, juízos de valor, e não mais somente o aspecto exterior das pessoas e dos ambientes.

Em Mônaco, em 1938, os dois ditadores enfrentam a última partida no jogo das imagens, contrapondo sua garra (essa palavra, que hoje se desperdiça no vazio, teria sido pertinente então) ao perfil franzino e antiquado de Neville Chamberlain de casaca, colarinho duro, guarda-chuva. Mas naquele momento a mensagem que as massas captam é a inspirada pelo guarda-chuva de Chamberlain, isto é, a paz; em sua visita à Itália, o premiê inglês é aclamado com entusiasmo; e também Mussolini, que naquele momento se apresenta como o salvador da paz, colhendo assim os últimos aplausos espontâneos da multidão.

Depois a guerra. Mussolini agora veste a farda do Régio Exército (uniforme de campanha com barrete e botas), do qual

231

se fez conferir o supergrau de marechal do Império. Em fronts ainda distantes, começam a morrer os jovens pouco mais velhos do que eu (os que nasceram por volta de 1915, as classes que carregam o peso mais duro da guerra). A figura de Mussolini, que até pouco antes tendia à obesidade, começa a emagrecer, a se tornar cavada, tensa. A úlcera de estômago prossegue com a inelutabilidade da catástrofe. Particularmente dramáticas as fotos dos encontros com o Führer, que o tem nas mãos e não o deixa proferir palavra. O uniforme de Mussolini então inclui um grande sobretudo e um barretinho de viseira em formato quase germânico.

Diante da realidade das derrotas militares, a encenação das paradas revela sua vaidade também a quem não tinha tido olhos para perceber isso antes. Depois de El-Alamein o rumor que corre (como logo corriam os rumores propagados na Itália), de que junto com as tropas italianas em retirada no deserto estava o cavalo branco que Mussolini queria pronto para seu ingresso triunfal em Alexandria, no Egito, marca o fim da iconografia do caudilho.

Para os retratos do Duce, multiplicados nas paredes italianas, se aproximava o dia em que se dissociariam de sua imobilidade de símbolos da ordem constituída e sairiam ao ar livre e pelas praças, numa sarabanda tumultuosa. É o que acontece em 25 de julho de 1943 (ou mais exatamente um dia ou dois depois), quando a multidão não mais refreada invade as Case del Fascio e joga pelas janelas as efígies do ditador destronado; eis a imagem paterna zombada e cuspida; eis as fogueiras dominadas pelo retrato marcial; eis os bustos de gesso ou de bronze arrastados pelas calçadas, com a cabeçona que de um dia para o outro se tornou um resto carnavalesco de outra época.

É o final da história o que contei até aqui? Não, um mês e meio depois, eis as fotos dramáticas de um Mussolini espectral e mal barbeado, de chapelão e capote militar pretos, raptado por Skorzeny em Campo Imperatore e levado para além do Brennero, devolvido ao Führer. Começa o último ato, o mais cruento para os italianos. A Mussolini, fantasma de si próprio, só resta continuar a propor sua cansada imagem em meio aos bombardeamentos aéreos e às rajadas de metralhadoras.

Decerto a República Social teve seus novos retratos oficiais do Duce, com a nova farda e o rosto emagrecido; porém, não consigo fazer com que eles aflorem à memória daquela época, muito intensa de emoções e medos. Deve ser dito que, a certa altura, tive de interromper a vida citadina e dei por mim isolado da circulação das imagens. Só ouvi falar de um cinejornal *Luce* em que Mussolini tomava ainda um último inesperado "banho de multidão" poucos meses antes do fim, com o discurso no Lírico, naquela Milão em que nascera sua fama de arrastador de multidões.

No início de abril, num jornalzinho jogado por um avião aliado aos *partigiani* (raros presentes choviam do céu para nós) havia uma caricatura de Mussolini (creio que essa foi a primeira que vi em minha vida) feita pelo mais famoso caricaturista inglês. (Sinto não recordar seu nome, poderia procurar, porque os jornais falaram dele não faz muito tempo, por ocasião de sua morte; mas respeitei até aqui o compromisso de utilizar somente a memória, e não quero derrogar logo agora, no final.) Na ilustração, Benito e Adolfo provavam vestidos de mulher, com os quais fugiriam para a Argentina.

Não foi isso que aconteceu. Após estar na origem de tantos massacres sem imagem, suas últimas imagens são as de seu massacre. Não são bonitas de ver, nem de recordar. Mas gostaria que todos os ditadores atualmente no poder ou aspirantes a isso, "progressistas" ou reacionários, as mantivessem emolduradas na mesinha-de-cabeceira, e as fitassem toda noite.

*POR TRÁS DO SUCESSO**

Comecei a escrever quando garoto, mas estava muito distante da literatura: meu pai e minha mãe trabalhavam em San Remo com aclimatação de plantas exóticas, floricultura, fruticultura, genética. Quem freqüentava nossa casa pertencia sobretudo ao mundo científico ou técnico da agricultura e da experimentação agrária. Meus pais, ambos, tinham uma personalidade muito forte, meu pai como vitalidade prática, minha mãe como severidade de estudiosa, e um grande saber em seu campo de atuação, que sempre me deixou intimidado e produziu em mim uma espécie de bloqueio psicológico, motivo pelo qual nunca consegui aprender nada com eles, o que lamento amargamente. Por isso me refugiava nos quadrinhos, nas comédias que ouvia no rádio, no cinema: enfim, desenvolvia uma sensibilidade de tipo fantástico, que poderia se realizar numa vocação literária se o ambiente tivesse oferecido os estímulos nesse sentido, ou se eu tivesse sido mais ágil para captá-los. Talvez eu pudesse ter compreendido mais cedo que minha vocação era essa, e orientar melhor minha relação com o mundo, mas fui meio lento, principalmente no conhecimento de mim mesmo.

(*) Entrevista a Felice Froio, "Por trás do sucesso. Lembranças e testemunhos de alguns protagonistas de nosso tempo: que segredo há por trás de seu sucesso?", Milão, Sugarco, 1984.

A San Remo de entre as duas guerras era uma cidade bastante atípica, com relação à média da sociedade italiana: naquela época ainda havia por lá muitos estrangeiros, daí eu ter respirado certa atmosfera cosmopolita desde a infância; por outro lado, era muito provinciana, distante do que acontecia na cultura italiana daqueles anos (que afinal eram anos bastante fechados mesmo nos centros mais vivos). Enfim, meus primeiros contatos com a literatura eu os tive apenas por meio da escola.

Freqüentei o ginásio e o liceu sem resultados muito brilhantes, a não ser em italiano, matéria em que me saía bem com facilidade, e que me faziam estudar muito seriamente. Claro, mesmo na escola eu poderia ter aprendido muito mais, se tivesse entendido mais de mim mesmo e o que teria sido minha vida, mas isso creio que todos podem dizer. Que a literatura fosse a coisa que mais me interessava, naquela época eu não sabia admiti-lo. Teria significado me matricular em letras na universidade, mas só o que eu sabia dessa faculdade era que representava a escolha dos que queriam ser professores nas escolas secundárias, um futuro que não me suscitava nenhuma atração. Encantava-me muito aquilo que, com um termo um tanto vago, eu chamava "o jornalismo", mas naquela época o mundo dos jornais estava ligado ao fascismo (ou assim me parecia, mais ainda do que era realmente, já que eu não sabia de tudo o que estava acontecendo): eu, por temperamento e por ambiente, não era fascista, o que não significa que não pudesse ter me tornado fascista por oportunismo, mas mesmo nesse caso teria que ter dado duro, contrariando minha natureza: em suma, não sabia absolutamente o que fazer de mim mesmo.

Detenho-me nesse momento de incerteza porque acredito que essa insegurança, essa perplexidade quanto à minha vocação tenha deixado seqüelas mesmo depois, no sentido de que nunca decidi "ser escritor". Se já então estava decidido a escrever, a me expressar de forma literária, sentia que precisaria apoiar essa atividade aleatória em algo mais, em uma profissão que parecesse, não sei se aos olhos dos outros ou aos meus, útil, prática, segura.

Tanto que, depois de me formar no colegial, fiz uma escolha que poderia parecer, e talvez fosse, de oportunismo familiar, e me matriculei na faculdade de agronomia de Turim, onde meu pai havia ensinado até poucos anos antes (já estava aposentado) cultivos tropicais e de arboricultura. O que eu tinha em mente era que para mim escrever poderia ser uma atividade marginal, respeito a uma profissão "séria" que me colocaria em contato com a realidade e me faria viajar pelo mundo, como meu pai, que tinha passado quase vinte anos de sua vida na América Central, e tinha vivido a Revolução Mexicana.

Essa tentativa de me conectar a uma tradição familiar não deu certo, mas a idéia, no fundo, não era uma idéia errada: se tivesse sido capaz de manter a fé em meu propósito de ter uma profissão prática e de escrever à margem de uma experiência de vida, a certa altura teria me tornado um escritor do mesmo jeito, mas com algo a mais.

O novo clima depois da Libertação permitiu que eu me aproximasse dos jornais e dos ambientes literários. Foi então que abandonei a faculdade de agricultura e me matriculei em letras, mas, para dizer a verdade, freqüentei pouco a nova faculdade, porque estava muito impaciente para participar da vida cultural e política. Essa é, de fato, a época em que em minhas escolhas se torna decisivo um novo elemento, a política, que teria importância preponderante por uns dez anos de minha vida. A situação enfim tinha mudado muito exteriormente, mas dentro de mim o mesmo mecanismo permanecia: ainda não estava certo de minha vocação e de minhas possibilidades de ser escritor e procurava pôr essa vocação numa ordem secundária com relação a um dever de ordem geral e predominante: a participação na renovação da Itália, nas ruínas da guerra e da ditadura.

Durante a Resistência estivera, como simples *partigiano*, com os comunistas, e na época da Libertação o Partido Comunista Italiano me pareceu o partido mais realista e eficiente nas tarefas imediatas. Eu não tinha o menor preparo teórico. Sob o fascismo, a única idéia que tinha clara era a aversão ao totalitarismo e à sua propaganda; tinha lido Croce e Ruggiero, e por algum tempo havia me definido como liberal. Por outro lado, as tradições de minha família eram as do socialismo humanitário e, antes ainda, do mazzinianismo. As tragédias da guerra, a exigência de se pensar os problemas mundiais em função da sociedade de massa e o papel do PCI na luta contra o fascismo foram elementos que me levaram à filiação ao Partido Comunista. A atividade prática de construção das estruturas democráticas de base após a Libertação e, logo depois, a campanha para a Constituinte me absorveram completamente, e naquela época a idéia de aprofundar a ideologia ou de ler os clássicos do marxismo teria me parecido perda de tempo.

Junto com essa vida de militante de base (que até 1947 teve lugar sobretudo em minha província), comecei a colaborar com a imprensa do partido: fazia enquetes, resenhas, contos, primeiro na edição genovesa do *l'Unità*, depois na turinesa (o *l'Unità* tinha então quatro edições, bastante autônomas umas das outras). Foi com a edição turinesa que, mudando depois para Turim, tive o relacionamento mais próximo, trabalhando também por certo tempo (entre 1948 e 1949) como redator da página de cultura. Mas mesmo em seguida, nos duríssimos anos da década de 50, de vez em quando o *l'Unità* me enviava para fazer matérias nas fábricas durante as agitações, as ocupações, os momentos difíceis. Assim, acompanhei a ocupação da Fiat em julho de 1948, a repressão sindical, as greves nos arrozais nos arredores de Vercelli.

Meu encontro com o jornalismo se deu, portanto, de maneira muito diferente daquela que eu tinha imaginado quando garoto. Implicava também coisas que do ponto de vista jornalístico eram um péssimo aprendizado — por exemplo, escrever matérias "pitorescas" quando havia um congresso ou uma manifestação; esse era um costume dos jornais de então e que, em certa medida, permanece, só que agora com mais atrevimento,

237

ao passo que na época, mais do que jornalismo, isso era uma espécie de má literatura. Lembro que nos primeiros tempos, no *l'Unità*, a tarefa de fazer artigos "pitorescos" cabia ao poeta Alfonso Gatto, então meu caríssimo amigo e mentor, que sabia até se divertir com aquilo, por exemplo, acompanhando o "*giro d'Italia*".

Mas essa parte político-jornalística nada mais é do que um setor secundário daqueles meus anos de aprendizado. Em 1945, eu tinha começado a gravitar em torno da editora Einaudi; ainda morando em San Remo, ia com certa freqüência a Milão, onde freqüentava Elio Vittorini e a redação do *Politecnico*, e a Turim, onde o intratável Pavese me acolheu logo com uma amizade que para mim se tornou cada vez mais preciosa, naqueles que haviam de ser os últimos anos de sua vida. Decisiva para mim foi a amizade com Giulio Einaudi, que dura há quase quarenta anos, porque o conheci em Milão, lá pelo fim de 1945, e ele foi logo me propondo coisas para fazer. Naquela época, Giulio imaginou que eu tinha dotes também para as atividades práticas, organizacionais, econômicas, ou seja, ele supôs que eu pertencesse ao novo tipo de intelectual que ele procurava suscitar; de resto, Giulio sempre teve o dom de conseguir fazer as pessoas fazerem coisas que elas não sabiam que sabiam fazer.

Já nesse período após a Libertação, que para mim corresponde a um segundo nascimento, comecei a fazer alguns pequenos trabalhos para a editora Einaudi, sobretudo textos publicitários, artigos a serem distribuídos aos jornais de província anunciando os lançamentos, fichas de leitura de livros estrangeiros ou de manuscritos italianos. Foi então que compreendi que meu ambiente de trabalho só podia ser o editorial, numa editora de vanguarda, entre pessoas de opiniões políticas diferentes, com discussões muito animadas, mas todos muito amigos entre si. Dizia para mim mesmo: sendo ou não escritor, terei um trabalho que me apaixona e ficarei junto de pessoas que me interessam. O equilíbrio que eu procurara até aquele momento entre uma profissão prática e a literatura, eu o encontrei num ponto bastante próximo da literatura, mas que não se identificava com ela, como a editora Einaudi, que publicava sim livros de literatura, mas sobretudo de história, de política, de economia, de ciência, e me dava a impressão de estar no centro de muitas coisas.

Após um período de incerteza entre Milão e Turim, me fixei em Turim, tornando-me amigo e colaborador de Giulio Einaudi e dos outros, mais velhos que eu e que trabalhavam com ele: Cesare Pavese, Felice Balbo, Natalia Ginzburg, Massimo Mila, Franco Venturi, Paolo Serini, e de todos os demais que por toda a Itália colaboravam direta ou indiretamente com a editora, e evidentemente da nova geração que como eu começava então a trabalhar no ramo editorial.

Assim, por uns quinze anos, minha vida foi a de um redator de editora, e durante todo esse período dediquei muito mais tempo aos livros dos outros do que aos meus. Enfim, tinha conseguido colocar entre mim e minha vocação de escritor uma separação protetora, por mais que aparentemente estivesse na situação mais favorável.

Meu primeiro livro, *A trilha dos ninhos de aranha*, lançado em 1947, é um romance que se baseia na experiência da guerra *partigiana*. Para a primeira obra de um jovem desconhecido, tem tudo o que então podia considerar-se um sucesso: em pouco tempo vendeu três mil exemplares e logo foram impressos mais dois mil. Naquela época ninguém lia narrativa italiana, mas Einaudi acreditou no meu livro e o lançou. Ele também disseminou pelas livrarias um cartaz com uma foto minha em que caminho com as mãos no bolso; naquela época, nunca se tinha feito algo assim. Enfim, o "sucesso", eu o tive logo, porém não percebi, porque não se raciocinava nesses termos, não havia essa terminologia. Ademais, como personalidade eu nunca fui alguém que deixa as coisas subirem à cabeça; tinha conseguido escrever esse livro e fazer com que fosse lido, mas vai saber se conseguiria isso tudo com um segundo; continuei pensando que os escritores de verdade eram os outros; quanto a mim, vai saber.

De fato, durante anos tentei escrever um segundo romance sem conseguir; os amigos aos quais mostrava minhas tentativas não ficavam satisfeitos. Em 1949 publiquei um livro de contos que, como acontecia com os livros de contos, teve uma tiragem limitada, mil e quinhentos exemplares: o suficiente para chegar aos críticos e ao pequeno público que então acompanhava as novidades italianas.

O consenso da crítica, também de alguns dos críticos mais respeitados, eu já tive com esses primeiros livros. Posso dizer que desde o início tudo foi bastante fácil; só que tinha de trabalhar o dia todo no escritório, mesmo não tendo a obrigação de bater ponto, e para escrever tinha de pedir uns dias de licença, que não me eram negados, e isso já era uma bela de uma sorte.

O livro que marca mais forte e precisamente minha presença é *O visconde partido ao meio*, uma novela de umas cem páginas que Vittorini publica na coleção experimental I Gettoni, em 1951; uma edição quase somente para "a classe", que tem bom sucesso de crítica; dele fala até Emilio Cecchi, à época o máximo pontífice de nossa literatura. Desse momento em diante está traçada uma direção para meu trabalho literário, ou seja, a que podemos definir como narrativa fantástica, que continuarei alternando com contos que seguem outras direções, mais realistas, digamos.

Em 1957 publico *O barão nas árvores*, logo depois (ou um pouco antes, não lembro) saem as *Fábulas italianas*, um trabalhão que enfrentei por encomenda da editora. Em 1958 publico *I racconti* [Os contos], um volume que reúne todas as narrativas breves escritas por mim até então; enfim, já posso me dar ao luxo de publicar contos intitulando-os simplesmente de *Contos*.

É a partir desse momento que posso me considerar um escritor "profissional"? Passaram-se dez anos de meu primeiro livro, e diria que dez anos é o tempo necessário, continuando a publicar com certa regularidade, para saber se de algum modo existimos como autor. Enfim, o problema "serei ou não um escritor?" já não se apresenta, uma vez que são os outros que me consideram como tal. Mesmo os direitos autorais, embora não sejam suficientes para viver, começam a ser um item importante de meu magro orçamento. Tanto que, aproximadamente na época em que completo quarenta anos, deixo o trabalho em período integral na editora, com a qual continuo colaborando como consultor.

As defesas que tinha erguido ao meu redor para me impedir de considerar a escrita meu trabalho principal estão caindo. Já falei que o trabalho editorial continua a me interessar, só que de maneira mais autônoma; e o mesmo pode ser dito da política: não que esteja menos interessado, mas cheguei lentamente (antes tarde do que nunca) a contrapor meu juízo autônomo ao predomínio totalizante da motivação ideológica e de partido. E em 1957 declarei, numa carta pública, minha saída do Partido Comunista, após dissídios e debates que se desdobraram ao longo de 1956.

Desde o início de minha militância, as lutas políticas italianas haviam sido o que me mantinha ligado ao partido; mas sempre tive reservas quanto ao "modelo soviético" e ao caminho que fora imposto às "democracias populares", assuntos que um comunista não podia discutir "para não fazer o jogo do inimigo". Quando finalmente a discussão se abre em Moscou, e Varsóvia e Budapeste se revoltam, eu estou entre os que acreditam ter chegado a hora da verdade. Procuro participar, assim como muitos amigos da editora Einaudi, do debate que atinge a esquerda mundial. E não tenho mais ânimo para aceitar a nova glaciação.

Trata-se de um rompimento sem traumas porque se dá no meio de um novo embaralhar de cartas na esquerda italiana, na qual cada um sente a necessidade de verificar as próprias convicções e assumir uma identidade mais precisa. Mas por enquanto ainda não sei dizer qual seria minha identidade nesse quadro. Talvez somente naquela época eu tenha começado a compreender o que significam comunismo, socialismo, marxismo; antes, quando era filiado ao partido, tendia mais a ver as questões do dia-a-dia e a colocar entre parênteses os problemas gerais. É então que começo a ver tomarem forma, na crítica ao comunismo oficial, as posições que se definirão como "reformistas" e as que, ao contrário, vêm "da esquerda" e prevêem um acirramento dos conflitos sociais na Itália e no mundo. Por enquanto, não me identifico nem com os primeiros nem com os segundos: tenho a impressão de que o reformismo leva o indivíduo a ocupar-se da prática miúda, da participação nos negócios correntes da política e da administração, que decerto será necessária, mas que a mim, pessoalmente, não interessa (motivo pelo qual, depois de ter estado ao lado de Antonio Giolitti no período de seu distanciamento do PCI e em suas primeiras iniciativas culturais, não o acompanho no PSI); e quanto às tendências intransigentes ou revolucionárias (obreiras ou "chinesas" ou terceiro-mundistas etc.), apesar da tensão ideal que reconheço nelas, minhas objeções fundamentais contra o doutrinarismo, a abstração, o fideísmo, o catastrofismo, o "quanto pior melhor" são tais que nitidamente me fazem distanciar-me muito também dos amigos que estimo intelectualmente.

Assim, dentro desse mundo da esquerda italiana que era o meu habitat natural, acabo me encontrando em condição de isolamento, de "não-pertença" política, que só se acentuará ao longo dos anos e estimulará minha tendência natural a ficar calado, quanto mais ouço a inflação de palavras e discursos.

Ao contrário, aprofundo a que sempre foi minha convicção: que o que conta é a complexidade de uma civilização no desenvolvimento de seus múltiplos aspectos concretos, nas coisas produzidas pelo trabalho, nas formas técnicas do fazer, na experiência, no conhecimento, na moral, nos valores que se especificam por meio do trabalho prático. Enfim, minha idéia sempre foi participar da construção de um contexto cultural que corresponda às exigências de uma Itália moderna e na qual a literatura constitua uma força inovadora e o depósito das razões mais profundas. Com base nisso, renovo e aprofundo meu vínculo com Elio Vittorini, e juntos publicamos *Il Menabò*, cadernos que saem umas duas vezes ao ano, de 1959 a 1966, e que acompanham ou preanunciam as transformações em andamento na literatura italiana, nas idéias e na prática.

Vittorini foi um homem que por toda sua vida subordinou a própria obra a uma luta para estabelecer os fundamentos da cultura italiana e da literatura no quadro de uma cultura de conjunto; tanto que por essa batalha sacrificou a própria atividade criativa, os livros que poderia ter escrito. Era um homem de grande decisão quanto às idéias que abraçava e muito combativo; tudo o que não sou, e assim, quando Elio morreu em 1966, esse tipo de atividade se encerrou para mim. Mas o imperativo moral desse escritor tão diferente dos demais me marcou profundamente no sentido de que eu sempre preciso justificar o fato de escrever um livro com o significado que esse livro pode ter como operação cultural nova num contexto mais amplo.

Eis que, mais uma vez, encontrei para mim uma fórmula para antepor alguma outra coisa ao escrever, a exigência de que o que faço tenha um sentido como operação inovadora no contexto cultural atual, que seja, de algum modo, alguma coisa que não havia sido tentada até então e que represente um desenvolvimento das possibilidades da expressão literária. Gostaria muito de ser um daqueles escritores que têm uma coisa para dizer bem clara na cabeça e a vida toda o leva adiante por meio da própria obra. Gostaria, mas não sou; minha relação com as idéias é mais complexa e problemática; penso sempre nos prós e nos contras de cada coisa e preciso construir a cada vez um quadro muito articulado. Esse é o motivo pelo qual passo até muitos anos sem publicar, trabalhando em projetos que entram em crise o tempo todo.

Portanto, você está vendo que me entrevistar sobre o tema sucesso é meio bater na porta errada, porque o escritor de sucesso é o que acredita fortemente em si próprio, no próprio discurso, na idéia que tem na cabeça, e vai adiante por seu caminho, certo de que o mundo irá atrás dele. Eu, ao contrário, sinto sempre a necessidade de justificar o fato de escrever, de impor

243

aos outros algo que tiro da minha cabeça e sobre o qual estou sempre incerto e insatisfeito. Agora, minha distinção não é moral: mesmo o escritor certo da própria verdade pode ser moralmente admirável ou até heróico; a única coisa que não se deve admirar é a exploração do sucesso, continuando a ir ao encontro das expectativas do público da maneira mais fácil. Isso eu nunca fiz, mesmo sabendo que poderia causar desconcerto nos meus leitores e poderia perder um punhado deles no caminho.

Agora que tenho sessenta anos, já compreendi que a tarefa do escritor reside apenas em fazer o que sabe fazer: no caso do narrador, isso reside no narrar, no representar, no inventar. Há muitos anos parei de estabelecer preceitos sobre como se deveria escrever: de que adianta pregar certo tipo de literatura ou outro, se depois as coisas que se tem vontade de escrever são talvez totalmente diferentes? Levei algum tempo para entender que as intenções não contam, conta o que alguém realiza. Assim, esse trabalho literário se torna também um trabalho de busca de mim mesmo, de compreensão do que sou.

Percebo que até agora falei pouco da diversão que se pode sentir ao escrever: se alguém não se diverte ao menos um pouco com isso, não pode conseguir nada de bom. Para mim, fazer coisas que me divertem significa fazer coisas novas. Escrever é em si uma ocupação monótona e solitária; se nos repetimos, somos tomados por um desconforto infinito. Claro, é preciso dizer que também a página que parece ter surgido do modo mais espontâneo me custa uma trabalheira do cão; a satisfação, o alívio em geral vêm depois, quando a obra está terminada. Mas o que importa é que se divirtam os que me lêem, não que eu me divirta.

Creio que posso dizer que consegui levar comigo ao menos uma parte de meu público, mesmo escrevendo sempre coisas novas; acostumei meus leitores a esperarem de mim algo sempre novo; meus leitores sabem que as receitas testadas não me satisfazem e que, se me repito, não me divirto.

Meus livros não pertencem à categoria dos best-sellers,

que vendem dezenas de milhares de exemplares assim que saem e que no ano seguinte já estão esquecidos. Minha satisfação é ver meus livros reimpressos todos os anos, alguns com uma tiragem de dez, quinze mil exemplares a cada vez.

Até agora falei somente da Itália, mas faz parte também desta entrevista a questão de como um escritor italiano pode se tornar conhecido fora da Itália. Claro, a imagem do escritor muda, porque na Itália alguém é visto por todo o conjunto de suas atividades, no contexto de uma cultura feita de tantas coisas, de tantos pontos de referência, ao passo que no exterior são somente os livros traduzidos que chegam como meteoritos, por meio dos quais críticos e público têm que criar uma idéia do planeta do qual se destacaram. Eu comecei a ser traduzido nos principais países lá pelo final da década de 50; era um período em que talvez se traduzisse mais do que agora, em toda parte, porque havia mais expectativa quanto ao que poderia aparecer. Mas ser traduzido ainda não significa ser lido de fato. É uma espécie de rotina; mesmo no exterior um romance traduzido é publicado em poucos milhares de exemplares, saem resenhas amáveis nos jornais, o volume fica umas duas semanas nas livrarias, depois desaparece, torna a aparecer pela metade do preço nos Remainder's, então vai para a maceração. A glória internacional, na maioria dos casos, significa isso; para mim por muito tempo foi assim também. O fato de "existir" como autor até no exterior, eu só percebo de uns dez anos para cá, e diz respeito sobretudo a dois países: França e Estados Unidos.

Na França, comecei a "existir" realmente quando fui publicado nos Livres de Poche e em seguida em outras coletâneas de bolso de diversas editoras. Repentinamente passei a encontrar franceses que tinham lido meus livros, o que antes não acontecia, embora muitos me conhecessem de nome. Hoje todos os meus livros são reimpressos com certa freqüência e muitos circulam em edições de bolso: portanto, eu diria que na França minha sorte nasce mais dos leitores anônimos do que da crítica.

■ *ITALO CALVINO*

Nos Estados Unidos, parece ter acontecido o processo oposto: meu nome se afirma antes graças a algum importante *opinion maker* literário (como Gore Vidal: podemos dizer que foi ele que me lançou lá), e o meu livro que se impõe é aquele que se diria mais distante dos hábitos de leitura americanos: *As cidades invisíveis*. Ainda hoje nos Estados Unidos sou sobretudo o autor de *Invisible cities*, um livro que, parece, é muito amado pelos poetas, pelos arquitetos e em geral pelos jovens universitários. Todos os meus livros são publicados também em *trade paperbacks*, que seria a faixa intermediária da edição econômica de qualidade, que atinge igualmente o vasto público dos estudantes. Mas, quando são traduzidas integralmente as *Fábulas italianas* (vinte e cinco anos depois da edição italiana), o sucesso inesperado pode ser considerado quase "de massa".

A esta altura eu poderia começar a criar novos problemas para mim mesmo, isto é, a estudar como me situar na literatura mundial. Mas, para dizer a verdade, sempre pensei a literatura em um quadro mais amplo do que o nacional; portanto, para mim isso não pode ser um problema. Assim como o fato de ser um escritor italiano que não faz nenhuma concessão aos lugares-comuns que os estrangeiros esperam dos italianos nunca me fez sentir necessidade de explicar como e por que eu só poderia ser italiano. Enfim, talvez tenha chegado a hora de me aceitar como sou e de escrever como me acontece escrever, pelos anos que me restam a viver, ou então até de parar de vez se perceber que não tenho mais nada a dizer.

*GOSTARIA DE SER MERCÚCIO...**

I would like to be Mercutio. Among his virtues, I admire above all his lightness, in a world full of brutality, his dreaming imagination — as the poet of Queen Mab — and at the same time his wisdom, as the voice of reason amid the fanatical hatreds of Capulets and Montagues. He sticks to the old code of chivalry at the price of his life perhaps just for the sake of style and yet he is a modern man, skeptical and ironic: a Don Quixote who knows very well what dreams are and what reality is, and he lives both with open eyes.

(*) *The New York Times Book Review* (ano 89, nº 49, 2 dez. 1984) perguntou a certo número de pessoas famosas que personagem de romance ou de obra de não-ficção gostariam de ser e por quê. Calvino respondeu: "Gostaria de ser Mercúcio. De suas qualidades, admiro sobretudo a leveza em um mundo repleto de brutalidade, a imaginação sonhadora — como poeta da rainha Mab — e a sabedoria, como voz da razão no meio dos rancores fanáticos entre Capuletos e Montecchios. Ele torna próprio o velho código da cavalaria pagando com a vida talvez justamente por questões de estilo, mas permanece um homem moderno, cético e irônico: um Dom Quixote que sabe perfeitamente o que é sonho e o que é realidade, e os vive, ambos, de olhos abertos".

*MINHA CIDADE É NOVA YORK**

De que modo amadureceu seu primeiro contato com a cultura americana, e particularmente com a literatura daquele país, dos romances de Hemingway aos de Faulkner?

No que diz respeito à minha formação, que aconteceu nos anos 40, inicialmente foi como simples leitor que me aproximei da narrativa americana, que naquela época representava uma abertura enorme para o horizonte italiano. Por isso, quando era jovem, a literatura americana era muito importante e, evidentemente, li todos os romances que chegavam então à Itália. Em um primeiro momento, de todo modo, era um provinciano: vivia em San Remo e não tinha uma cultura literária, já que era estudante de agronomia. Depois me tornei amigo de Pavese e de Vittorini; Pintor, eu não o conheci, já que ele morreu durante a guerra. Eu sou um *homo novus*, comecei a andar por aí depois da guerra.

É verdade que Hemingway foi um dos meus primeiros modelos, talvez porque fosse mais fácil, como módulos estilísticos, do que Faulkner, que é muito mais complexo. E também no que concerne às primeiras coisas que escrevi, decerto fui in-

---

(*) Entrevista feita por Ugo Rubeo, gravada em Palermo, Sicília, em setembro de 1984, depois reunida em "Mal de América: do mito à realidade", Roma, Riuniti, 1987. O título não é de Calvino.

fluenciado por Hemingway; aliás, até fui visitá-lo num hotel de Stresa, em 1949 acho, e fomos andar de barco no lago, para pescar.

Diante de uma produção literária tão vasta e heterogênea como a sua, nem sempre é fácil identificar e focalizar os possíveis nexos ou as reais ascendências que a ligam a este ou àquele escritor; no âmbito da literatura americana, qual é o clássico que o senhor mais aprecia e ama?

Acima de tudo sou um escritor de contos, mais do que um romancista; portanto, uma leitura que decerto me influenciou, podemos dizer desde a meninice, foi a dos contos de Poe: hoje, se eu tivesse de dizer qual o autor que mais me influenciou, não só em âmbito americano, mas em sentido absoluto, diria que foi Edgar Allan Poe, porque é um escritor que, nos limites do conto, sabe fazer de tudo. Dentro do conto, é um autor de possibilidades ilimitadas; e depois me parece uma figura mítica de herói da literatura, de herói cultural, fundador de todos os gêneros da narrativa a serem desenvolvidos a seguir.

Por isso podemos traçar algumas linhas que ligam Poe, por exemplo, a Borges ou a Kafka: podemos traçar algumas linhas extraordinárias que nunca terminam. Mesmo um escritor tão diferente como Giorgio Manganelli — decerto um dos escritores italianos mais notáveis dos últimos anos —, ele também, tão diferente de Poe, encontrou-o como tradutor, e estabeleceu com ele uma verdadeira relação. Também por isso penso que a presença de Poe seja absolutamente atual. Falando ainda das relações com os clássicos americanos, eu poderia indicar os nomes de Hawthorne ou de Mark Twain, que decerto é um escritor que sinto próximo, sobretudo em seus aspectos, digamos assim, mais desconjuntados, mais "frescos".

■ *ITALO CALVINO*

* * *

Continuemos seguindo a evolução dessa sua relação com uma sociedade, e uma literatura, que por sua vez mudava ao se abrir a novos caminhos, a novas experiências, com respeito às que tinham animado as gerações dos anos 30 e 40.

Evidentemente, a literatura americana também se tornou diferente, por volta da década de 50, após a morte de Pavese; mas já pelo final dos anos 40 se percebia essa mudança. Lembro-me de quando Pavese começou a ler os novos livros que chegavam no pós-guerra — havia Saul Bellow com seu primeiro romance, *Dangling man* — e me lembro também de Vittorini, que dizia: "Esses são como escritores europeus, são mais intelectuais, não nos interessam tanto".

Era totalmente outro o rumo que a literatura americana tinha tomado, e quando, em 1959, estive pela primeira vez como adulto nos Estados Unidos, aquele quadro mítico, que ainda era o da chamada Lost Generation, dos escritores do primeiro pós-guerra, já não existia. Era a época em que uma figura como Henry Miller era muito mais importante do que Hemingway, de quem ninguém mais se ocupava. As coisas, portanto, mudaram muito: hoje seria preciso analisar as relações que houve entre os escritores de minha geração, na Itália e na América; poderíamos fazer algumas comparações. Quem na Itália corresponde a Norman Mailer, por exemplo? Em certos aspectos de provocação, talvez pudesse ser Pasolini, embora Mailer seja uma personagem que ainda se parece mais com Hemingway, que se ligou a esse tipo de escritor.

Chegamos à situação atual, aos anos em que não é mais possível olhar para a América em termos de barbarismo, nem para o escritor americano como para o rude, sanguíneo, não raro intérprete inconsciente daquela realidade.

Esse é um discurso ainda por fazer, por inteiro: essa imagem de uma América de barbárie e cheia de energia vital decerto não existe mais. O escritor americano, diferentemente do que acontece, ou acontecia, na Itália — visto que aqui também agora estamos caminhando nessa direção —, é alguém que trabalha numa universidade, que escreve romances sobre a vida do campus, sobre as fofocas dos adultérios entre professores, que não é um grande mundo, não é algo realmente empolgante, mas é assim: a vida da sociedade americana é essa.

Quais são os aspectos do mundo literário americano contemporâneo que lhe parecem mais significativos e quais suas personagens de maior destaque?

Hoje, na literatura americana, por vezes olho com inveja esses escritores que no romance sabem captar de imediato a vida contemporânea, que têm uma veia tagarela e irônica, como Saul Bellow; claro, eu não sou tão bom para fazer esse tipo de coisa. A narrativa americana conta com romancistas que podem escrever um romance por ano e que são capazes de mostrar a cor da época; eu os invejo bastante.

Entre meus coetâneos, diria que vivi a descoberta de um escritor que tinha um estilo realmente bonito — falo de John Updike — e que de início parecia um romancista muito importante. Depois ele também escreveu um tanto demais: continua sendo uma pessoa inteligente e brilhante, mas às vezes notamos certa facilidade nos escritores americanos de hoje. Se eu tivesse que dizer quem, desses anos, é o autor que de algum modo também me influenciou, diria que é Vladimir Nabokov: grande escritor russo e grande escritor de língua inglesa; inventou para si uma língua inglesa de uma riqueza extraordinária. É realmente um grande gênio, um dos maiores escritores do século e uma das pessoas em que eu mais me reconheço. Evidentemente é uma figura de um cinismo extraordinário, de uma crueldade formidável, mas é realmente um grande escritor.

Por alguns desenvolvimentos de sua narrativa mais recente — Se um viajante numa noite de inverno *e, ainda mais,* Palomar —, *poderíamos pensar na existência de alguma relação entre o senhor e os denominados iniciadores do* postmodern.

Evidentemente também tenho algumas ligações com a que se pode definir de neovanguarda americana: sou alguém que de vez em quando vai aos Estados Unidos para esses cursos de *creative writing*, e sou amigo de John Barth, um escritor que começou com um romance muito bonito, como *The end of the road*. Desse primeiro livro, que poderíamos definir como "existencialista", Barth foi se complicando cada vez mais com produtos de estrutura mais sofisticada; é ele que, mesmo só lendo em inglês, é meio o embaixador da América no caso das novas literaturas européias. Além de Barth, Donald Barthelme e Thomas Pynchon, há outros escritores cujo trabalho eu acompanho e com quem também mantenho uma relação de amizade.

Para finalizar, gostaria de lhe perguntar o que representou, em termos de sensações pessoais, seu encontro com a América como entidade física. A América das cidades, proposta em tantos filmes, e em tantos romances, e a cidade real, o próprio símbolo da América de hoje.

Literariamente sou meio autodidata, comecei muito tarde e evidentemente por muitos anos fui ao cinema, quando se viam dois filmes por dia, e eram filmes americanos. Tive uma relação intensa de espectador com o cinema americano, tanto que, para mim, cinema ainda é essencialmente o americano.

O encontro concreto com a América foi uma experiência

realmente bonita: Nova York é uma de minhas cidades, e de fato, sempre na década de 60, em *As cosmicômicas*, e também em *Ti con zero*, há contos que se desenrolam precisamente em Nova York. Do outro lado do Atlântico, sinto-me parte da maioria de italianos que vai muito facilmente para os Estados Unidos — já são milhões e milhões — e não da minoria que fica na Itália; talvez isso seja assim porque, da primeira vez em que estive na América, com meus pais, eu tinha um ano. Quando voltei pela primeira vez como adulto aos Estados Unidos, tinha um *grant* da Ford Foundation, que me dava o direito de circular por todos os estados, sem nenhuma obrigação: é claro que dei uma volta, viajando pelo Sul, e também pela Califórnia, mas eu me sentia nova-iorquino: minha cidade é Nova York.

*ENTREVISTA FEITA POR MARIA CORTI**

Que autores tiveram maior peso em sua formação de escritor? E há um elemento comum, alguma coisa que unifique suas leituras mais antigas?

Deveria indicar algum livro lido na adolescência e que em seguida tenha feito sentir sua influência nas coisas que escrevi. Direi logo: *Le confessioni di un ottuagenario*, de Ippolito Nievo, o único romance italiano do século XIX dotado de um fascínio romanesco comparável ao que se encontra em abundância em tantas literaturas estrangeiras. Um episódio de meu primeiro romance, *A trilha dos ninhos de aranha*, se inspira no encontro de Carlino e Spaccafumo. Uma vaga atmosfera de Castelo de Fratta é evocada em *O visconde partido ao meio*. E *O barão nas árvores* reproduz o romance de Nievo no arco de uma vida que cobre o mesmo período histórico entre os séculos XVIII e XIX, e nos mesmos ambientes sociais; ademais, a personagem feminina tem seu modelo em Pisana.

Quando comecei a escrever, eu era um jovem de poucas leituras; tentar a reconstituição de uma biblioteca "genética" significa remontar logo aos livros da infância: toda lista, creio, deve começar por *Pinóquio*, que sempre considerei um modelo de

(*) *Autografo*, ano 2, nº 6, out. 1985.

narração, no qual cada motivo se apresenta e retorna com ritmo e nitidez exemplares, todo episódio tem uma função e uma necessidade no desenho geral da peripécia, toda personagem tem uma evidência visual e uma linguagem inconfundível. Se uma continuidade pode ser reconhecida em minha primeira formação — digamos entre os seis e os vinte e três anos — é a que vai de *Pinóquio* a *O desaparecido ou Amerika*, de Kafka, mais um livro decisivo em minha vida, que sempre considerei "o romance" por excelência na literatura mundial do século XX e talvez não somente nessa. O elemento unificador poderia ser definido assim: aventura e solidão de um indivíduo perdido na vastidão do mundo, rumo a uma iniciação e uma autoconstrução interior.

Mas os elementos que contribuem na constituição de um mundo poético são muitos; de cada um deles é possível encontrar as fontes precisas em alguma das leituras juvenis. Recentemente, ao reler a cena da caça em "A legenda de são Julião Hospitaleiro", revivi com precisa certeza o momento em que em mim tomou forma o gosto gótico-animalista que aparece num conto como "Ultimo viene il corvo" e em outros daquela época e de depois.

No caminho criativo indicado por suas obras, nunca se encontra repetição, o que é um dado fortemente positivo. Desse ponto de vista, você dá preferência, na história de sua atividade literária, a um processo de desenvolvimento coerente, a uma superação ou, antes, a mudanças de rota, devidas ao fato de ter alcançado em cada fase o que para você era a essencialidade a ela pertinente? Ou, terceira hipótese, você é daqueles que pensam que escreveram um único livro a vida toda?

Tenderia para a segunda hipótese: mudança de rota para dizer alguma coisa que, com a abordagem anterior, não teria conseguido dizer. Isso não significa que considere esgotada a linha de pesquisa anterior: pode acontecer de eu continuar durante anos planejando outros textos a serem acrescentados aos que já escrevi, ainda que esteja tratando de uma coisa totalmente diferente; com efeito, não considero concluída uma operação enquanto não tiver lhe dado um sentido e uma estrutura que eu possa julgar definitiva.

Quase tudo o que escrevo se insere idealmente em "macrotextos", procedimento que você, Maria Corti, estudou para as histórias de Marcovaldo. Também a *suite* de Marcovaldo, não obstante a considere "fechada", eu poderia ter continuado, aplicando esse mecanismo narrativo às transformações tecnológico-sociais da cidade nos anos seguintes; mas depois de certo tempo a espontaneidade de determinado tipo de escritura, como você notou, se perde. Assim, houve muitas séries que comecei e que depois deixei para trás sem concluir.

A especulação imobiliária, O dia de um escrutinador e um terceiro conto do qual escrevi apenas poucas páginas, *Che spavento d'estate*, foram concebidos juntos por volta de 1955 como um tríptico, "Crônicas dos anos cinqüenta", baseado na reação do intelectual à negatividade da realidade. Mas, quando consegui levar a cabo *O dia de um escrutinador*, muito tempo havia se passado, tínhamos entrado nos anos 60, eu sentia a necessidade de buscar formas novas, e assim essa série ficou inacabada para sempre.

Entretanto, eu também tinha escrito "A nuvem de smog", conto que naquela época considerava muito diferente porque escrito segundo outra perspectiva de transfiguração da experiência, ao passo que poderia perfeitamente ter figurado no lugar do terceiro conto no tríptico projetado. Mas encontrei seu lugar como *pendent* de "A formiga-argentina", texto escrito dez anos antes, num díptico que se justifica por afinidades estruturais e conceituais.

A linguagem de um artista, disse Montale, é uma "linguagem historicizada, uma relação. Vale na medida em que se opõe ou se diferencia de outras linguagens". Como você comentaria, dessa perspectiva, a identidade de sua linguagem?

A pergunta deveria ser dirigida a vocês, os críticos. Posso apenas dizer que procuro me opor à preguiça mental de que dão prova tantos romancistas colegas meus em seu uso de uma linguagem nunca antes tão previsível e insípida. Penso que a prosa requer um investimento de todos os próprios recursos verbais, assim como a poesia: ímpeto e precisão na escolha dos vocábulos, economia e pregnância e inventiva em sua distribuição e estratégia, impulso e mobilidade e tensão na frase, agilidade e ductilidade ao se deslocar de um registro a outro, de um ritmo a outro. Por exemplo, os escritores que usam adjetivos excessivamente óbvios ou inúteis ou com a intenção apenas de fortalecer um efeito que de outro modo não conseguem transmitir podem ser considerados, em alguns casos, ingênuos e, em outros, desonestos: seja lá como for, nunca são pessoas em quem podemos confiar.

Isso posto, acrescentarei que tampouco concordo em carregar a frase de muitas intenções, piscadelas, caretas, coloridos, velaturas, empastes, piruetas. Claro que sempre precisamos nos propor a obter o máximo de resultados, mas também é preciso cuidar que esse resultado seja obtido, se não com os meios mínimos, ao menos com meios não desproporcionais em relação ao objetivo que queremos alcançar.

À época em que comecei a me pôr o problema de como escrever, ou seja, no início da década de 40, havia uma idéia de *moral* que tinha que dar forma ao estilo, e isso talvez seja o que mais ficou em mim daquele clima da literatura italiana de então, através de toda a distância que nos separa. Se for definir com um exemplo o meu ideal de escrita, eis um livro que tenho ao alcance da mão porque saiu há pouco (1984), mas que reúne páginas escritas na década de 40: *Il labirinto*, de Giorgio Caproni. Escolheria este parágrafo, na página 17:

No costado esfolado de Grammondo pusemo-nos ao relento. E embora o céu tivesse se corrompido, e do oeste chegasse, impetuosa, uma impressão de chuva nada delicada, o prazer de dar respiro aos pés, ainda macios e por isso todos assados por aquela primeira marcha forçada, impedia-me de satisfazer o meu desejo, fortíssimo, de armar a barraca e jogar-me imediatamente sob ela. Ainda assim havia algum temerário que, apesar do cansaço, tinha força para bancar inutilmente o engraçadinho: e isso se pondo bem à mostra no alto da montanha, bem diante dos franceses, em vez de ficar com os outros alguns metros abaixo, ao abrigo. Coragem qual o quê!: irresponsabilidade. E quando um oficial gritou o que ele merecia, mostrando-lhe o perigo a que nos expunha, compreendi, ou melhor, percebi que estava realmente na linha, e que o fogo seria questão de horas, de minutos talvez.

Duas perguntas parecidas em uma. O processo criativo de seus textos passa por muitas fases de reelaboração? Poderíamos dizer que você dá grande importância aos "mundos possíveis" da invenção e, portanto, à relação entre o que você escolhe, isto é, atualiza no texto, e o que necessariamente exclui, mas continua não esquecendo. Quer nos dizer algo a respeito disso?

Geralmente carrego uma idéia na cabeça durante anos antes de me resolver dar-lhe forma no papel, e na espera, muitas vezes a deixo morrer. A idéia morre de qualquer modo, mesmo quando resolvo começar a escrever: desse momento em diante, existirão apenas as tentativas para realizá-la, as aproximações, a luta com meus meios expressivos. Para começar a escrever alguma coisa, preciso, a cada vez, de um esforço de vontade, porque sei que me esperam a fadiga e a insatisfação de tentar mais e mais, de corrigir, de reescrever.

A espontaneidade também tem seus momentos: às vezes no começo — e então costumeiramente não dura muito —, às vezes como impulso que se toma ao prosseguir, noutras vezes como vôo final. Mas a espontaneidade é um valor? Claro, é um valor para quem escreve, porque permite trabalhar com menos esforço, sem entrar em crise a cada minuto; mas não é certo que a obra sempre ganhe com isso. O importante é a espontaneidade como impressão que a obra transmite, no entanto não é certo que se chegue a esse resultado usando a espontaneidade como meio: em muitos casos, apenas uma elaboração paciente permite chegar à solução mais feliz e aparentemente "espontânea".

Todo texto tem uma história individual, um método próprio. Há livros que nascem por exclusão: primeiro se acumula certa massa de material, quero dizer, de páginas escritas; depois se faz uma seleção, percebendo, aos poucos, o que é que pode entrar naquele desenho, naquele projeto, e o que, ao contrário, permanece estranho. O livro *Palomar* é o resultado de muitas fases de um trabalho desse tipo, em que "tirar" teve muito mais importância do que "pôr".

Os ambientes naturais e culturais em que você viveu, Turim, Roma, Paris, foram todos congeniais e estimulantes, ou em algum deles você defendeu mais sua solidão?

A cidade que eu senti como minha cidade mais do que qualquer outra é Nova York. Uma vez cheguei a escrever, imitando Stendhal, que eu queria que em meu túmulo escrevessem "nova-iorquino". Isso aconteceu em 1960. Não mudei de idéia, embora desde então tenha vivido a maior parte do tempo em Paris, cidade da qual só me separo por breves períodos e onde talvez, podendo escolher, morrerei. Mas Nova York, toda vez que vou até lá, acho-a mais bonita e mais próxima de uma forma de cidade ideal. Vai ver que é também por ser uma cidade geométrica, cristalina, sem passado, sem profundidade, aparentemente sem segredos; por isso é a cidade que causa menos acanhamento, a cidade que posso me iludir de dominá-la com a mente, pensá-la inteirinha num mesmo instante.

Com tudo isso, quando é que se vê Nova York nas histórias que escrevi? Pouquíssimo. Talvez apenas nuns dois contos de *Ti con zero* ou similares, alguma página aqui e acolá. (Pronto, agora procuro em *O castelo dos destinos cruzados*: página 80.) E Paris? Decerto não acharia muito mais que isso. O fato é que muitos de meus contos não se situam em algum lugar reconhecível. Talvez por isso responder a essa pergunta me custe certo esforço: para mim, os processos da imaginação seguem itinerários que nem sempre coincidem com os da vida.

Como ambiente natural, o que não se pode rechaçar ou esconder é a paisagem natal e familiar; San Remo continua a despontar em meus livros, nas mais variadas representações e perspectivas, principalmente vista do alto, e está presente sobretudo em muitas das *Cidades invisíveis*. É claro que, falo de San Remo como era há trinta ou trinta e cinco anos, e especialmente como era há cinqüenta ou sessenta anos, quando eu era criança. Toda indagação só pode partir daquele núcleo no qual se desenvolvem a imaginação, a psicologia, a linguagem; essa persistência é tão forte em mim quanto foi forte, na juventude, o impulso centrípeto que logo se revelou sem retorno, porque rapidamente os lugares deixaram de existir.

No pós-guerra, eu mal podia esperar para contrapor à fixidez daquele cenário ancestral, do qual nunca havia me separado, um cenário de grande cidade; depois de oscilações entre Milão e Turim, acabei encontrando trabalho em Turim e também certo número de motivos (que agora me custaria desenterrar) para justificar meu endereço como uma escolha cultural. Era, portanto, em relação à oposição Milão/Turim que eu procurava então me situar? Provavelmente sim, embora estivesse fortemente inclinado a harmonizar os dois termos. Com efeito, por todos os anos que vivi mais ou menos estavelmente em Turim (e não são poucos, uma quinzena), procurava, na medida do possível, viver nas duas cidades como se fossem uma só, separadas menos pelos cento e vinte e sete quilômetros de rodovia do que pela inconciliabilidade entre a planta quadrangular da primeira e a circular da outra, coisa que cria dificuldades psicotopológicas para quem pretende habitá-las concomitantemente.

No início do pós-guerra, o fervor geral de produtividade cultural, que tomava aspectos diferentes na eufórica e extrovertida Milão e na metódica e cautelosa Turim, deslocava para o norte o pólo magnético da literatura italiana, o que era uma novidade em relação à geografia literária do *entre-deux-guerres*, que tivera Florença como capital incontestável. Porém, mesmo então, definir uma linha "nortista" em oposição a uma linha anterior "florentina" teria sido forçar as coisas, pelo simples fato de que os protagonistas de uma e da outra haviam sido (em momentos diferentes, mas sem descontinuidade) as mesmas pessoas.

Assim como seria difícil, em seguida, quando Roma se tornou o centro residencial de um grande número de pessoas que escrevem, de toda proveniência e tendência, encontrar um denominador comum para definir uma "linha romana" a contrapor a qualquer outra. Enfim, parece-me que um mapa da literatura italiana é hoje completamente independente do mapa geográfico, e deixo em aberto a questão de se isso seria um mal ou um bem.

Quanto a mim, só estou bem quando não preciso me perguntar: "por que estou aqui?", problema do qual só se pode abrir mão nas cidades que têm um tecido cultural tão rico e complexo, uma bibliografia infinita a ponto de desencorajar quem tenha a tentação de ainda escrever sobre ela. Por exemplo, em Roma, de dois séculos para cá, vivem escritores de todas as partes do mundo, que não têm nenhuma razão especial para estarem em Roma mais do que em qualquer outro lugar, alguns deles como exploradores curiosos e congeniais do espírito da cidade (Gogol, mais que todos), outros aproveitando das vantagens de se sentirem estrangeiros.

261

À diferença de outros escritores, em seu caso a atividade criativa nunca foi impedimento para uma reflexão teórica paralela, metanarrativa e metapoética. Querendo oferecer um exemplo disso, bastaria citar o recentíssimo texto "Comme j'ai ecrit un de mes livres", publicado em Actes sémiotiques. Documents, *ano 6, n° 51, 1984 (Groupe de Recherches Sémio-linguistiques, de l'École des Hautes Études en Sciences Sociales). E a confirmação disso também viria por meio das grandes sugestões que semiólogos e teóricos da literatura sempre receberam de sua obra, na qual, todavia, a operação não se configura programática. Como você explica essa espécie de simbiose luminosa?*

É bastante natural que as idéias em circulação tenham me influenciado, por vezes tempestivamente, por vezes com atraso. O importante seria ter pensado com antecipação alguma coisa que depois tenha servido também aos demais. O fato de ter tratado de fábulas populares numa época em que ninguém ligava para seus misteriosos mecanismos tornou-me receptivo às problemáticas estruturalistas, assim que elas se impuseram à atenção geral, uns dez anos depois. Não acredito, no entanto, que tenha uma verdadeira vocação teórica. A diversão em experimentar um método de pensamento como um apetrecho que impõe regras exigentes e complicadas pode coexistir com um agnosticismo e um empirismo de fundo; creio que o pensamento dos poetas e dos artistas funciona quase sempre desse modo. Outra coisa é investir numa teoria ou numa metodologia (assim como numa filosofia ou numa ideologia) todas as suas expectativas de alcançar uma verdade. O rigor da filosofia e da ciência, isso eu sempre admirei e amei muito; mas sempre a certa distância.

Como você se sente na literatura italiana de hoje? Vislumbra em nossos tempos mais recentes algo que vá além da pura decora-

ção? *Além disso, você considera que faz algum sentido a questão do "sentido da literatura", hoje discutido por mais de uma revista?*

Para relevar as coordenadas da literatura italiana hoje — e redesenhar sob essa luz a história literária do século —, é preciso considerar várias coisas que eram verdadeiras há quarenta anos, na época de minha aprendizagem, e que mais uma vez se tornam evidentes, e que por isso sempre foram verdadeiras: a) o predomínio da poesia em versos como portadora de valores que também os prosadores e narradores perseguem por meios diferentes mas com finalidades comuns; b) na narrativa predominam o "conto" e outros tipos de escrita de invenção, mais do que o romance, cujos êxitos são raros e excepcionais; c) os irregulares, os excêntricos, os atípicos acabam se revelando as figuras mais representativas de sua época.

Ciente disso, reconsiderado o conjunto do que eu fiz e disse e pensei, no bem e no mal, tenho de concluir que a literatura italiana está ótima para mim e que só poderia me imaginar em seu contexto.

ESTA OBRA FOI COMPOSTA PELA SPRESS EM GARAMOND E IMPRESSA
EM OFSETE PELA RR DONNELLEY MOORE SOBRE PAPEL PÓLEN SOFT DA SUZANO
PAPEL E CELULOSE PARA A EDITORA SCHWARCZ EM SETEMBRO DE 2006